彩图全解

山海经

陈桂林 主编

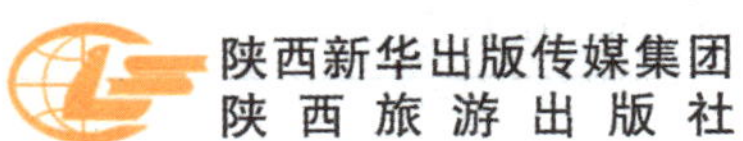

图书在版编目（CIP）数据

彩图全解《山海经》/ 陈桂林主编. — 西安 : 陕西旅游出版社，2021.2

ISBN 978-7-5418-4026-5

Ⅰ.①彩… Ⅱ.①陈… Ⅲ.①历史地理—中国—古代②《山海经》—研究 Ⅳ. ①K928.626

中国版本图书馆CIP数据核字(2020)第226563号

彩图全解《山海经》　　陈桂林 主编

责任编辑：贺 姗
出版发行：陕西新华出版传媒集团　陕西旅游出版社
（西安市曲江新区登高路1388号　邮编：710061）
电　　话：029-85252285
经　　销：全国新华书店
印　　刷：深圳市福圣印刷有限公司

开　　本：787mm×1092mm　　1/16
印　　张：20
字　　数：380千字
版　　次：2021年2月　　第1版
印　　次：2021年2月　　第1次印刷
书　　号：ISBN 978-7-5418-4026-5

定　　价：68.00元

前言

我国有一部奇书，在短短三万多字的篇幅中，记载了远古时期的地理、神话、历史、 植物、动物、医药、矿产等方面内容，对于我们认识和研究远古文明具有很高的参考价值，它就是《山海经》。

《山海经》的作者和成书年代历来众说纷纭，现代学者研究后认为其并非作于一人一时。今本共留传十八卷，分别为《南山经》《西山经》《北山经》《东山经》《中山经》《海外南经》《海外西经》《海外北经》《海外东经》《海内南经》《海内西经》《海内北经》《海内东经》《大荒东经》《大荒南经》《大荒西经》《大荒北经》《海内经》。其内容浩如烟海、瑰伟绮丽，是我国现存保留古代神话资料最多的一部书。

《山海经》内容繁杂，因此在归类上一直没有定论，《汉书·艺文志》认为它应该归为术数略中的形法类，《隋书·经籍志》认为它应该归为史部中的地理类，《宋史·艺文志》又将它归为史部中的五行类，《四库全书总目提要》则将其归为子部小说类。《山海经》作为一本杂书，不应该将其简单归为某一类图书，其归类的困难更反映出它是一部包罗万象的作品。

在社会生活、部族战争、巫蛊祭祀等方面，《山海经》中也有一些粗略记载，这给学者研究历史和考古带来了新的突破点，方便他们将其与古书、文物结合，探索更多的历史奥秘。

为了让更多人了解《山海经》，本书以清代吴任臣的《山海经广注》为底本，吸收各家观点对其进行简单的注释与翻译，方便读者阅读。此外本书还搭配生动有趣的图片，对生僻字进行注音，使读者能更准确、轻松地读懂《山海经》，在脑海中勾勒出宏大的山海奇幻世界。

目录

熊

西王母

三首国人

石夷

颙

帝江

天吴

导读

古今《山海经》版本

《山海经》的版本比较复杂，最早的经文版本成书于春秋战国时期，后经西汉刘向、刘歆父子校勘整理，成为当今公认的传世本的鼻祖。现今流传的最早版本，就是两晋时郭璞以刘氏版为底本考证注释的《山海经注》。此后还有明代蒋应镐、武临父绘图的《山海经（图绘全像）》，王崇庆注释的《山海经释义·图像山海经》，清代吴任臣绘图的《增补绘像山海经广注》，郝懿行编撰的《山海经笺疏》和汪绂绘图的《山海经存》等。

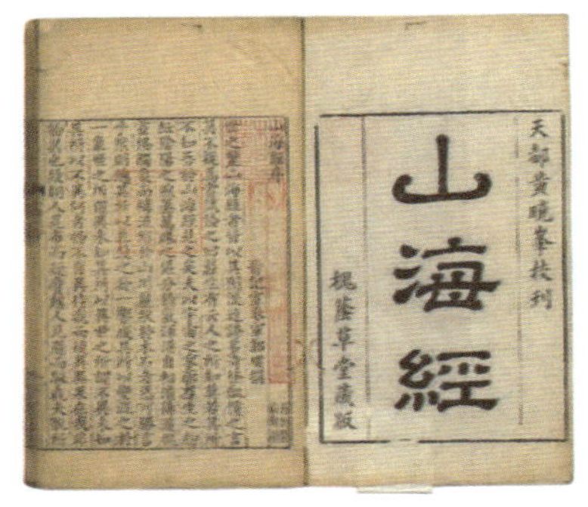

[晋]郭璞《山海经》
槐荫草堂藏版

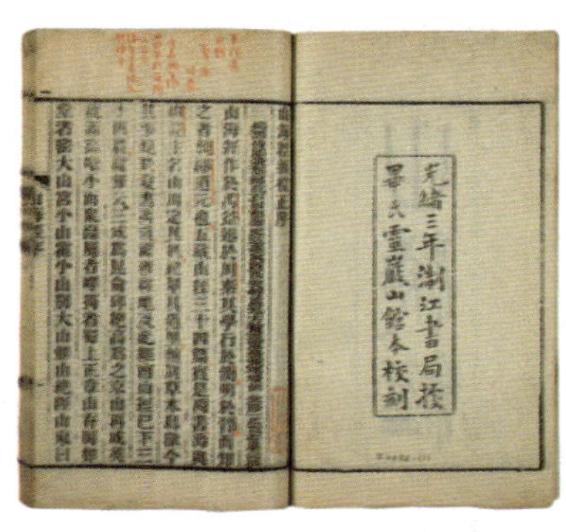

[清]毕沅《山海经新校正》
清光绪时期浙江书局图本

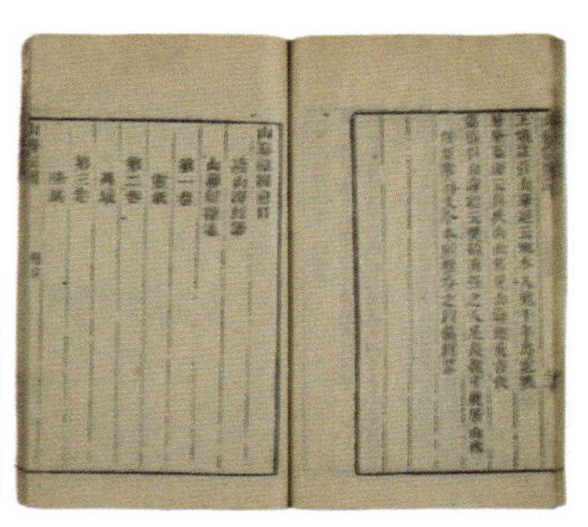

[清]吴任臣《山海经广注》
康熙图本

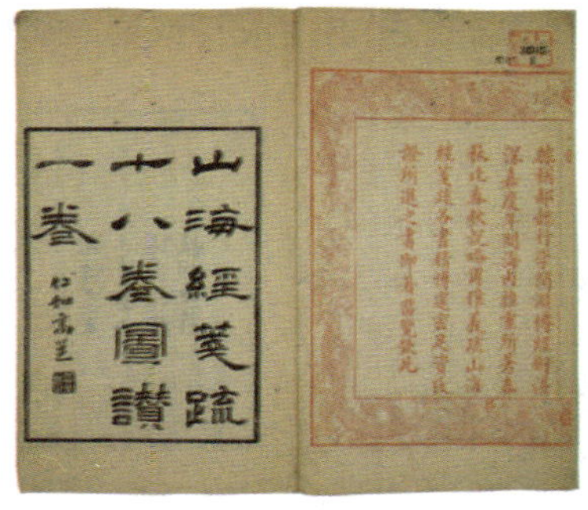

[清]郝懿行《山海经笺疏》
清光绪时期还读楼刊本

《山海经》的基本构成

《山海经》共十八卷，包括《山经》五卷、《海经》八卷、《大荒经》四卷和《海内经》一卷。

山经系统

《山经》又称为《五臧山经》，它把我国的山地分为南、西、北、东、中五个区域，再通过考究方向、计算距离，把多座山组成一个山系，以各山系为叙述脉络，以山带水，以山水带物，以祭祀礼仪为小结，罗列了山中动物、植物以及矿物的特点，是古人对古代地理资源的考察。作者将山中存在的事物与人联系在一起，对其在食和用方面进行实验和总结，可以说是一部古代的医书、矿藏书、科普书与民俗志。

海经系统

与《山经》不同，《海经》并没有按天然的地理脉络来记叙，而是将四海之地的山川、古国沿着一个四方区域排开，对其中的动植物和异域国民进行描述。

《彩图全解山海经》参考书目

[1] 周明初. 山海经 [M] . 浙江古籍出版社，2002.

[2] 袁珂. 山海经校注 [M] . 北京：北京联合出版公司，2013.12.

[3] 汪绂. 山海经存 [M] . 北京：中华书局，2015.1.

[4] 徐客. 山海经 [M] . 北京：现代出版社，2016.8.

[5] 吴任臣，等. 山海经广注 [M] . 北京：中华书局，2020.5.

卷一 南山经

《南山经》为《山海经》的第一卷，这一经又分为三个部分，记录了以招摇山、柜山及天虞山为首的南方三列山系诸山的名称、物产及流经此地的河流，并对三列山系的山神外形及祭祀时的礼仪做了介绍。

南山一经

【导读】

《南山经》是《山海经》的首经。《南山一经》作为《南山经》的第一部分，记载了十座山，实际上只有招摇山、堂庭山、猨翼山、杻阳山、柢山、亶爰山、基山、青丘山、箕尾山九座。山中分布着众多奇珍异兽，地理位置大概在今广西、广东和福建境内。

白猿
怪兽
迷穀
蝮蛇
狌狌
怪蛇

【原文】

1.1 南山之首，曰䧿山。其首曰招摇之山，临于西海之上，多桂，多金、玉①。有草焉，其状如韭而青华②，其名曰祝余，食之不饥。有木焉，其状如榖（gǔ）而黑理③，其华④四照，其名曰迷榖，佩之不迷⑤。有兽焉，其状如禺⑥（yù）而白耳，伏行人走，其名曰狌（xīng）狌⑦，食之善走。丽麂（jǐ）之水出焉，而西流注于海，其中多育沛⑧，佩之无瘕（jiǎ）疾⑨。

【注释】

①金、玉：这里指天然金属矿物和玉石。②华：同“花”。③榖：即构树，落叶乔木，长得很高大。木材可做器具等用，而树皮可作为桑皮纸的原料。理：纹理。④华：光辉。⑤迷：迷路。⑥禺：动物名，像猕猴但是更大一些，红眼睛，长尾巴。⑦狌狌：传说是一种长着人脸的野兽，也有人说就是猩猩，它能知道过去的事，却不能知道未来。⑧育沛：水中生长的一种植物的名称。⑨瘕疾：腹中有寄生虫导致肿胀的疾病，即蛊胀病。

【译文】

南方的第一列山系叫作䧿山。其中第一座山叫招摇山，屹立在西海岸边。山中生长着许多桂树，还蕴藏着金属矿物和玉石。山里有一种草，形状像韭菜却开着青色的花朵，名字叫祝余，人吃了它就不会感觉到饥饿。山中还有一种树，形状像构树，树皮上呈现着黑色的纹理，它能发光照亮四方，名字叫迷榖，把它佩戴在身上就不会迷路。山中还有一种野兽长得像猕猴，但是长着白色的耳朵，既能匍匐爬行，又能像人一样直立而跑，名字叫狌狌，人吃了它的肉可以跑得更快。丽麂水从这座山流出，向西注入大海，水中有许多叫作育沛的植物，人把它佩戴在身上就不会患蛊胀病。

[明]蒋应镐图本

【原文】

1.2 又东三百里，曰堂庭之山。多棪（yǎn）木①，多白猿，多水玉②，多黄金。

【注释】

①棪木：一种乔木，果实像红色的苹果。②水玉：古时也叫作水精，即水晶。

【译文】

再往东三百里有一座名叫堂庭的山，山上长着茂密的棪木，还有许多白猿。山中盛产水晶，还蕴藏着丰富的金矿。

【原文】

1.3 又东三百八十里，曰猨（yuán）翼之山[①]。其中多怪兽，水多怪鱼，多白玉，多蝮（fù）虫[②]，多怪蛇，多怪木，不可以上。

【注释】

①猨翼之山：“猨”通“猿”，也被称作即翼山。②蝮虫：即蝮蛇，身长三寸。

【译文】

再往东三百八十里是猿翼山。山上有许多怪异的野兽，水中有许多怪异的鱼，还盛产白玉，有很多蝮蛇、怪蛇、怪树，无法攀登上去。

[清] 汪绂 图本

[明] 蒋应镐 图本

【原文】

1.4 又东三百七十里，曰杻（niǔ）阳之山。其阳多赤金①，其阴多白金②。有兽焉，其状如马而白首，其文③如虎而赤尾，其音如谣④，其名曰鹿蜀，佩之宜子孙。怪水出焉，而东流注于宪翼之水。其中多玄龟，其状如龟而鸟首虺⑤（huǐ）尾。其名曰旋龟，其音如判木⑥，佩之不聋，可以为（wéi）底⑦。

【注释】

①赤金：赤黄色沙金。②白金：未经提炼的银矿石。③文：花纹。④谣：人唱歌的声音。⑤虺：毒蛇。⑥判木：破木，把木头剖为两半。⑦为：这里是医治的意思。底：这里通“胝”，足茧的意思。

【译文】

再往东三百七十里是杻阳山。山的南侧盛产沙金，北侧盛产银矿石。山中有一种野兽，外形像马却长着白色的头，身上的斑纹像老虎却长着红色的尾巴，声音像唱歌一样，它的名字叫鹿蜀，佩戴着它的毛皮就可以多子多孙。有一条怪水由这座山流出，向东注入宪翼水。水里有很多黑色的龟，外形像普通的乌龟，却长着和鸟相似的头和与蛇相似的尾巴，这种动物的名字叫旋龟，它的叫声像劈开木头时发出的响声，把它佩戴在身上可以防止耳聋，还可以治愈脚底的老茧。

［清］汪绂 图本

【原文】

1.5 又东三百里，曰柢（dǐ）山。多水，无草木。有鱼焉，其状如牛，陵居①，蛇尾，有翼，其羽在魼②（xié）下，其音如留牛③，其名曰鯥（lù），冬死④而夏生，食之无肿疾⑤。

【注释】

①陵居：住在山上。②魼：鱼肋，鱼的肋骨部位。③留牛：可能是犁地的牛，又说指牦牛。④冬死：指冬眠，也叫冬蛰。⑤肿疾：痈，毒疮。

【译文】

再往东三百里是柢山。山间有许多水流，没有花草树木。山中有一种鱼，外形像牛，栖息在山中，长着蛇一样的尾巴，肋骨下还长有翅膀，叫声像留牛，它的名字叫鯥鱼，冬日会冬眠，夏天才苏醒，吃了它的肉就能使人不长毒疮。

［清］汪绂 图本

【原文】

1.6 又东四百里，曰亶(chán)爰(yuán)之山。多水，无草木，不可以上。有兽焉，其状如狸而有髦[1]，其名曰类，自为牝（pìn）牡（mǔ）[2]，食者不妒。

【注释】

①髦：指动物颈上的长毛。②牝：雌性的鸟兽。牡：雄性的鸟兽。

【译文】

再往东四百里是亶爰山。山间有许多水流，没有花草树木，人无法攀登上去。山中有一种野兽，外形像野猫却长着长毛，它的名字叫作类，这种野兽雌雄共体，吃了它的肉就不会心生嫉妒。

[清] 汪绂 图本

【原文】

1.7 又东三百里，曰基山。其阳多玉，其阴多怪木。有兽焉，其状如羊，九尾四耳，其目在背，其名曰猼（bó）訑（shì），佩之不畏[1]。有鸟焉，其状如鸡而三首六目、六足三翼，其名曰鵸（chǎng）鵂（fū），食之无卧[2]。

【注释】

①不畏：不知畏惧。②卧：睡觉。

【译文】

再往东三百里是基山。这座山南侧盛产玉石，北侧长有很多怪树。山中有一种野兽，外形像羊，长着九条尾巴和四只耳朵，眼睛长在背上，它的名字叫猼訑，人佩戴它的毛皮就会不知恐惧。山中还有一种鸟，外形像鸡却长着三个头、六只眼睛，还长有六只脚和三只翅膀，名字叫鵸鵂，吃了它的肉就会不想睡觉。

［清］吴任臣 图本

【原文】

1.8 又东三百里，曰青丘之山。其阳多玉，其阴多青雘[1]（huò）。有兽焉，其状如狐而九尾。其音如婴儿，能食人，食者不蛊[2]（gǔ）。有鸟焉，其状如鸠，其音若呵[3]（hē），名曰灌灌（huò）[4]，佩之不惑[5]。英水出焉，南流注于即翼之泽。其中多赤鱬（rú），其状如鱼而人面，其音如鸳鸯，食之不疥[6]。

【注释】

①青雘：青和雘是古代两种可以做颜料的石脂。雘是红色的石脂。②蛊：指伤害人的热毒恶气。③呵：呵斥。④灌灌：有说法应为“濩濩”。⑤惑：迷惑。⑥疥：疥疮。

【译文】

再往东三百里是青丘山。这座山南侧盛产玉石，北侧有可以做颜料的矿物。山中有一种野兽，外形像狐狸却长着九条尾巴。它发出的声音与婴儿啼哭相似，能吃人，人如果吃了它的肉就不会受毒气侵袭。山中还有一种鸟，外形像斑鸠，叫声好像人的呵斥声，它的名字叫灌灌，把它的羽毛佩戴在身上人就不会迷惑。英水从这座山流出，向南注入即翼泽。水中有许多赤鱬，外形像普通的鱼却长着人的面孔，能发出像鸳鸯一样的鸣叫声，人吃了它的肉就能不生疥疮。

[清] 汪绂 图本

【原文】

1.9 又东三百五十里，曰箕（jī）尾之山。其尾踆[1]（cūn）于东海，多沙石。汸（fāng）水出焉，而南流注于淯（yù），其中多白玉。

【注释】

①踆：通“蹲”，这里是坐落的意思。

【译文】

再往东三百五十里是箕尾山。这座山的尾端坐落于东海边，山上有很多沙石。汸水从这座山流出，向南注入淯水，水中盛产白玉。

【原文】

1.10 凡䧿山之首，自招摇之山，以至箕尾之山，凡十山，二千九百五十里。其神状皆鸟身而龙首。其祠[1]之礼，毛[2]，用一璋玉瘗（yì）[3]，糈（xǔ）用稌（tú）米[4]，白菅[5]（jiān）为席。

【注释】

①祠：祭祀。②毛：祭祀用的带毛禽畜。③璋玉：一种玉器，是举行朝聘、祭祀、丧葬时使用的礼器之一。瘗：埋物祭地神。④糈：祭神用的精米。稌：稻。⑤菅：一种茅草。

【译文】

䧿山山系从招摇山起到箕尾山止，一共是十座山，长约二千九百五十里。山系中众山神都是鸟身龙头。祭祀山神的仪式是把畜禽和璋玉一起埋入地下，用稻米作为祭神用的精米，用白茅草来作为神的座席。

[明] 蒋应镐 图本

[清] 汪绂 图本

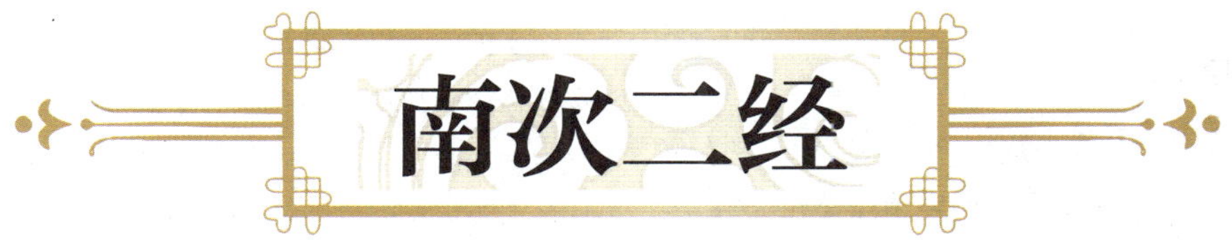

南次二经

【导读】

《南次二经》是《南山经》的第二部分，记载了十七座山，有柜山、长右山、尧光山、羽山、瞿父山、句余山、浮玉山、成山、会稽山、夷山、仆勾山、咸阴山、洵山、虖勺山、区吴山、鹿吴山、漆吴山，分布在今湖南至浙江一带。

【原文】

1.11 南次二山之首，曰柜（jǔ）山。西临流黄①，北望诸毗（pí）②，东望长右③。英水出焉，西南流注于赤水，其中多白玉，多丹粟④。有兽焉，其状如豚⑤（tún），有距⑥，其音如狗吠（fèi），其名曰狸力，见（xiàn）则其县多土功⑦。有鸟焉，其状如鸱⑧（chī）而人手，其音如痺⑨（bēi），其名曰鴸（zhū），其鸣自号也，见则其县多放士⑩。

【注释】

①流黄：古国名。《海内西经》记有流黄酆氏国，《海内经》记有流黄辛氏国。②诸毗：山名，也是水名。③长右：山名。④丹粟：像粟粒一样的红色细沙。⑤豚：小猪。⑥距：指禽兽脚后像趾的突出部分。⑦见：同“现”，出现。县：这里泛指有人聚居的地方。土功：指治水、筑城等工程。⑧鸱：鹞鹰。⑨痺：雌鹌鹑。⑩放士：被流放的人。

【译文】

南方第二列山系的第一座山叫柜山。这座山西边临近流黄酆氏国和流黄辛氏国，在山上向北可以看见诸毗山，向东可以看见长右山。英水从这座山流出，向西南注入赤水。英水中有很多白玉，还有很多像粟粒一样的红色细沙。山中有一种野兽，外形像普通的小猪，却长着像鸡一样的爪子，声音如同狗叫声，它的名字叫狸力。哪里出现了狸力，哪里就一定会有很多的治水和筑城工程。山中还有一种鸟，外形像鹞鹰却长着人手一样的爪，啼叫的声音像雌鹌鹑鸣叫，它的名字叫鴸，它的鸣叫声就是自己名字的读音，哪里出现它，哪里就会有许多的文士被流放。

[清] 汪绂 图本

[清] 汪绂 图本

【原文】

1.12 东南四百五十里，曰长右之山。无草木，多水。有兽焉，其状如禺而四耳，其名长右，其音如吟①，见则郡县大水。

【注释】

①吟：呻吟。

【译文】

往东南四百五十里是长右山。山中没有花

草树木，但是有许多水流。山中有一种野兽，外形像猕猴却长有四只耳朵，它的名字叫长右，叫起来的声音如同人在呻吟，它在哪里出现，哪里就会发生大水灾。

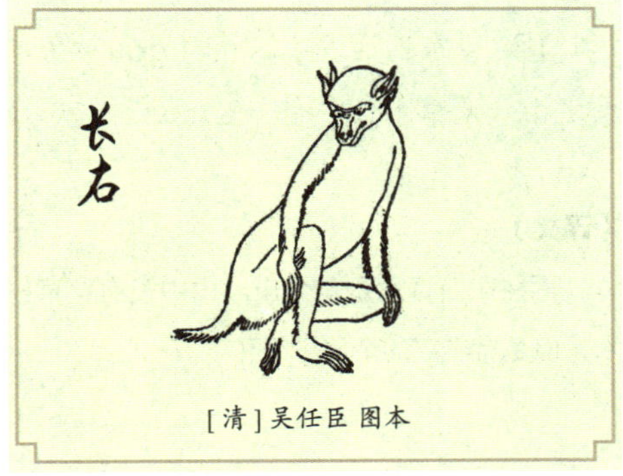

[清] 吴任臣 图本

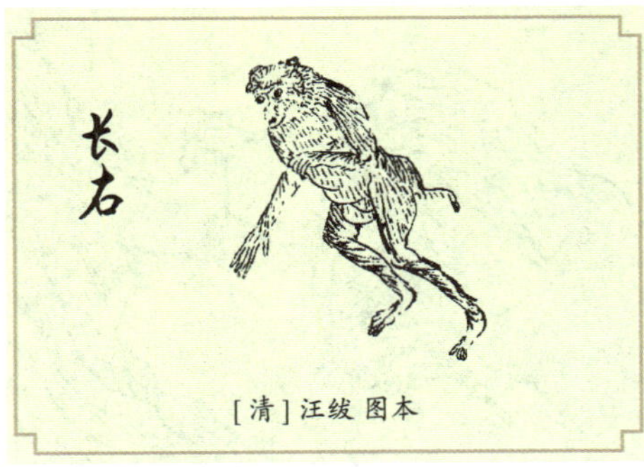

[清] 汪绂 图本

【原文】

1.13 又东三百四十里，曰尧光之山①。其阳多玉，其阴多金②。有兽焉，其状如人而彘（zhì）鬣（liè）③，穴居而冬蛰，其名曰猾裹（huái），其音如斫（zhuó）木④，见则县有大繇⑤（yáo）。

【注释】

①尧光之山：也有说法是“克光之山”。②金：也有说法是“铁”，此处指金属矿物。③彘：猪。鬣：指动物头或颈上的毛。④斫木：砍伐树木。⑤繇：通“徭”，徭役。

【译文】

再往东三百四十里是尧光山。山的南侧盛产玉石，山的北侧盛产金属矿物。山中有一种野兽，外形像人却长有野猪那样的鬣毛，冬季在洞穴中冬眠，它的名字叫猾裹，叫声如同砍伐树木时发出的声音，哪里出现它，哪里就会有繁重的徭役。

[清] 吴任臣 图本

[清] 汪绂 图本

【原文】

1.14 又东三百五十里，曰羽山①。其下多水，其上多雨，无草木，多蝮虫。

【注释】

①羽山：《海内经》“鲧窃息壤”里说大禹的父亲鲧因为偷窃息壤，被杀死在羽山。

【译文】

再往东三百五十里是羽山。山下有许多水流，山上经常下雨，没有花草树木，有很多蝮蛇。

【原文】

1.15 又东三百七十里，曰瞿（qú）父之山。无草木，多金、玉。

【译文】

再往东三百七十里是瞿父山。山中没有花草树木，但是有丰富的金属矿物和玉石。

【原文】

1.16 又东四百里，曰句（gōu）余之山。无草木，多金、玉。

【译文】

再往东四百里是句余山。山中没有花草树木，但是有丰富的金属矿物和玉石。

【原文】

1.17 又东五百里，曰浮玉之山。北望具区[①]，东望诸毗[②]。有兽焉，其状如虎而牛尾，其音如吠犬，其名曰彘，是食人。苕（tiáo）水出于其阴，北流注于具区，其中多鮆（cǐ）鱼[③]。

【注释】

①具区：指今江苏境内的太湖。②诸毗：这里指水名。③鮆鱼：鱼名。头长，身狭薄，因似刀形，又叫刀鱼。

【译文】

再往东五百里是浮玉山。在山上向北可以看见太湖，向东可以看见诸毗。山中有一种野兽，外形像老虎却长着牛一样的尾巴，能发出狗的叫声，它的名字叫彘，会吃人。苕水从这座山的北侧流出，向北注入太湖，里面有很多鮆鱼。

［清］汪绂 图本

［清］汪绂 图本

【原文】

1.18 又东五百里，曰成山[①]。四方而三坛[②]，其上多金、玉，其下多青雘。阘（zhuō）水出焉，而南流注于虖（hū）勺（shuò），其中多黄金。

【注释】

①成山：因山像土坛一样重叠而成而得名。成，重叠。②三坛：指山像土坛那样重叠，共有三重。

【译文】

再往东五百里是成山。这座山像四方形的三层土坛，山上盛产金属矿物和玉石，山下有可以做颜料的矿物。阘水从这座山流出，向南注入虖勺水，水中有很多黄金。

【原文】

1.19 又东五百里，曰会（kuài）稽（jī）之山。四方，其上多金、玉，其下多砆（fū）石[①]。勺水出焉，而南流注于湨（jú）。

【注释】

①砆石：又名武夫石，一种似玉的红色美石，有白色的纹理。

【译文】

再往东五百里是会稽山。这座山呈四方形，山上盛产金属矿物和玉石，山下盛产像玉一样的砆石。勺水从这座山流出，向南注入湨水。

【原文】

1.20 又东五百里，曰夷山。无草木，多沙石。湨水出焉，而南流注于列涂。

【译文】

再往东五百里是夷山。这座山上没有花草树木，到处都是沙子、石头。湨水从这座山流出，向南流入列涂。

【原文】

1.21 又东五百里，曰仆勾之山。其上多金、玉，其下多草木，无鸟兽，无水。

【译文】

再往东五百里是仆勾山。山上盛产金属矿物和玉石，山下有茂密的花草树木，但没有鸟类和野兽，也没有水。

【原文】

1.22 又东五百里，曰咸阴之山。无草木，无水。

【译文】

再往东五百里是咸阴山。山上没有花草树木，也没有水。

【原文】

1.23 又东四百里，曰洵(xún)山。其阳多金，其阴多玉。有兽焉，其状如羊而无口，不可杀①也，其名曰䍺(huàn)。洵水出焉，而南流注于阏(è)之泽，其中多芘(zǐ)蠃(luó)②。

【注释】

①杀：死。②芘蠃：芘通“紫”，蠃通“螺”，芘蠃就是紫色的螺。

【译文】

再往东四百里是洵山。山的南侧盛产金属矿物，北侧盛产玉石。山中有一种野兽，外形像羊却没有嘴巴，不吃东西也能活着，它的名字叫䍺。洵水从这座山流出，向南注入阏泽，水中有很多紫色的螺。

[清]吴任臣 图本

[清]汪绂 图本

【原文】

1.24 又东四百里，曰虖勺之山。其上多梓（zǐ）、楠（nán）①，其下多荆（jīng）、杞（qǐ）②。滂（pāng）水出焉，而东流注于海。

【注释】

①梓、楠：两种乔木。梓是落叶乔木，木材轻软，可制器具，种子和树皮可入药。楠是常绿乔木，木质好，是制器具和建筑用的良材。②荆、杞：即牡荆和枸杞，为两种野生灌木。

【译文】

再往东四百里是虖勺山。山上长着梓树和楠树，山下长着牡荆和枸杞。滂水从这座山流出，向东注入大海。

【原文】

1.25 又东五百里，曰区吴之山。无草木，多沙石。鹿水出焉，而南流注于滂水。

【译文】

再往东五百里是区吴山。山上没有花草树木，到处是沙石。鹿水从这座山流出，向南注入滂水。

【原文】

1.26 又东五百里，曰鹿吴之山。上无草木，多金石。泽更之水出焉，而南流注于滂水。水有兽焉，名曰蛊雕，其状如雕而有角，其音如婴儿之音，是食人。

【译文】

再往东五百里是鹿吴山。这座山上没有花草树木，但盛产金属矿物和玉石。泽更水从这座山流出，向南注入滂水。水中有一种野兽，名字叫蛊雕，外形像雕，头上却长角，它的叫声如同婴儿啼哭，能吃人。

[清]吴任臣 图本

[清]汪绂 图本

[明]蒋应镐 图本

【原文】

1.27 又东五百里，曰漆吴之山。无草木，多博石[①]，无玉。处于东海，望丘山，其光载出载入，是惟日次[②]。

【注释】

①博石：石头的名字，可做棋具。也有说法就是大石头。②日次：太阳停息之处。次，停留、休息的意思。

【译文】

再往东五百里是漆吴山。这座山中没有花草树木，但是盛产可以用作棋具的石头，不产玉石。此山位于东海之滨，向东望去可以看见一片起伏的丘陵，有光影忽明忽暗，那是太阳停息之处。

【原文】

1.28 凡南次二山之首，自柜山至于漆吴之山，凡十七山，七千二百里。其神状皆龙身而鸟首。其祠：毛用一璧[①]瘗，糈用稌。

【注释】

①璧：古时朝聘、祭祀、丧葬时使用的礼器之一，平圆形，正中有孔。

【译文】

南方第二列山系，从柜山起到漆吴山止，一共有十七座山，途经七千二百里。山系中众山神都是龙身鸟头。祭祀山神的仪式是把畜禽和玉璧一起埋入地下，用稻米作为祭神用的精米。

[清]汪绂 图本

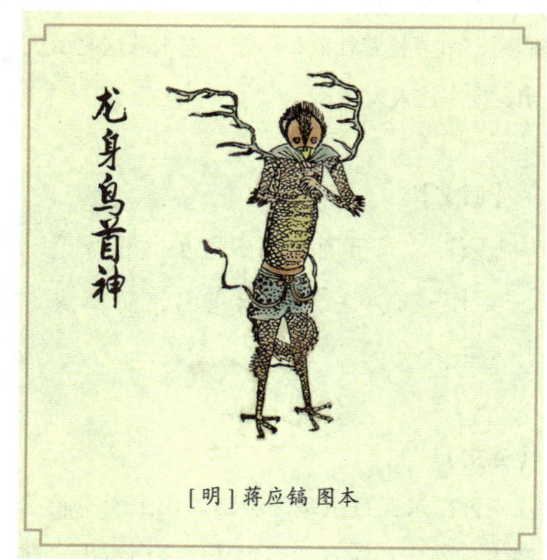

[明]蒋应镐 图本

南次三经

【导读】

《南次三经》是《南山经》的第三部分，经中说记载了十四座山，实际上只有天虞山、祷过山、丹穴山、发爽山、旄山、非山、阳夹山、灌湘山、鸡山、令丘山、仑者山、禺稾山、南禺山这十三座，大体分布在今广东、广西境内。

龙身人面神
颙
瞿如
犀
虎蛟
䲘鱼

【原文】

1.29 南次三山之首，曰天虞之山。其下多水，不可以上。

【译文】

南方第三列山系的第一座山叫天虞山。山下有很多水流，人无法上山。

【原文】

1.30 东五百里，曰祷过之山。其上多金、玉，其下多犀、兕（sì）①，多象。有鸟焉，其状如䴔②（jiāo）而白首、三足、人面，其名曰瞿如，其鸣自号也。浪（yín）水出焉，而南流注于海。其中有虎蛟③，其状鱼身而蛇尾，其音④如鸳鸯，食者不肿，可以已⑤痔（zhì）。

【注释】

①犀：犀牛。兕：犀牛一类的动物，只有一只角。②䴔：一种水鸟，像野鸭，脚长在接近尾部处。③虎蛟：传说中像龙的无角动物。④音：有学者勘误应该是“首”字。⑤已：这里指治愈。

【译文】

往东五百里是祷过山。这座山上盛产金属矿物和玉石，山下有很多犀牛和兕，还有大象。山中有一种鸟，外形像䴔，却长着白色的脑袋、三只脚、人脸，它的名字叫瞿如，它鸣叫的声音就和自身名字的读音一样。浪水从这座山流出，向南流入大海中。浪水中有一种虎蛟，外形像鱼，却长着蛇的尾巴和像鸳鸯一样的头，人吃了它的肉就能不患痈肿病，还可以治疗痔疮。

［清］汪绂 图本

【原文】

1.31 又东五百里，曰丹穴之山。其上多金、玉。丹水出焉，而南流注于渤海。有鸟焉，其状如鸡，五采而文①，名曰凤皇②，首文曰德，翼文曰义，背文曰礼，膺③（yīng）文曰仁，腹文曰信。是鸟也，饮食自然，自歌自舞，见则天下安宁。

【注释】

①文：花纹。②凤皇：凤凰。③膺：胸部。

【译文】

再往东五百里是丹穴山。山上盛产金属矿物和玉石。丹水从这座山流出，向南注入渤海。山中有一种鸟，外形像鸡，全身花纹是五彩的，它的名字叫凤凰，头上的花纹像“德”

字，翅膀上的花纹像“义”字，背部的花纹像“礼”字，胸部的花纹像“仁”字，腹部的花纹像“信”字。这种鸟进食自然从容，常常自己边唱边跳，它一出现天下就会太平。

[清] 汪绂 图本

【原文】

1.32 又东五百里，曰发爽之山。无草木，多水，多白猿。汎（fàn）水出焉，而南流注于渤海。

【译文】

再往东五百里是发爽山。这座山上没有花草树木，但是到处是水流，有很多白猿。汎水从这座山流出，向南注入渤海。

【原文】

1.33 又东四百里，至于旄（máo）山之尾。其南有谷，曰育遗，多怪鸟，凯风①自是出。

【注释】

①凯风：南风，意思是和暖的风。

【译文】

再往东四百里就到了旄山的尾端。它的南侧有一道山谷，叫作育遗，山谷里面有许多怪鸟，南风就是从这个山谷里吹出来的。

【原文】

1.34 又东四百里，至于非山之首。其上多金、玉，无水，其下多蝮虫。

【译文】

再往东四百里就到了非山的前端。山上盛产金属矿物和玉石，但是没有水，山下到处是蝮蛇。

【原文】

1.35 又东五百里，曰阳夹之山。无草木，多水。

【译文】

再往东五百里是阳夹山。这座山没有花草树木，但是到处有水流。

【原文】

1.36 又东五百里，曰灌湘之山。上多木，无草，多怪鸟，无兽。

【译文】

再往东五百里是灌湘山。这座山上到处是树木，却没有长草；有许多怪鸟，却没有野兽。

【原文】

1.37 又东五百里，曰鸡山。其上多金，其下多丹雘（huò）。黑水出焉，而南流注于海。其中有鱄（tuán）鱼，其状如鲋（fù）而彘毛，其音如豚，见则天下大旱。

【译文】

再往东五百里是鸡山。这座山上盛产金属矿物，山下盛产能做颜料的红色矿物。黑水从这座山流出，向南注入大海。水中有一种鱄鱼，外形像鲫鱼却长着猪毛，能发出如同小猪的声音，它一出现就会天下大旱。

［明］蒋应镐 图本

［清］汪绂 图本

【原文】

1.38 又东四百里，曰令丘之山。无草木，多火。其南有谷焉，曰中谷，条风[①]自是出。有鸟焉，其状如枭[②]（xiāo），人面四目而有耳，其名曰颙（yú），其鸣自号也，见则天下大旱。

【注释】

①条风：东北风。②枭：鸟纲鸱鸮科各种类鸟的通称。

【译文】

再往东四百里是令丘山。山中没有花草树木，到处是燃烧的火。山的南侧有一道峡谷，叫作中谷，东北风就是从这里吹出来的。山中有一种鸟，外形像猫头鹰，长着人脸和四只眼睛，还有耳朵，它的名字叫颙，它鸣叫的声音就和它自身名字的读音一样，它一出现就会天下大旱。

［清］吴任臣 图本

[清]汪绂 图本

[明]蒋应镐 图本

【原文】

1.39 又东三百七十里，曰仑者之山。其上多金、玉，其下多青雘。有木焉，其状如榖而赤理①，其汁如漆，其味如饴②（yí），食者不饥，可以释劳③，其名曰白𦽎（gāo），可以血玉④。

【注释】

①理：纹理。②饴：用麦芽制成的糖浆。③释劳：解除忧愁。劳，忧愁。④血玉：染玉，使之发出光彩。

【译文】

再往东三百七十里是仑者山。山上盛产金属矿物和玉石，山下盛产可以做颜料的青色矿物。山中有一种树，外形像构树却有着红色的纹理，枝干流出的汁液如漆一般，味道像麦芽糖一样甜，人吃了它就不会感到饥饿，还可以解除忧愁，它的名字叫白𦽎，可以用它给玉石染色。

【原文】

1.40 又东五百八十里，曰禺稾（gǎo）之山。多怪兽，多大蛇。

【译文】

再往东五百八十里是禺稾山。山中有很多怪兽，还有很多大蛇。

【原文】

1.41 又东五百八十里，曰南禺之山。其上多金、玉，其下多水。有穴焉，水出辄（zhé）入①，夏乃出，冬则闭。佐水出焉，而东南流注于海，有凤皇、鹓（yuān）雏（chú）②。

【注释】

①出：当为“春”之误。辄：即，就。②鹓雏：传说中鸾凤一类的鸟。

【译文】

再往东五百八十里是南禺山。山上盛产金属矿物和玉石，山下有很多水流。山中有一个洞穴，水会在春天流入洞穴，在夏天流出洞穴，而冬天洞内则没有水。佐水从这座山流出，向东南注入大海，佐水流经的地方有凤凰和鹓雏。

【原文】

1.42 凡南次三山之首，自天虞之山以至南禺之山，凡一十四山，六千五百三十里。其神皆龙身而人面。其祠皆一白狗祈，糈用稌。

【译文】

南方第三列山系，从天虞山起到南禺山止，一共有十四座山，途经六千五百三十里。山系中众山神的外观都是龙身人脸。祭祀全部山神要用一条白色的狗作为供品来祈祷，用稻米作为祭神用的精米。

【原文】

1.43 右南经之山志，大小凡四十山，万六千三百八十里[①]。

【注释】

①清人郝懿行认为，篇末这段话可能是校书者所加；而袁珂认为这段话可能是古经原有的总结，而“南经之山志”之“志”字为后人妄加。郝懿行统计，南山系一共三十九座山，长度为一万五千六百四十里。

【译文】

以上是《南山经》所有山的记录，大大小小总共四十座，长度为一万六千三百八十里。

[明]蒋应镐 图本

西山经

卷二

《西山经》为《山海经》的第二卷，这一卷又分为四个部分，记叙了以钱来山、铃山、崇吾山及阴山为首的西方四列山系诸山的名称、物产及流经此地的河流，并对四列山系的山神外形及祭祀时的礼仪作了介绍。

西山一经

【导读】

《西山一经》是《西山经》的第一部分，记载了十九座山，有钱来山、松果山、太华山、小华山、符禺山、石脆山、英山、竹山、浮山、羭次山、时山、南山、大时山、嶓冢山、天帝山、皋涂山、黄山、翠山、騩山，分布在今陕西、甘肃、青海境内。

【原文】

2.1 西山华山之首，曰钱来之山。其上多松，其下多洗石①。有兽焉，其状如羊而马尾，名曰羬（qián）羊，其脂可以已腊②（xī）。

【注释】

①洗石：一种含碱的石头，洗澡时可用来擦身以去除污垢。②腊：皮肤皴裂。

【译文】

西方第一列山系是华山山系，该山系的第一座山是钱来山，山上有许多松树，山下有很多洗石。山中有一种野兽，外形像羊却长着马的尾巴，它的名字叫羬羊，它身上的油脂可以滋润干裂的皮肤。

【原文】

2.2 西四十五里，曰松果之山。濩（huò）水①出焉，北流注于渭，其中多铜②。有鸟焉，其名曰螐（tóng）渠，其状如山鸡，黑身赤足，可以已䗲③（báo）。

【注释】

①濩水：当作“灌水”。②铜：这里指可以提炼为精铜的天然铜矿石。③䗲：皮肤皱起。

【译文】

往西四十五里是松果山。濩水从这座山流出，向北流入渭水，山中盛产铜矿石。山里有一种鸟，名字叫螐渠，外形像野鸡，长有黑色的身子和红色的爪子，它可以用来治疗皮肤起皱。

【原文】

2.3 又西六十里，曰太华之山。削成①而四方，其高五千仞，其广十里，鸟兽莫居。有蛇焉，名曰肥𧔥（wèi）②，六足四翼，见则天下大旱。

【注释】

①削成：像是用刀斧削成。形容山势险峻。②肥𧔥：也称为“肥遗”。

【译文】

再往西六十里是太华山。这座山的山崖像被刀削过一般，呈四方形，高五千仞，宽十里，鸟兽都无法居住。山中有一种蛇，名字叫肥𧔥，长着六只脚和四只翅膀，它一出现就会天下大旱。

【原文】

2.4 又西八十里，曰小华之山。其木多荆、杞，其兽多㸲（zuó）牛①。其阴多磬（qìng）石②，其阳多㻬（tū）琈（fú）之玉③。鸟多赤鷩（biē）④，可以御火⑤。其草有萆（bì）荔⑥，状如乌韭⑦，而生于石上，亦缘木而生，食之已心痛。

【注释】

①㸲牛：一种野牛，可达千斤重。②磬石：一种可以制造乐器的美石。③㻬琈之玉：传说中的一种玉石。④赤鷩：有说法指锦鸡，山鸡的一种。⑤御火：防避火灾。⑥萆荔：也称木莲，一种植物。⑦乌韭：一种苔藓类植物。

【译文】

再往西八十里是小华山。山上长有荆类的植物和枸杞，野兽大多是㸲牛，山的北侧盛产可以制造乐器的石头，南侧盛产㻬琈玉。山中有许多赤鷩鸟，畜养它就可以防避火灾。山中还有一种叫作萆荔的植物，外形像乌韭，生长在石头上面，也可以攀缘着树木生长，人吃了它就能治愈心痛的疾病。

【原文】

2.5 又西八十里，曰符禺之山。其阳多铜，其阴多铁[①]。其上有木焉，名曰文茎，其实如枣，可以已聋。其草多条，其状如葵[②]，而赤华黄实，如婴儿舌，食之使人不惑。符禺之水出焉，而北流注于渭。其兽多葱聋[③]，其状如羊而赤鬣。其鸟多䲨（mín），其状如翠[④]而赤喙[⑤]（huì），可以御火。

【注释】

①铁：指能够提炼成铁的天然铁矿石。②葵：即冬葵，也叫冬寒菜，是古代的一种重要蔬菜。③葱聋：古人传说是一种野羊，可能指藏羚羊。④翠：指翠鸟。⑤喙：鸟兽的嘴。

【译文】

再往西八十里是符禺山。山南侧盛产铜矿，北侧盛产铁矿。山上有一种树，名字叫文茎，果实像枣，可以用来治疗耳聋。山中的草大多是条草，外形和葵菜很像，但是开红色的花朵，结黄色的果实，果实像婴儿的舌头，吃了它人就不会被迷惑。符禺水从这座山流出，向北流入渭水。山中的野兽大多是葱聋，外形像普通的羊却长有红色的鬣毛。山中的鸟大多是䲨，外形像翠鸟却长着红色的嘴巴，畜养它可以防避火灾。

[清] 汪绂 图本

【原文】

2.6 又西六十里，曰石脆之山。其木多棕、楠。其草多条[①]，其状如韭，而白华黑实，食之已疥。其阳多㻬琈之玉，其阴多铜。灌水出焉，而北流注于禺水。其中有流赭（zhě），以涂牛马无病。

【注释】

①条：上文的条草与这里的条草为同名而不同形状的植物。

【译文】

再往西六十里是石脆山。山上长着很多棕树和楠树。山中的草大多是条草，外形和韭菜相似，开白色的花朵，结黑色的果实，人吃了就可以治愈疥疮。山的南侧盛产㻬琈玉，北侧

盛产铜矿。灌水从这座山流出，向北流入禺水。水中有很多流赭，将这种水涂在牛马的身上，就能使它们不生病。

【原文】

2.7 又西七十里，曰英山。其上多杻、橿（jiāng）①。其阴多铁，其阳多赤金。禺水出焉，北流注于招（sháo）水。其中多鲜（bàng）鱼，其状如鳖，其音如羊。其阳多箭、𥳇（mèi）②。其兽多㸲牛、羬羊。有鸟焉，其状如鹑③（chún），黄身而赤喙，其名曰肥遗④，食之已疠⑤（lì），可以杀虫。

【注释】

①杻、橿：古代两种可作车材的树，质地坚硬。②箭、𥳇：箭竹和𥳇竹，竹类的两种。③鹑：鹌鹑。④肥遗：这里的肥遗是一种鸟。⑤疠：麻风病。

【译文】

再往西七十里是英山。这座山上到处是杻树和橿树，山北侧盛产铁矿，而南侧盛产沙金矿。禺水从这座山流出，向北流入招水，水中有很多鲜鱼，外形像鳖，发出的声音像羊叫声。山南侧生有很多箭竹和𥳇竹，山里还有许多㸲牛和羬羊。山中有一种鸟，外形像鹌鹑，有黄色的身子和红色的嘴巴，它的名字叫肥遗，人吃了就能治愈麻风病，还能杀死体内的寄生虫。

【原文】

2.8 又西五十二里，曰竹山。其上多乔木，其阴多铁。有草焉，其名曰黄雚（guàn），其状如樗[①]（chū），其叶如麻，白华而赤实，其状如赭，浴之已疥，又可以已胕[②]（fú）。竹水出焉，北流注于渭。其阳多竹箭，多苍玉。丹水出焉，东南流注于洛水，其中多水玉，多人鱼[③]。有兽焉，其状如豚而白毛，大如笄[④]（jī）而黑端，名曰豪彘[⑤]。

【注释】

①樗：即臭椿树，木质粗硬，叶可养樗蚕，根皮可供药用。②胕：浮肿。③人鱼：即陵鱼。《山海经》中有多处记载，人面鱼身，有手脚。④笄：即簪子。⑤豪彘：即豪猪。

【译文】

再往西五十二里是竹山。这座山上长有很多乔木，山北侧盛产铁矿。山中有一种草，名字叫黄雚，看起来像樗树，但树叶像麻叶，开白色的花朵，结红色的果实，果实的颜色是赭色的，用它洗浴可治愈疥疮，还可以治疗浮肿。竹水从这座山流出，向北流入渭水。竹水的北岸有很多小竹丛，还有许多青色的玉石。丹水也从这座山流出，向东南流入洛水，丹水中盛产水晶石，还有很多人鱼。竹山中有一种野兽，外形像小猪却长着白色的毛，毛如簪子般粗且尖端呈黑色，它的名字叫豪彘。

[清] 汪绂 图本

【原文】

2.9 又西百二十里，曰浮山。多盼木，枳[①]（zhǐ）叶而无伤，木虫[②]居之。有草焉，名曰薰草，麻叶而方茎，赤华而黑实，臭（xiù）如蘼（mí）芜（wú）[③]，佩之可以已疠。

【注释】

①枳：枳树，枳叶有刺，可伤人。②木虫：树里的虫子。③臭：气味。蘼芜：一种香草。

【译文】

再往西一百二十里是浮山。山上长有许多盼木，长着像枳树一样的叶子却没有刺，树体内长有蛀虫。山中有一种草，名字叫薰草，长着麻类植物的叶子和方形的茎干，开红色的花朵，结黑色的果实，气味像蘼芜，把它佩戴在身上可以治疗麻风病。

【原文】

2.10 又西七十里，曰羭（yú）次之山。漆水出焉，北流注于渭。其上多棫[①]（yù）、橿，其下多竹箭。其阴多赤铜[②]，其阳多婴垣（yuán）之玉[3]。有兽焉，其状如禺而长臂，善投，其名曰嚣（xiāo）。有鸟焉，其状如枭，人面而一足，曰橐（tuó）𩇯（féi），冬见夏蛰（zhé），服之不畏雷。

【注释】

①棫：又名白桵（ruǐ），木质白，可制车辐和其他器具。②赤铜：黄铜，这里指未经提炼过的天然铜矿石。③婴垣之玉："婴垣"可能是"婴脰"之误。这种玉石用来制作挂在脖子上的装饰品。

【译文】

再往西七十里是羭次山。漆水从这座山流出，向北流入渭水。山上长有茂密的棫树和橿树，山下有许多小竹丛。山的北侧盛产赤铜矿，南侧有丰富的婴垣玉。山中有一种野兽，外形像禺但是双臂很长，擅长投掷，它的名字叫嚣。山中还有一种鸟，外形像猫头鹰，长着人的面孔，而且只有一只脚，叫作橐𩇯，常常在冬季出现，夏季就蛰伏起来，人用其羽毛做成衣服穿，就不会害怕打雷声。

【原文】

2.11 又西百五十里，曰时山。无草木。逐水出焉，北流注于渭，其中多水玉。

【译文】

再往西一百五十里是时山。山上没有花草树木。逐水从这座山流出，向北流入渭水，水中有很多水晶。

【原文】

2.12 又西百七十里，曰南山。上多丹粟。丹水出焉，北流注于渭。兽多猛豹[1]，鸟多尸鸠（jiū）[2]。

【注释】

①猛豹：有说法是貘豹，似熊而小，能食蛇，食铜铁。②尸鸠：一说为布谷鸟。

【译文】

再往西一百七十里是南山。山上有很多粟米粒大小的丹砂。丹水从这座山流出，向北流入渭水。山中的野兽大多是猛豹，还有许多尸鸠。

【原文】

2.13 又西百八十里，曰大时之山。上多榖、柞[1]（zuò），下多杻、橿。阴多银，阳多白玉。涔（cén）水出焉，北流注于渭。清水出焉，南流注于汉水。

【注释】

①柞：栎树的通称，一种乔木。

【译文】

再往西一百八十里是大时山。山上长有许多构树和柞树，山下长有许多杻树和橿树。山北侧盛产银矿，南侧盛产白玉。涔水从这座山流出，向北流入渭水。清水从这座山流出，向南流入汉水。

【原文】

2.14 又西三百二十里，曰嶓（bō）冢之山。汉水出焉，而东南流注于沔（miǎn）。嚣水出焉，北流注于汤水。其上多桃枝、钩端[①]，兽多犀、兕、熊、罴[②]（pí），鸟多白翰[③]、赤鷩。有草焉，其叶如蕙[④]（huì），其本[⑤]如桔梗，黑华而不实，名曰蓇（gū）蓉，食之使人无子。

【注释】

①桃枝、钩端：竹子的名称。桃枝，竹节间相距四寸的称为桃枝竹。钩端，桃枝一类的竹子。②罴：熊的一种，俗称人熊或马熊。③白翰：有说法指白雉。④蕙：一种香草，属于兰草之类。⑤本：根部。

【译文】

再往西三百二十里是嶓冢山。汉水从这里流出，向东南流入沔水。嚣水也从这里流出，向北流入汤水。这座山上长有很多桃枝竹和钩端竹，野兽多为犀牛、兕、熊、罴，鸟类以白翰和赤鷩最多。山中有一种草，长着像蕙兰的叶子、像桔梗的根茎，能开出黑色的花朵，但是不结果实，它的名字叫蓇蓉，人吃了它会不生育。

[清]蒋应镐 图本

【原文】

2.15 又西三百五十里，曰天帝之山。上多棕、楠，下多菅、蕙。有兽焉，其状如狗，名曰谿（xī）边，席[①]其皮者不蛊。有鸟焉，其状如鹑，黑文而赤翁[②]，名曰栎（lì），食之已痔。有草焉，其状如葵，其臭如蘼芜，名曰杜衡，可以走马，食之已瘿[③]（yǐng）。

【注释】

①席：这里指铺垫。②翁：鸟脖子上的毛。③瘿：指颈部所生的肉瘤。

【译文】

再往西三百五十里是天帝山。山上长有许多棕树和楠木，山下则长有茅草和蕙草。山中有一种野兽，外形像狗，名字叫谿边，拿它的皮作垫子用可以使人不受毒气侵袭。山中有一种鸟，外形像鹌鹑，长着黑色的花纹和红色的颈毛，它的名字叫栎，人吃了它的肉可以治疗痔疮。山中还有一种草，外形像葵菜，能散发出和蘼芜相似的气味，它的名字叫杜衡，佩戴上它就可以使马跑得更快，人吃了它就可以治愈脖子上的肉瘤。

【原文】

2.16 西南三百八十里，曰皋（gāo）涂之山[①]。蔷（sè）水出焉，西流注于诸资之水；涂水出焉，南流注于集获之水。其阳多丹粟，其阴多银、黄金，其上多桂木。有白石焉，其名曰礜（yù），可以毒鼠。有草焉，其状如槀茇（bá）[②]，其叶如葵而赤背，名曰无条，可以毒鼠。有兽焉，其状如鹿而白尾，马足人手而四角，名曰玃（yīng）如。有鸟焉，其状如鸱而人足，名曰数斯，食之已瘿。

【注释】

①皋涂之山：一作“鼻涂之山”。②槀茇：香草名，根茎可以入药。

【译文】

往西南三百八十里是皋涂山。蔷水从这里流出，向西流入诸资水；涂水也从这里流出，向南流入集获水。皋涂山南侧有许多粟粒大小的丹砂，北侧盛产银矿、黄金矿，山上长满了桂树。山中有一种白色的石头，名叫礜，可以用来毒死老鼠。山中有一种草，外形像槀茇，叶子像葵菜的叶子但背面是红色的，它的名字叫无条，也可以用来毒死老鼠。山中有一种野兽，外形像鹿，却长着白色的尾巴、马一样的后蹄和人的手一样的前蹄，还长有四只角，它的名字叫玃如。山中还有一种鸟，外形长得像鹞鹰，有着人脚一样的爪，它的名字叫数斯，吃了它就可以治愈脖子上的肉瘤。

【原文】

2.17 又西百八十里，曰黄山。无草木，多竹箭。盼水出焉，西流注于赤水，其中多玉。有兽焉，其状如牛，而苍黑大目，其名曰擎（mǐn）。有鸟焉，其状如鸮，青羽赤喙，人舌能言，名曰鹦䳇（wǔ）[①]。

【注释】

①鹦䳇：即鹦鹉。

【译文】

再往西一百八十里是黄山。这座山没有花草树木，到处是郁郁葱葱的小竹丛。盼水从这座山流出，向西流入赤水，水中有很多玉石。黄山中有一种野兽，外形像牛，皮毛呈灰黑色，眼睛很大，它的名字叫擎。山中还有一种鸟，外形像猫头鹰，长着青色的羽毛和红色的嘴，舌头像人的舌头，能学人说话，它的名字叫鹦鹉。

【原文】

2.18 又西二百里，曰翠山。其上多棕、楠，其下多竹箭。其阳多黄金、玉，其阴多旄牛、麢（líng）、麝（shè）[①]。其鸟多鸓[②]（lěi），其状如鹊，赤黑而两首四足，可以御火。

【注释】

①旄牛：即牦牛。麢：即羚羊。麝：即香獐，分泌出的麝香可入药。②鸓：传说中的一种鸟。

【译文】

再往西二百里是翠山。山上生长着茂密的棕树和楠树，山下有很多小竹丛。山南侧盛产黄金矿、玉石，山北侧生活着牦牛、羚羊、香獐这些动物。山中的鸟大多是鸓，外形像喜鹊，长着红黑色的羽毛，有两个脑袋、四只脚，可以用它来防避火灾。

[明]蒋应镐 图本

[清]吴任臣 图本

[清]汪绂 图本

【原文】

2.19 又西二百五十里，曰騩（guī）山，是錞[①]（chún）于西海。无草木，多玉。凄水出焉，西流注于海，其中多采石[②]、黄金，多丹粟。

【注释】

① 錞：通“蹲”，蹲踞。②采石：有颜色的石头，可以做颜料。采，同“彩”。

【译文】

再往西二百五十里是騩山，它坐落在西海边。这座山没有花草树木，却有很多玉石。凄水由这座山流出，向西流入大海，水中有许多彩色的石头、黄金，还有很多粟米粒大小的丹砂。

【原文】

2.20 凡西山之首，自钱来之山至于騩山，凡十九山，二千九百五十七里。华山，冢[①]（zhǒng）也，其祠之礼：太牢[②]。羭山，神也，祠之用烛[③]，斋[④]百日以百牺[⑤]，瘗用百瑜[⑥]，汤（tàng）其酒百樽[⑦]，婴以百珪（guī）百璧[⑧]。

其余十七山之属，皆毛牷[⑨]（quán）用一羊祠之。烛者，百草之未灰，白席采等纯（zhǔn）之[⑩]。

【注释】

①冢：大，地位高。②太牢：古代祭祀时，牛、羊、猪三牲全备称为太牢。③烛：指火炬。④斋：斋戒，指在举行仪式前清心洁身以示庄敬。⑤牺：古代祭祀用的纯色牲畜。⑥瑜：美玉。⑦汤：通“烫”。樽：盛酒的器皿。⑧婴：缠绕。珪：通“圭”，长条形，上端为三角状的玉器。⑨牷：色纯而完整的祭牲。⑩采等：指各种颜色的花纹。纯：镶边。

【译文】

西方第一列山系，从钱来山起到騩山止，一共有十九座，共二千九百五十七里。华山为众山的宗主，祭祀华山山神要用猪、牛、羊作为祭品。羭次山的山神很神奇，祭祀要用火炬，祭者斋戒一百天后，将一百只毛色纯正的牲畜连同一百块瑜玉埋入地下，再烫上一百樽美酒，再取一百块珪和一百块璧环绕在山神脖子上作为祭品。

祭祀其余十七座山的山神，都是用一只完整的羊作为祭品。所谓的烛，是指用百草扎成火把还未烧成灰的时候叫烛；而祭祀用的席，是用各种颜色的织物装饰边缘的白茅席。

[清] 汪绂 图本

西次二经

【导读】

《西次二经》是《西山经》的第二部分，记载了十七座山，有铃山、泰冒山、数历山、高山、女床山、龙首山、鹿台山、鸟危山、小次山、大次山、薰吴山、底阳山、众兽山、皇人山、中皇山、西皇山、莱山，分布在今山西、陕西、宁夏、甘肃、青海境内。

【原文】

2.21 西次二山之首，曰铃（qián）山。其上多铜，其下多玉，其木多杻、橿。

【译文】

西方第二列山系的第一座山是铃山。山上盛产铜矿，山下盛产玉石，山中的树木大多是杻树和橿树。

【原文】

2.22 西二百里，曰泰冒之山。其阳多金，其阴多铁。浴水[①]出焉，东流注于河[②]，其中多藻玉[③]，多白蛇。

【注释】

①浴水：应为“洛水”。此处指南洛河。②河：古人单称的“河”或“河水”大多是指黄河。③藻玉：带有彩色纹理的美玉。

【译文】

往西二百里是泰冒山。山南侧盛产黄金，北侧盛产铁矿。洛水从这座山流出，向东流入黄河，水中有许多带有彩色纹理的美玉，还有很多白色的水蛇。

【原文】

2.23 又西一百七十里，曰数历之山。其上多黄金，其下多银，其木多杻、橿，其鸟多鹦鴞。楚水出焉，而南流注于渭，其中多白珠。

【译文】

再往西一百七十里是数历山。山上盛产黄金，山下盛产银矿。山中的树木大多是杻树和橿树。山中的禽鸟大多是鹦鹉。楚水从这座山流出，向南流入渭水，水中有很多白色的珍珠。

【原文】

2.24 又西百五十里，曰高山。其上多银，其下多青碧、雄黄[①]，其木多棕，其草多竹[②]。泾（jīng）水出焉，而东流注于渭，其中多磬石、青碧。

【注释】

①青碧：青色的玉石。雄黄：又叫石黄、鸡冠石，可作颜料，又可供药用。②竹：这里指低矮而丛生的小竹子，当作草。

【译文】

再往西一百五十里是高山。山上盛产银矿，山下有很多青色的玉石和雄黄，山中的树多是棕树，而草多是小竹丛。泾水从这座山流出，向东流入渭水，水中也有很多可以制磬的石头和青色的玉石。

【原文】

2.25 西南三百里，曰女床之山。其阳多赤铜，其阴多石涅（niè）[①]，其兽多虎、豹、犀、兕。有鸟焉，其状如翟[②]（dí）而五采文，名曰鸾鸟[③]，见则天下安宁。

【注释】

①石涅：即石墨、画眉石，可以画眉和写字。②翟：一种长尾的野鸡。③鸾鸟：传说中的一种鸟，属于凤凰一类。

【译文】

往西南三百里是女床山。山南侧盛产黄铜矿，北侧盛产石墨，山中的野兽多是老虎、豹子、犀牛和兕。山里还有一种鸟，外形像野鸡却长着色彩斑斓的羽毛，它的名字叫鸾鸟，它一出现就会天下太平。

[明]蒋应镐 图本

[清]汪绂 图本

【原文】

2.26 又西二百里，曰龙首之山。其阳多黄金，其阴多铁。苕水出焉，东南流注于泾水，其中多美玉。

【译文】

再往西二百里是龙首山。山南侧盛产黄金，北侧盛产铁矿。苕水从这座山流出，向东南流入泾水，水中有许多美玉。

【原文】

2.27 又西二百里，曰鹿台之山。其上多白玉，其下多银，其兽多㸲牛、羬羊、白豪①。有鸟焉，其状如雄鸡而人面，名曰凫（fú）徯（xī），其鸣自叫也，见则有兵②。

【注释】

①白豪：指白色的豪猪。②有兵：有战争发生。

【译文】

再往西二百里是鹿台山。山上盛产白玉，山下盛产银矿。山中的野兽多为㸲牛、羬羊和白色的豪猪。山中有一种鸟，外形像雄鸡却长着人脸，它的名字叫凫徯，它的鸣叫声就是自己名字的读音，它一出现就会有战争发生。

[清]吴任臣 图本

【原文】

2.28 西南二百里，曰鸟危之山。其阳多磬石，其阴多檀、楮（chǔ）①，其中多女床②。鸟危之水出焉，西流注于赤水，其中多丹粟。

【注释】

①檀：檀树。楮：又叫构树，即书中多次提到的榖。②女床：传说是一种名为女肠草的植物。

【译文】

往西南二百里是鸟危山。山南侧盛产制作乐器的石头，北侧生长着茂密的檀树和构树，山中还长着许多女肠草。鸟危水从这座山流出，向西流入赤水，水中有许多粟米粒大小的丹砂。

【原文】

2.29 又西四百里，曰小次之山。其上多白玉，其下多赤铜。有兽焉，其状如猿而白首赤足，名曰朱厌，见则大兵。

【译文】

再往西四百里是小次山。山上盛产白玉，山下盛产黄铜矿。山中有一种野兽，外形像猿猴，但是有着白色的头和红色的脚，它的名字叫朱厌，它一出现就会发生较大的战事。

[清]蒋应镐 图本

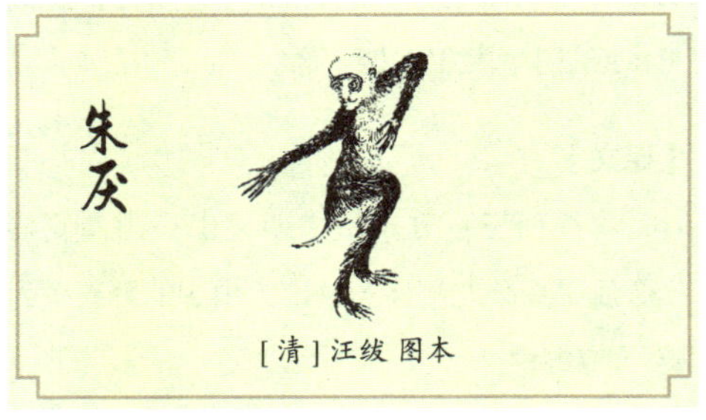

[清]汪绂 图本

【原文】

2.30 又西三百里，曰大次之山。其阳多垩[①]（è），其阴多碧[②]，其兽多㸲牛、麢羊。

【注释】

①垩：一种白色的土。②碧：青绿色或青白色的玉。

【译文】

再往西三百里是大次山。山南侧盛产垩土，北侧盛产碧玉。山中的野兽多为㸲牛和羚羊。

【原文】

2.31 又西四百里，曰薰吴之山。无草木，多金、玉。

【译文】

再往西四百里是薰吴山。山上没有花草树木，但是有丰富的金属矿物和玉石。

【原文】

2.32 又西四百里，曰底（zhǐ）阳之山。其木多稷（jì）、楠、豫章[①]，其兽多犀、兕、虎、犳[②]（zhuó）、㸲牛。

【注释】

①稷：即水松，一种落叶乔木。豫章：即樟树。②犳：一种毛皮上的花纹似豹的野兽。

【译文】

再往西四百里是底阳山。山中的树木多是水松、楠树和樟树。山中的野兽以犀牛、兕、老虎、犳、牸牛为主。

[清]汪绂 图本

[清]汪绂 图本

【原文】

2.33 又西二百五十里，曰众兽之山。其上多㻬琈之玉，其下多檀、楮，多黄金，其兽多犀、兕。

【译文】

再往西二百五十里是众兽山。山上盛产㻬琈玉，山下长满了檀树和构树，还有许多黄金，山中的野兽多为犀牛和兕。

【原文】

2.34 又西五百里，曰皇人之山。其上多金、玉，其下多青雄黄。皇水出焉，西流注于赤水，其中多丹粟。

【译文】

再往西五百里是皇人山。山上有丰富的金属矿物和玉石，山下盛产青雄黄。皇水从这座山流出，向西流入赤水，水中有很多粟粒大小的丹砂。

【原文】

2.35 又西三百里，曰中皇之山。其上多黄金，其下多蕙、棠①。

【注释】

①棠：木名，有赤、白两种。赤棠木理坚韧，果实无味。白棠即棠梨，果实似梨而小，可食，味酸甜。

【译文】

再往西三百里是中皇山。山上盛产黄金，山下长满了蕙草和棠梨树。

【原文】

2.36 又西三百五十里，曰西皇之山。其阳多金，其阴多铁，其兽多麋①（mí）、鹿、牸牛。

【注释】

①麋：鹿科动物。因角似鹿，头似马，身似驴，蹄似牛，故又名四不像。

【译文】

再往西三百五十里是西皇山。山南侧盛产金属矿物，北侧盛产铁矿。山中的野兽多为麋、鹿和牸牛。

[清] 汪绂 图本

[清] 汪绂 图本

【原文】

2.37 又西三百五十里，曰莱山。其木多檀、楮，其鸟多罗罗，是食人。

【译文】

再往西三百五十里是莱山。山中的树多为檀树和构树。山中的鸟多为罗罗鸟，这种鸟吃人。

【原文】

2.38 凡西次二山之首，自铃山至于莱山，凡十七山，四千一百四十里。其十神者，皆人面而马身，其七神，皆人面牛身，四足而一臂，操①杖以行，是为飞兽之神。其祠之，毛用少（shào）牢②，白菅为席。其十辈③神者，其祠之，毛一雄鸡，钤④而不糈。

【注释】

①操：持。②少牢：用猪和羊祭祀称为少牢。③辈：种，类。④钤："钤"疑为"祈"字转代而来。

【译文】

总计西方第二列山系，从铃山起到莱山止，一共有十七座，共四千一百四十里。其中十座山的山神，都是人脸马身，还有七座山的山神，都是人脸牛身，有四只脚和一条手臂，拄着拐杖行走，这就是所谓的"飞兽之神"。祭祀这七位山神的礼仪是：将猪和羊作为祭品，放在白茅草席上。祭祀另外十位山神的礼仪是：以一只公鸡作为祭品，祈祷时不用精米。

[清] 汪绂 图本

西次三经

【导读】

《西次三经》是《西山经》的第三部分，记载了二十三座山，实际上只有崇吾山、长沙山、不周山、峚山、钟山、泰器山、槐江山、昆仑山、乐游山、嬴母山、玉山、轩辕丘、积石山、长留山、章莪山、阴山、符惕山、三危山、騩山、天山、泑山、翼望山，共二十二座山，分布在今新疆、甘肃、青海和蒙古等地。

【原文】

2.39 西次三山之首，曰崇吾之山，在河之南，北望冢遂，南望䍃（yáo）之泽，西望帝之搏兽之丘，东望㶇（yān）渊。有木焉，员叶而白柎（fū）[①]，赤华而黑理，其实如枳，食之宜子孙。有兽焉，其状如禺而文臂[②]，豹虎[③]而善投，名曰举父。有鸟焉，其状如凫，而一翼一目，相得乃飞，名曰蛮蛮[④]，见则天下大水。

【注释】

①员：通“圆”。柎：花萼。②文臂：指臂上有斑纹。③虎：疑为“尾”之误。④蛮蛮：即比翼鸟。

【译文】

西方第三列山系的第一座山是崇吾山，位于黄河南岸，向北可以望见冢遂山，向南可以望见岳泽，向西可以望见天帝的搏兽丘，向东可以望见蠕渊。山中有一种树，有着圆形的叶子和白色的花萼，红色的花朵上还有黑色的纹理，结的果实与枳相似，吃了它就可以让人多子多孙。山里有一种野兽，外形像猕猴但是手臂上有斑纹，长着豹子一样的尾巴，擅长投掷，它的名字叫举父。山中还有一种鸟，外形像野鸭，却只长了一只翅膀和一只眼睛，要和另一只鸟合起来才能飞翔，它的名字叫蛮蛮，它一出现天下就会发洪水。

[清]吴任臣 图本

[清]吴任臣 图本

【原文】

2.40 西北三百里，曰长沙之山。泚（cǐ）水出焉，北流注于泑（yōu）水。无草木，多青雄黄。

【译文】

往西北三百里是长沙山。泚水从这里流出，向北注入泑水。这座山上没有花草树木，但是有很多青雄黄。

【原文】

2.41 又西北三百七十里，曰不周之山[①]。北望诸毗之山，临彼岳崇之山，东望泑泽[②]，河水所潜[③]也，其原浑（gǔn）浑泡（páo）泡[④]。爰有嘉果[⑤]，其实如桃，其叶如枣，黄华而赤柎，食之不劳[⑥]。

【注释】

①不周之山：共工与颛顼争相为帝，怒触此山导致缺损，故名不周。②泑泽：即泑水。③潜：潜流。④原：同源。浑浑泡泡：大水涌流的样子。⑤爰：语助词。嘉：同“佳”。⑥劳：忧愁。

【译文】

再往西北三百七十里是不周山。在山上向北可以望见诸毗山，面对着岳崇山，向东可以望见泑泽，这是黄河从地下流出来的地方，那源头之水喷涌而出，非常壮观。这里有一种珍贵的果树，果实与桃子很相似，却长着像枣树一样的叶子，开着黄色的花朵，花萼却是红色的，人吃了它能消解忧愁。

【原文】

2.42 又西北四百二十里，曰峚（mì）山。其上多丹木，员叶而赤茎，黄华而赤实，其味如饴，食之不饥。丹水出焉，西流注于稷（jì）泽，其中多白玉。是有玉膏[①]，其原沸沸汤（shāng）汤[②]，黄帝是食是飨[③]（xiǎng）。是生玄玉[④]。玉膏所出，以灌丹木，丹木五岁，五色乃清，五味乃馨[⑤]，黄帝乃取峚山之玉荣[⑥]，而投之钟山之阳。瑾（jǐn）瑜之玉为良，坚粟精密[⑦]，浊泽有而光[⑧]，五色发作，以和柔刚。天地鬼神，是食是飨；君子服[⑨]之，以御不祥。自峚山至于钟山，四百六十里，其间尽泽也。是多奇鸟、怪兽、奇鱼，皆异物焉。

【注释】

①玉膏：玉的脂膏。古代传说中的仙药。②沸沸汤汤：玉膏涌腾的样子。③飨：用酒食招待人。④玄玉：黑玉。⑤馨：散发出香气。⑥玉荣：玉的精华。⑦坚粟精密：形容玉的纹理坚密。⑧浊：润厚。有而：应为“而有”。⑨服：佩戴。

【译文】

再往西北四百二十里是峚山。山上盛产丹木，长着圆形的叶子和红色的茎干，能开黄色的花、结红色的果，它的味道像糖一样甜，人吃了它就不会感觉饿。丹水从这座山流出，向西注入稷泽。丹水中有很多白玉，还有玉膏，玉膏涌出之地一片沸腾的景象，黄帝经常吃这种玉膏，还用它来宴客。玉膏还生出一种黑玉。用玉膏去浇灌丹木，丹木生长五年后便会呈现五种美丽的颜色，散发出五种芬芳的香气。黄帝就取峚山中的玉石精华，当作种子投放在钟山的南面。后来便生出了瑾和瑜这些优质美玉，其纹理坚密似粟米，温润而有光彩，能散发出五种颜色，刚柔相合。天地间的鬼神，都可以来享受玉带来的好处。君子佩戴这种玉，能抵御不祥之气。从峚山到钟山有四百六十里长，其间全部是水泽。在这里生长着许多奇鸟、怪兽、奇鱼，都是很罕见的物种。

【原文】

2.43 又西北四百二十里，曰钟山。其子曰鼓[①]，其状如人面而龙身，是与钦䲹（pí）杀葆江[②]于昆仑之阳。帝乃戮之钟山之东曰䍃（yáo）崖。钦䲹化为大鹗[③]（è），其状如雕而黑文白首，赤喙而虎爪，其音如晨鹄（hú）[④]，见则有大兵。鼓亦化为鵕（jùn）鸟，其状如鸱，赤足而直喙，黄文而白首，其音如鹄[⑤]，见则其邑[⑥]大旱。

【注释】

①鼓：钟山山神的儿子。据《海外北经》载，钟山之神名烛阴，又名烛龙，人面蛇身。②葆江：神名。③鹗：即鱼鹰。④晨鹄：也是鹗一类的鸟。⑤鹄：天鹅。⑥邑：这里泛指有人聚居的地方。

【译文】

再往西北四百二十里是钟山。钟山山神的儿子叫作鼓，长着人的脸、龙的身体。鼓曾和钦䲹联手在昆仑山南侧杀死天神葆江。于是天帝将鼓与钦䲹诛杀在钟山东侧一个叫䍃崖的地方。钦䲹死后化为一只大鹗，外形像雕，有黑色斑纹和白色的头，红色的嘴和老虎一样的爪子，发出的声音如同晨鹄的鸣叫，它出现的地方会发生大的战争。鼓也化为鵕鸟，这鸟外形像鹞鹰，长着红色的脚、直直的嘴，身上有黄色的斑纹，头是白色的，发出的声音与天鹅相似，它出现的地方会发生大旱灾。

[清]吴任臣 图本

[清]吴任臣 图本

[清]汪绂 图本

【原文】

2.44 又西百八十里，曰泰器之山。观水出焉，西流注于流沙。是多文鳐（yáo）鱼，状如鲤鱼，鱼身而鸟翼，苍文而白首赤喙，常行西海，游于东海，以夜飞，其音如鸾鸡[①]，其味酸甘，食之已狂，见则天下大穰[②]（ráng）。

【注释】

①鸾鸡：传说中的一种鸟。②穰：庄稼丰收。

【译文】

再往西一百八十里是泰器山。观水从这里流出，向西注入流沙。水中有许多文鳐鱼，外形像鲤鱼，有着鱼的身子却长着像鸟一样的翅膀，身上有苍白色的斑纹，它的头是白色的、嘴巴是红色的，常常从西海巡游到东海，还能在夜间飞行。它能发出如同鸾鸡啼叫的声音，它的肉酸中带甜，人吃了可以治疗癫狂病，它一出现天下就会五谷丰登。

【原文】

2.45 又西三百二十里，曰槐江之山。丘时之水出焉，而北流注于泑水。其中多蠃母[①]，其上多青雄黄，多藏（zāng）琅（láng）玕（gān）[②]、黄金、玉，其阳多丹粟，其阴多采[③]黄金、银。实惟帝之平圃[④]（pǔ），神英招（sháo）司[⑤]之，其状马身而人面，虎文而鸟翼，徇[⑥]（xùn）于四海，其音如榴[⑦]。南望昆仑，其光熊熊，其气魂魂。西望大泽，后稷[⑧]所潜也。其中多玉，其阴多榣（yáo）木之有若[⑨]。北望诸毗，槐鬼离仑居之，鹰鹯[⑩]（zhān）之所宅也。东望恒山四成[⑪]，有穷[⑫]鬼居之，各在一搏[⑬]。爰有淫（yáo）水[⑭]，其清洛洛[⑮]。有天神焉，其状如牛，而八足二首马尾，其音如勃皇，见则其邑有兵。

【注释】

①蠃母："蠃"通"螺"，指田螺、蜗牛等。②藏：通"臧"，善、好的意思。琅玕：类似珠玉的美石。③采：谓有花纹。④平圃：即县圃、玄圃，神仙居所。⑤司：管理。⑥徇：环行。⑦榴：一说为"搯"，即"抽"。⑧后稷：古代周民的始祖，舜时曾为农官。⑨槐木：大树。若：若木，传说中一种灵异的大树，又见《大荒北经》。⑩鹯：猛禽名，又叫晨风。似鹞,羽毛青黄色，以燕雀鸠鸽为食。⑪成：重。⑫有穷：对群鬼的总称。⑬搏：即胁，腋下肋骨所在的部分，这里指山的一边。⑭泾水：当作"瑶水"，即瑶池。⑮洛洛：同"落落"，水下流的样子。

【译文】

再往西三百二十里是槐江山。丘时水从这座山流出，向北注入泑水，水中有许多田螺。这座山上盛产青雄黄，也盛产优质的美石、黄金、玉石。山南侧盛产丹砂，山北侧有很多有纹理的黄金、白银。这座山其实是天帝在人间的住所，由天神英招管理。英招长着马的身子和人的面孔，身上有像老虎一样的斑纹，长着像鸟一样的翅膀，它环行于四海，能发出如同用辘轳抽水的声音。在山上向南能看见昆仑山，那里火光熊熊，气势恢宏。向西能望见大泽，那里是后稷死后的埋葬地。大泽中有许多玉石，它的南边生长着茂盛的槐木，槐木之上又生有若木。在山上向北能看见诸毗山，那是一位叫作槐鬼离仑的神仙所住的地方，也是鹰、鹯等飞禽栖息的地方。在山上向东能看见恒山，它高有四重，那是有穷鬼居住的地方，群鬼类聚，各自住在山的一方。这里有如同瑶池一般清澈的水汩汩流下。山中还有一位天神，外形像牛，长着八只脚、两个脑袋和马的尾巴，它发出的声音像人在吹奏管乐时乐器薄膜发出来的声音，他出现的地方就会有战争发生。

[清]汪绂 图本

【原文】

2.46 西南四百里，曰昆仑之丘，是实惟帝之下都（dū）①，神陆吾司之。其神状虎身而九尾，人面而虎爪。是神也，司天之九部及帝之囿②（yòu）时。有兽焉，其状如羊而四角，名曰土蝼（lóu），是食人。有鸟焉，其状如蜂，大如鸳鸯，名曰钦原，蠚③（hē）鸟兽则死，蠚木则枯。有鸟焉，其名曰鹑鸟④，是司帝之百服。有木焉，其状如棠，黄华赤实，其味如李而无核，名曰沙棠，可以御水，食之使人不溺。有草焉，名曰蘋（pín）

草，其状如葵，其味如葱，食之已劳。河水出焉，而南流东注于无达。赤水出焉，而东南流注于氾（fàn）天之水。洋水出焉，而西南流注于丑涂之水。黑水出焉，而西流于大杅（yú）。是多怪鸟兽。

【注释】

①下：下界，人间。都：都城。②囿：古代帝王畜养禽兽的园林。③蠚：蜇。④鹑鸟：凤凰之类的鸟。

【译文】

往西南四百里是昆仑山，这里是天帝在下界的都城，由天神陆吾管理。陆吾长得像老虎，有九条尾巴，长着人脸和像虎爪的手。这个天神掌管着天上九域的部界和天帝苑囿的时节。昆仑山中有一种野兽，外形像羊却长着四只角，名字叫土蝼，能吃人。山中有一种鸟，外形像蜜蜂，却如鸳鸯一样大，它的名字叫钦原，蜇了其他的鸟兽就会使它们死去，蜇了树木就会使树木枯萎。山中还有另一种鸟，名字叫鹑鸟，它专门管理天帝日常生活中的各种器物和服饰。山中有一种树，外形像棠梨树，开着黄色的花朵，能结出红色的果实，味道像李子却没有果核，它的名字叫沙棠，可以防水，人吃了它就不会溺水。山中还有一种草，名字叫蓑草，外形像葵菜，味道像葱，人吃了它就会没有忧愁。黄河水从昆仑山流出，先向南流，再向东流入无达山边的湖泊里。赤水也由这座山流出，向东南注入氾天水。洋水从昆仑山流出后，向西南注入丑涂水。黑水也从这座山流出，向西流向大杅山旁的湖泊。昆仑山中有非常多的怪鸟、怪兽。

[清]汪绂 图本

[清]汪绂 图本

[清]汪绂 图本

【原文】

2.47 又西三百七十里，曰乐游之山。桃水出焉，西流注于稷泽，是多

白玉，其中多䱻（huá）鱼，其状如蛇而四足，是食鱼。

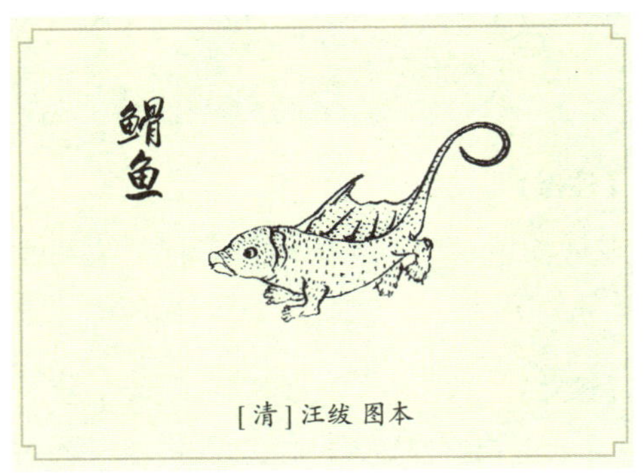

[清] 汪绂 图本

【译文】

再往西三百七十里是乐游山。桃水从这座山流出，向西注入稷泽，水中有许多白色的玉石，还有很多䱻鱼，它的外形像蛇却长着四只脚，以鱼类为食。

【原文】

2.48 西水行四百里，流沙二百里，至于嬴母之山，神长乘司之，是天之九德也。其神状如人而犳尾。其上多玉，其下多青石而无水。

【译文】

往西走四百里水路就到了流沙，再走二百里就是蠃母山。这里由天神长乘管理，长乘是由天之九德之气所生育的。这位天神的外貌像人却长着豹的尾巴。蠃母山上有很多玉石，山下有很多青石，但是没有水流。

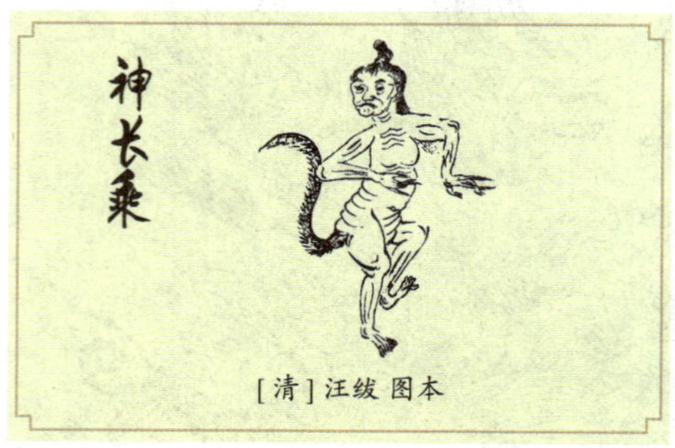

[清]汪绂 图本

【原文】

2.49 又西三百五十里，曰玉山，是西王母所居也。西王母其状如人，豹尾虎齿而善啸，蓬发戴胜[①]，是司天之厉及五残[②]。有兽焉，其状如犬而豹文，其角如牛，其名曰狡，其音如吠犬，见则其国大穰。有鸟焉，其状如翟而赤，名曰胜（xìng）遇，是食鱼，其音如录，见则其国大水。

【注释】

①胜：指玉胜，古代妇女的一种头饰。②厉：灾异。五残：指五种残害人体的刑罚。

【译文】

再往西三百五十里是玉山，这里是西王母居住的地方。西王母的外貌与人一样，却长着豹的尾巴和虎的牙齿，还喜欢像野兽一样长声吼叫，她蓬头乱发，戴着玉胜，掌管上天的灾异及五刑残杀之气。山中有一种野兽，外形像狗却长着豹子的斑纹，头上的角像牛角，它的名字叫狡，发出的声音如同狗的叫声，它出现在哪个国家，哪个国家就会五谷丰登。山中还有一种鸟，外形像野鸡，通身却是红色，名字叫胜遇，喜欢吃鱼，发出的声音像鹿在叫，它出现在哪个国家，哪个国家就会发生水灾。

【原文】

2.50 又西四百八十里，曰轩辕之丘。无草木。洵水出焉，南流注于黑水，其中多丹粟，多青雄黄。

【译文】

再往西四百八十里是轩辕丘。这里没有花草树木。洵水从轩辕丘流出，向南注入黑水，水中有很多丹砂，还有很多青雄黄。

【原文】

2.51 又西三百里，曰积石之山。其下有石门，河水冒以西流[①]。是山也，万物无不有焉。

【注释】

①据考证“西”和“流”之间，应有一“南”字。

【译文】

再往西三百里是积石山。山下有一个石

门，黄河水从这里漫出，向西南流去。在积石山上，世间万物应有尽有。

【原文】

2.52 又西二百里，曰长留之山，其神白帝少昊（hào）居之。其兽皆文尾，其鸟皆文首。是多文玉石。实惟员神磈（wěi）氏之宫。是神也，主司反景（yǐng）[1]。

【注释】

①反景："景"通"影"，指太阳西下时日影反照在东边。

【译文】

再往西二百里是长留山，这是天神白帝少昊的居所。山中的野兽尾巴上都有花纹，鸟类的头上都有花纹，山上产的玉石也带着花纹。长留山也是员神磈氏的行宫。这个神掌管着太阳西下时把影子反照在东边。

【原文】

2.53 又西二百八十里，曰章莪（é）之山。无草木，多瑶碧。所为甚怪。有兽焉，其状如赤豹，五尾一角，其音如击石，其名如[1]狰（zhēng）。有鸟焉，其状如鹤，一足，赤文青质而白喙，名曰毕方[2]，其鸣自叫也，见则其邑有讹（é）火[3]。

【注释】

①“如”字应为“曰”。②毕方：木神名。形似鸟，青色，赤足。③讹火：怪火。

【译文】

再往西二百八十里是章莪山。这座山上没有花草树木，到处是瑶、碧之类的玉石。山里有许多奇怪的东西。山中有一种野兽，外形像红色的豹，长着五条尾巴和一只角，能发出如同敲击石头的声音，它的名字叫狰。山中还有一种鸟，外形像鹤，却只有一只脚，长着青色的羽毛，上面有红色的花纹，嘴巴是白色的，它的名字叫毕方，它的鸣叫声就是自己名字的读音，它出现在哪里，哪里就会有莫名自燃的怪火。

[清]汪绂 图本

【原文】

2.54 又西三百里，曰阴山。浊浴之水出焉，而南流注于蕃（fán）泽，其中多文贝。有兽焉，其状如狸而白首，名曰天狗，其音如猫猫，可以御凶。

【译文】

再往西三百里是阴山。浊浴水从这座山流出，向南注入蕃泽，水中有很多带花纹的贝壳。山中有一种野兽，外形像山猫却长着白色的头，它的名字叫天狗，能发出类似“猫猫”的叫声，人可以用它来防御凶邪之气。

【原文】

2.55 又西二百里，曰符惕（yáng）之山。其上多棕、楠，下多金、玉。神江疑居之。是山也，多怪雨，风云之所出也。

【译文】

再往西二百里是符惕山。这座山上长有茂盛的棕树和楠树，山下盛产金属矿物和玉石。有一位名叫江疑的神居住在这里。这座山里常下怪雨，风和云从这里兴起。

【原文】

2.56 又西二百二十里，曰三危之山。三青鸟①居之。是山也，广员②百里。其上有兽焉，其状如牛，白身四角，其豪如披蓑③（suō），其名曰傲（ào）㹁（yē），是食人。有鸟焉，一首而三身，其状如鸈④（luò），其名曰鸱。

【注释】

①三青鸟：鸟名。为西王母取食、通信的使者。②员：通“圆”，方圆。③蓑：用棕或

草织成的雨衣。④鸱：似雕的一种鸟，黑纹赤颈。

【译文】

再往西二百二十里是三危山。这里栖息着三青鸟。这座山方圆有百里之广。山上有一种野兽，外形像牛，有着白色的身体和四只角，身上的毛又长又密像披着蓑衣一样，它的名字叫傲㹙，能吃人。山中还有一种鸟，长着一个脑袋和三个身子，外形很像雕，它的名字叫鸱。

[清]汪绂 图本

【原文】

2.57 又西一百九十里，曰騩（guī）山①。其上多玉而无石。神耆（qí）童②居之，其音常如钟磬。其下多积蛇③。

【注释】

①騩山：前文的騩山与此山同名，不是同一座山。②耆童：即老童，颛顼之子。③积蛇：指蛇聚积在一起。

【译文】

再往西一百九十里是騩山。这座山上遍布美玉却没有石头。天神耆童居住在这里，他的声音像敲钟击磬。山下到处是聚积在一起的蛇。

[清]汪绂 图本

【原文】

2.58 又西三百五十里，曰天山。多金、玉，有青雄黄。英水出焉，而西南流注于汤谷。有神焉，其状如黄囊①（náng），赤如丹火，六足四翼，浑敦②无面目，是识歌舞，实惟帝江（hóng）也。

【注释】

①囊：口袋。②浑敦：通“混沌”，指模糊、不分明。

【译文】

再往西三百五十里是天山。这座山上盛产金属矿物和玉石，也出产青雄黄。英水从这座山流出，向西南流向汤谷。天山里住着一位神，模样像黄色的口袋，皮肤红似火，长着六只脚和四只翅膀，面目模糊不清，却知道唱歌跳舞，这个神就是帝江。

【原文】

2.59 又西二百九十里，曰泑山。神蓐（rù）收①居之。其上多婴脰之玉②，其阳多瑾瑜之玉，其阴多青雄黄。是山也，西望日之所入，其气员③，神红光④之所司也。

【注释】

①蓐收：西方之神。②婴脰之玉：可以做颈饰的玉石。③其气员：员，通“圆”。因日形圆，故其气也圆。④红光：即蓐收。

【译文】

再往西二百九十里是泑山。天神蓐收居住在这里。泑山上盛产可做颈饰的玉石。山南侧有很多瑾、瑜一类的美玉，而北侧盛产青雄黄。站在这座山上，向西可以看见太阳落山的情景，那种浑圆气象就是由天神蓐收所主管的。

[清]汪绂 图本

【原文】

2.60 西水行百里，至于翼望之山。无草木，多金玉。有兽焉，其状如狸，一目而三尾，名曰讙（huān），其音如夺①（duó）百声，是可以御凶，服之已瘅②（dǎn）。有鸟焉，其状如乌，三首六尾而善笑，名曰䳜（qí）䳜（tú），服之使人不厌③（yǎn），又可以御凶。

【注释】

① 蘽：通“夺”。②瘅：通“疸”，黄疸病。③厌：“厌”是“魇”的古字。即噩梦。

【译文】

往西行一百里水路，便是翼望山。这座山上没有花草树木，但是有很多金属矿物和玉石。山中有一种野兽，外形像野猫，长着一只眼睛和三条尾巴，它的名字叫讙，发出的声音能压倒一百种动物一起叫的声音，饲养它可以躲避凶邪之气，吃了它的肉就能治疗黄疸病。山中还有一种鸟，外形像乌鸦，长着三个脑袋、六条尾巴，还喜欢发出笑声，它的名字叫䳜䳜，吃了它的肉就能不做噩梦，还可以躲避凶邪之气。

【原文】

2.61 凡西次三山之首，自崇吾之山至于翼望之山，凡二十三山，六千七百四十四里。其神状皆羊身人面，其祠之礼，用一吉玉①瘗，糈用稷②米。

【注释】

①吉玉：彩色的玉。②稷：古代主食之一的粟，俗称谷子。

【译文】

总计西方第三列山系，从崇吾山起到翼望山止，一共二十三座，途经六千七百四十四里。诸山山神都是羊的身子人的脸孔。祭祀山神的仪式是：把一块祀神的吉石埋入地下，祀神的精米用稷米。

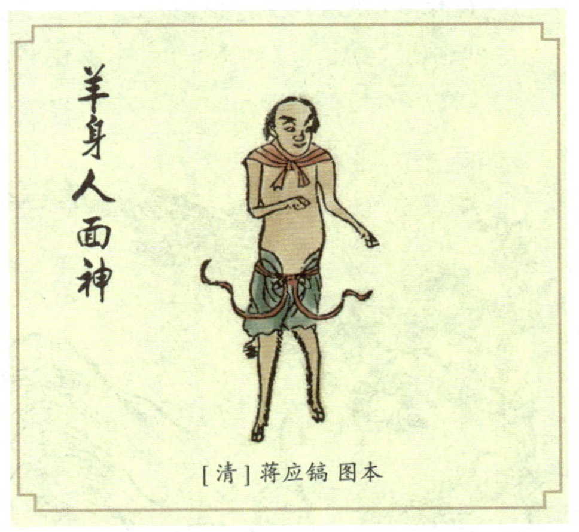

［清］蒋应镐 图本

［清］汪绂 图本

西次四经

【导读】

《西次四经》是《西山经》的第四部分，记载了十九座山，有阴山、劳山、罢父山、申山、鸟山、上申山、诸次山、号山、盂山、白於山、申首山、泾谷山、刚山、刚山之尾、英鞮山、中曲山、邽山、鸟鼠同穴山、崦嵫山，分布在今陕西、甘肃、宁夏、内蒙古境内。

当扈
神槐
驳
蛮蛮
冉遗鱼

【原文】

2.62 西次四山之首，曰阴山①。上多榖，无石，其草多茆（mǎo）、蕃②。阴水出焉，西流注于洛。

【注释】

①阴山：前文的阴山与此山同名，不是同一座山。②茆：凫葵，即莼菜。蕃：即薠草。

【译文】

西方第四列山系的第一座山是阴山。这座

山上长着许多构树，但没有石头，这里的草多为莼菜和蒇草。阴水从这座山流出，向西注入洛水。

【原文】

2.63 北五十里，曰劳山。多茈草。弱水出焉，而西流注于洛。

【译文】

往北五十里是劳山。这座山盛产紫草。弱水从这座山流出，向西注入洛水。

【原文】

2.64 西五十里，曰罢父之山。洱（ěr）水出焉，而西流注于洛，其中多茈①、碧。

【注释】

①茈：紫色的石头。

【译文】

往西五十里是罢父山。洱水从这里流出，向西注入洛水，这里盛产紫色的石头和青绿色的玉石。

【原文】

2.65 北百七十里，曰申山。其上多穀、柞，其下多杻、橿，其阳多金、玉。区水出焉，而东流注于河。

【译文】

往北一百七十里是申山。这座山上生长着茂密的构树和柞树，山下则长着杻树和橿树，山南侧还盛产金属和玉石。区水从这座山流出，向东注入黄河。

【原文】

2.66 北二百里，曰鸟山。其上多桑，其下多楮，其阴多铁，其阳多玉。辱水出焉，而东流注于河。

【译文】

往北二百里是鸟山。这座山上生长着茂密的桑树，山下则多是构树。山北侧盛产铁，而山南侧盛产玉石。辱水从这座山流出，向东注入黄河。

【原文】

2.67 又北百二十里，曰上申之山。上无草木而多硌（luò）石①，下多榛（zhēn）、楛（hù）②。兽多白鹿。其鸟多当扈（hù），其状如雉（zhì），以其髯③（rán）飞，食之不眴（shùn）目④。汤水出焉，东流注于河。

【注释】

①硌石：大石。②榛、楛：两种树木名。榛果实似栗而小，木材可做器物。楛树似荆而赤茎，木材可以做箭杆。③髯：动物咽喉下方的颈毛。④眴目：眨眼。

【译文】

再往北一百二十里是上申山。山上没有花

草树木，到处是大石头，山下有许多榛树和楛树。山中的野兽以白鹿居多。山中的鸟以当扈居多，其外形像野鸡，却用咽喉下方的颈毛当翅膀飞翔，吃了它的肉就能使人不会得眨眼睛的病。汤水从这座山流出，向东注入黄河。

[清] 汪绂 图本

【原文】

2.68 又北百八十里，曰诸次之山。诸次之水出焉，而东流注于河。是山也，多木无草，鸟兽莫居，是多众蛇。

【译文】

再往北一百八十里是诸次山。诸次水从这座山流出，向东注入黄河。诸次山上长着许多树木，却不生花草，也没有鸟兽在此栖息，但是有许多蛇聚集在这里。

【原文】

2.69 又北百八十里，曰号山。其木多漆、棕，其草多药、虈（xiāo）、芎（xiōng）䓖（qióng）①。多汵（jīn）石②。端水出焉，而东流注于河。

【注释】

①药：白芷，可入药。虈：一种香草。芎䓖：川芎，可入药。②汵石：一种柔软的石头。

【译文】

再往北一百八十里是号山。山里有许多漆树和棕树，草以白芷、虈、川芎居多。山中还盛产汵石。端水从这座山流出，向东注入黄河。

【原文】

2.70 又北二百二十里，曰盂（yú）山。其阴多铁，其阳多铜，其兽多白狼、白虎，其鸟多白雉、白翟。生水出焉，而东流注于河。

【译文】

再往北二百二十里是盂山。这座山北侧盛产铁，南侧盛产铜。山中的野兽以白色的狼和白色的虎居多，鸟类也大多是白色的野鸡和白色的翠鸟。生水从这座山流出，向东注入黄河。

【原文】

2.71 西二百五十里，曰白於（yú）之山。上多松、柏，下多栎、檀，其兽多㸲牛、羬羊，其鸟多鸮。洛水出于其阳，而东流注于渭；夹水出于其阴，东流注于生水。

【译文】

往西二百五十里是白於山。山上的树多为松树和柏树，山下则是栎树和檀树。山中的野兽以㸲牛、羬羊居多，而鸟则大多为猫头鹰。

洛水从这座山的南侧流出，向东注入渭水；夹水从这座山的北侧流出，向东注入生水。

【原文】

2.72 西北三百里，曰申首之山。无草木，冬夏有雪。申水出于其上，潜于其下，是多白玉。

【译文】

往西北三百里是申首山。这座山没有花草树木，无论是冬季还是夏季山上都有积雪。申水从这座山上流出，又潜流到地下，水中有很多白玉。

【原文】

2.73 又西五十五里，曰泾谷之山。泾水出焉，东南流注于渭，是多白金、白玉。

【译文】

再往西五十五里是泾谷山。泾水从这座山流出，向东南注入渭水，这里盛产白银和白玉。

【原文】

2.74 又西百二十里，曰刚山。多柒（qī）木[1]，多㻬琈之玉。刚水出焉，北流注于渭。是多神䰠[2]（chì），其状人面兽身，一足一手，其音如钦[3]。

【注释】

①柒木："柒"通"漆"，即漆树。②䰠：魑魅之类的厉鬼。③钦：通"吟"，打哈欠。

【译文】

再往西一百二十里是刚山。山上长满了漆树，还盛产㻬琈玉。刚水从这座山流出，向北注入渭水。山里有很多神䰠，长着人的面孔和野兽的身子，却只有一只脚和一只手，发出的声音像人在打哈欠。

［清］吴任臣 图本

［清］吴任臣 图本

【原文】

2.75 又西二百里，至刚山之尾。洛水出焉，而北流注于河。其中多蛮蛮[1]，其状鼠身而鳖首，其音如吠犬。

【注释】

①蛮蛮：水獭一类的动物，与前文提到的比翼鸟同名而不同物种。

【译文】

再往西二百里就是刚山的尾端。洛水从这里流出，向北注入黄河。这里有许多蛮蛮，外形像老鼠却长着甲鱼的脑袋，能发出如同狗叫的声音。

【原文】

2.76 又西三百五十里，曰英鞮（dī）之山。上多漆木，下多金、玉，鸟兽尽白。涴（yuān）水出焉，而北流注于陵羊之泽。是多冉（rǎn）遗之鱼，鱼身蛇首六足，其目如马耳，食之使人不眯（mì）[①]，可以御凶。

【注释】

①不眯：即不厌，不产生梦魇。

【译文】

再往西三百五十里是英鞮山。这座山上长着很多漆树，山下盛产金属和玉石，山中的鸟类和野兽都是白色的。涴水从这座山流出，向北注入陵羊泽。涴水中有很多冉遗鱼，这种鱼长着鱼的身子、蛇的头和六只脚，眼睛如同马的耳朵，吃了它的肉就能使人不做噩梦，还可以躲避凶邪之气。

【原文】

2.77 又西三百里，曰中曲之山。其阳多玉，其阴多雄黄、白玉及金。有兽焉，其状如马，而白身黑尾，一角，虎牙爪，音如鼓，其名曰驳（bó），是食虎豹，可以御兵[①]。有木焉，其状如棠，而员叶赤实，实大如木瓜[②]，名曰櫰（guī）木，食之多力。

【注释】

①可以御兵：养着它可以避免为兵刃所伤。②木瓜：木瓜树所结的果子，非番木瓜。

【译文】

再往西三百里是中曲山。这座山南侧盛产玉石，北侧盛产雄黄、白玉和金属。山中有一种野兽，外形像马，身体是白色的，尾巴是黑色的，有一只角，还长着老虎的牙齿和爪子，能发出如同击鼓的声音，它的名字叫驳，能吃老虎和豹子，饲养它可以避免为兵刃所伤。山中还有一种树，外形像棠梨，但叶子是圆的，还能结出红色的果实，果实像木瓜一样大，它的名字叫櫰木，人吃了就能增添力气。

[清] 吴任臣 图本

【原文】

2.78 又西二百六十里，曰邽（guī）山。其上有兽焉，其状如牛，蝟[①]（wèi）毛，名曰穷奇，音如獋[②]（háo）狗，是食人。濛（méng）水出焉，南流注于洋水。其中多黄贝[③]、嬴鱼，鱼身而鸟翼，音如鸳鸯，见则其邑大水。

【注释】

①蝟：刺猬。②獋：通“嗥”，嚎叫。③黄贝：一种生活在水中的甲虫。

【译文】

再往西二百六十里是邽山。这座山上有一种野兽，外形像牛，全身长着和刺猬一样的硬毛，它的名字叫穷奇，能发出像狗一样的叫声，会吃人。濛水从这座山流出，向南注入洋水。濛水中有很多黄贝、嬴鱼。嬴鱼长着鱼的身子和鸟的翅膀，会发出像鸳鸯鸣叫的声音，它出现的地方就会有水灾。

【原文】

2.79 又西二百二十里，曰鸟鼠同穴之山[①]。其上多白虎、白玉。渭水出焉，而东流注于河。其中多鰠（sāo）鱼，其状如鳣（zhān）鱼[②]，动则其邑有大兵。滥（jiàn）水出于其西，西流注于汉水。多絮（rú）魮（pí）之鱼，其状如覆铫[③]（diào），鸟首而鱼翼鱼尾，音如磬石之声，是生珠玉。

【注释】

①鸟鼠同穴之山：此山有鸟似燕而黄色，叫作鵌；有鼠如家鼠而短尾，叫作鼵。鸟在外，鼠在内，共处一洞穴之中。②鳣鱼：即鳇鱼。③铫：一种带柄且有嘴的小锅，即吊子。

【译文】

再往西二百二十里是鸟鼠同穴山。这座山上有很多白虎和白玉。渭水从这座山流出，向东注入黄河。渭水中有许多鳋鱼，外形像鳣鱼，它出现的地方会有大的战争发生。滥水从鸟鼠同穴山的西侧流出，向西注入汉水。滥水中有很多鴽魮鱼，这鱼外形像反转过来的铫，长着鸟头、鱼鳍和鱼尾，叫声就像敲击磬石发出的响声，这鱼能从体内排出珍珠和玉。

【原文】

2.80 西南三百六十里，曰崦（yān）嵫（zī）之山。其上多丹木，其叶如榖，其实大如瓜，赤符①而黑理，食之已瘅，可以御火。其阳多龟，其阴多玉。苕水出焉，而西流注于海，其中多砥（dǐ）砺（lì）②。有兽焉，其状马身而鸟翼，人面蛇尾，是好（hào）举人，名曰孰湖。有鸟焉，其状如鸮而人面，蜼③身犬尾，其名自号也，见则其邑大旱。

【注释】

①符：通“柎”，花萼。②砥砺：磨刀石。精细的磨刀石叫砥，粗糙的磨刀石叫砺。③蜼：一种猕猴。

【译文】

往西南三百六十里是崦嵫山。这座山上长着许多丹树，它们的叶子像构树叶，果实像瓜一般大小，红色的花萼上带有黑色的斑纹，吃了它就可以治疗黄疸病，还可以预防火灾。山南侧有很多乌龟，山北侧盛产玉石。苕水从这座山流出，向西注入大海，水中盛产磨刀石。山中有一种野兽，外形像马，却长着鸟的翅膀、人的脸和蛇的尾巴，它喜欢把人举起来，它的名字叫孰湖。山中还有一种鸟，外形像猫头鹰，却长着人的脸、蜼的身子和狗的尾巴，它的叫声像是在喊自己的名字，它出现的地方会有大旱灾。

【原文】

2.81 凡西次四山，自阴山以下至于崦嵫之山，凡十九山，三千六百八十里。其神祠礼，皆用一白鸡祈，糈以稻米，白菅为席。

【译文】

西方第四列山系从阴山起到崦嵫山止，一共十九座，途经三千六百八十里。祭祀山神的仪式都是用一只白色的鸡作为祭品，用稻米作为祭神的米，用白茅草做神的座席。

【原文】

2.82 右西经之山，凡七十七山，一万七千五百一十七里。

【译文】

以上就是对西方山系的记录，总共七十七座山，途经一万七千五百一十七里。

北山经

卷三

《北山经》为《山海经》的第三卷，这一经又分为三个部分，记录了以单狐山、管涔山、太行山为首的北方三列山系诸山的名称、物产及流经此地的河流，并对三列山系的山神外形及祭祀时的礼仪做了介绍。

北山一经

【导读】

《北山一经》是《北山经》的第一部分，记载了二十五座山，有单狐山、求如山、带山、谯明山、涿光山、虢山、虢山之尾、丹熏山、石者山、边春山、蔓联山、单张山、灌题山、潘侯山、小咸山、大咸山、敦薨山、少咸山、狱法山、北岳山、浑夕山、北单山、黑差山、北鲜山、隄山，分布在今新疆、宁夏、内蒙古等地，以及蒙古、俄罗斯一带。

【原文】

3.1 北山经之首，曰单狐之山。多机木[①]，其上多华草。逢（féng）水出焉，而西流注于泑水，其中多芘石、文石[②]。

【注释】

①机木：树木名。似榆树，四川一带多有，又叫桤树。②芘：应为“茈”。文石：带有花纹的石头，玛瑙。

【译文】

《北山经》第一列山系的第一座山是单狐山。这座山上有茂盛的桤树，山上还有许多华草。逢水从这座山流出，向西注入泑水，水中有很多紫色的石头和带有花纹的石头。

【原文】

3.2 又北二百五十里，曰求如之山。其上多铜，其下多玉，无草木。滑水出焉，而西流注于诸毗之水。其中多滑鱼，其状如鲱[①]（shàn），赤背，其音如梧[②]，食之已疣[③]。其中多水马，其状如马，文臂[④]牛尾，其音如呼[⑤]。

【注释】

①鲱：黄鳝。②梧：此处指琴瑟之声。③疣：指体表上长赘肉或瘤子，俗称瘊子。④臂：指前脚。⑤如呼：像人的呼叫声。

【译文】

再往北二百五十里是求如山。山上蕴藏着丰富的铜矿，山下有很多玉石，但没有花草树木。滑水从这座山流出，向西流入诸毗水。水中有很多滑鱼．外形像鳝鱼，脊背是红色的，能发出像人弹奏琴瑟的声音，吃了它的肉就能治疗人皮肤上的瘊子。水中还有许多水马，外形像马，前腿上长有斑纹，身后长着牛尾巴，能发出像人在呼喊的声音。

【原文】

3.3 又北三百里，曰带山。其上多玉，其下多青碧。有兽焉，其状如马，一角有错[①]，其名曰臛（huān）疏，可以辟火。有鸟焉，其状如乌，五采而赤文，名曰鵸鵌[②]，是自为牝牡，食之不疽[③]（jū）。彭水出焉，而西流注于芘[④]湖之水。其中多儵[⑤]（yóu）鱼，其状如鸡而赤毛，三尾、六足、四首[⑥]，其音如鹊，食之可以已忧。

【注释】

①错：通“厝”，即指甲错，指外壳粗糙不平。②鵸鵌：与前文的“鵸鵌”同名异物。③疽：痈疽疾病。④芘：一作“茈”。⑤儵：通“儵”。⑥首：一作“目”此处指眼睛。

【译文】

再往北三百里是带山。这座山上盛产玉石，山下还有许多青色的玉石。山中有一种野兽，外形像马，长有一只外壳粗糙不平的角，它的名字叫臛疏，把它养在身边可以躲避火灾。山中还有一种鸟，外形像乌鸦，身上长着五彩羽毛，它的名字叫鹌鸪，这种鸟是雌雄合体的，吃了它的肉就能使人不患痈疽病。彭水从这座山流出，向西流入芘湖水。彭水中有很多儵鱼，外形像鸡却长着红色的羽毛，它还有三条尾巴、六只脚和四只眼睛，它的叫声与喜鹊相似，人吃了它的肉就会没有忧愁。

[清]吴任臣 图本

【原文】

3.4 又北四百里，曰谯（qiáo）明之山。谯水出焉，西流注于河。其中多何罗之鱼，一首而十身，其音如吠犬，食之已痈[①]（yōng）。有兽焉，其状如貆[②]（huán）而赤毫，其音如榴榴，名曰孟槐，可以御凶。是山也，无草木，多青雄黄。

【注释】

①痈：一种毒疮。②貆：豪猪。

【译文】

再往北四百里是谯明山。谯水发源于这座山，向西流入黄河。水中有许多何罗鱼，长着一个脑袋和十个身体，发出的声音像狗在吠，吃了它的肉可以治疗毒疮。山中有一种兽，外形像豪猪却长着红色的毛，能发出类似辘轳抽水的声音，它的名字叫孟槐，可以饲养它来趋避凶邪之气。这座山上没有花草树木，但是有很多青雄黄。

【原文】

3.5 又北三百五十里，曰涿（zhuō）光之山。嚣水出焉，而西流注于河。其中多鳛（zhě）鳛之鱼，其状如鹊而十翼，鳞皆在羽端，其音如鹊，可以御火，食之不瘅。其上多松、柏，其下多棕、橿，其兽多麢羊，其鸟多蕃。

【译文】

再往北三百五十里是涿光山。嚣水从这座山流出，向西注入黄河。水中有很多鳛鳛鱼，外形像长了十只翅膀的喜鹊，翅膀的尖端长有鳞甲，能发出类似喜鹊的叫声，可以把它饲养在身边来防避火灾，吃了它的肉就能治疗黄疸病。涿光山上有很多松树和柏树，而山下则多为棕树和橿树，山中的兽类以羚羊居多，鸟类则多为蕃鸟。

【原文】

3.6 又北三百八十里，曰虢（guó）山。其上多漆，其下多桐、椐[①]（jū）。其阳多玉，其阴多铁。伊水出焉，西流注于河。其兽多橐驼[②]，其鸟多寓[③]，状如鼠而鸟翼，其音如羊，可以御兵。

【注释】

①椐：即椐树，又名灵寿木，多肿节，可作拐杖。②橐驼：即骆驼。③寓：蝙蝠之类的鸟。

[清]汪绂 图本

【译文】

再往北三百八十里是虢山。这座山上长着许多漆树，山下则多为梧桐和椐树。山南侧盛产玉石，北侧盛产铁。伊水从这座山流出，向西注入黄河。山中的野兽多为骆驼，禽鸟大多是寓鸟。寓鸟外形像老鼠却长着鸟一样的翅膀，能发出像羊叫的声音，可以把它饲养在身边抵御刀兵带来的伤害。

[清]汪绂 图本

【原文】

3.7 又北四百里，至于虢山之尾，其上多玉而无石。鱼水出焉，西流注于河，其中多文贝。

【译文】

再往北四百里就到了虢山的尾端，山上有很多美玉却没有石头。鱼水从这里流出，向西注入黄河，水中有许多带有花纹的贝类。

【原文】

3.8 又北二百里，曰丹熏之山。其上多樗、柏，其草多韭、䪥[①]（xiè），多丹雘。熏水出焉，而西流注于棠水。有兽焉，其状如鼠，而菟（tù）首麋身[②]，其音如嗥犬，以其尾飞，名曰耳鼠[③]，食之不睬[④]（cǎi），又可以御百毒。

【注释】

①䪥：一种野菜，同薤。②菟：通“兔”。身，当为“耳”之误。③耳鼠：即鼯鼠，能滑翔。④睬：鼓胀。

【译文】

再往北二百里是丹熏山。这座山上有许多臭椿树和柏树，山上的草则以野韭菜和野薤菜最多，山中还盛产做颜料的红色矿石。熏水发源于这座山，向西流入棠水。山中有一种野兽，外形像老鼠，长着兔子的脑袋和麋鹿的耳朵，能发出如同狗嗥叫的声音，它还用尾巴飞行，它的名字叫耳鼠，人吃了它的肉就不会得鼓胀病，把它养在身边可以躲避百毒侵害。

［清］汪绂 图本

【原文】

3.9 又北二百八十里，曰石者之山。其上无草木，多瑶碧。泚水出焉，西流注于河。有兽焉，其状如豹而文题[①]白身，名曰孟极，是善伏[②]，其鸣自呼。

［清］汪绂 图本

【注释】

①文题：额上有花纹。题，额头。②伏：隐藏。

【译文】

再往北二百八十里是石者山。这座山上没有花草树木，但是有瑶、碧之类的美石。泚水从这座山流出，向西注入黄河。山中有一种野兽，外形像豹子，额上有花纹，身体是白色的，它的名字叫孟极，善于潜伏隐藏，它的叫声像是在喊自己的名字。

【原文】

3.10 又北百一十里，曰边春之山。多葱、葵、韭、桃、李。杠水出焉，而西流注于泑泽。有兽焉，其状如禺而文身，善笑，见人则卧，名曰幽鴳（yàn），其鸣自呼。

【译文】

再往北一百一十里是边春山。这座山上长满了野葱、葵菜、韭菜、野桃树、野李树。杠水从这座山流出，向西注入泑泽。山中有一种野兽，外形像猕猴但是身上长有许多花纹，喜欢笑，看见人就会装睡，它的名字叫幽鴳，它叫的声音像是在喊自己的名字。

［清］汪绂 图本

【原文】

3.11 又北二百里，曰蔓联之山，其上无草木。有兽焉，其状如禺而有鬣，牛尾、文臂、马蹄，见人则呼，名曰足訾（zǐ），其鸣自呼。有鸟焉，群居而朋飞，其毛如雌雉，名曰䴔，其鸣自呼，食之已风。

【译文】

再往北二百里是蔓联山，山上没有花草树木。这座山中有一种野兽，外形像猕猴却长着鬣毛，还长着牛的尾巴、带有花纹的双臂和马一样的蹄子，看见人就会叫，它的名字叫足訾，它鸣叫的声音像是在喊自己的名字。山中还有一种鸟，喜欢群居和结队飞行，它的羽毛与雌野鸡相似，它的名字叫䴔，它叫起来像是在喊自己的名字，人吃了它就能治风痹。

【原文】

3.12 又北百八十里，曰单张之山，其上无草木。有兽焉，其状如豹而长尾，人首而牛耳，一目，名曰诸犍（jiān）。善吒[①]（zhà），行则衔其尾，居则蟠[②]（pán）其尾。有鸟焉，其状如雉，而文首、白翼、黄足，名曰白鵺（yè），食之已嗌[③]（yì）痛，可以已痸[④]（chì）。栎水出焉，而南流注于杠水。

【注释】

①吒：通“咤”，怒叫。②蟠：盘曲。③嗌：咽喉。④痸：癫狂病。

【译文】

再往北一百八十里是单张山，山上没有花草树木。山中有一种野兽，外形像豹子，却长着长尾巴、人的头、牛的耳朵，只有一只眼睛，它的名字叫诸犍，喜欢怒吼，行走时会用嘴叼着尾巴，休息时就将尾巴盘起来。山中还有一种鸟，外形像野鸡，长着有花纹的脑袋、白色的翅膀、黄色的脚，它的名字叫白鵺，吃了它就能治疗喉咙痛，还可以治愈癫狂病。栎水从这座山流出，之后向南注入杠水。

[清]汪绂 图本

[清]汪绂 图本

【原文】

3.13 又北三百二十里，曰灌题之山。其上多樗、柘[①]（zhè），其下多流沙，多砥。有兽焉，其状如牛而白尾，其音如训[②]（jiào），名曰那（nuó）父。有鸟焉，其状如雌雉而人面，见人则跃，名曰竦（sǒng）斯，其鸣自呼也。匠韩之水出焉，而西流注于泑泽，其中多磁石。

【注释】

①柘：一种灌木或小乔木，木质坚密，叶可饲蚕，树汁可用于染色。②训：通“叫”。

【译文】

再往北三百二十里是灌题山。山上有许多臭椿树和柘树，山下到处是流沙，还盛产磨刀石。山中有一种野兽，外形像牛，尾巴是白色的，能发出如同人在高声呼唤的声音，它的名字叫那父。山中还有一种鸟，外形像雌野鸡，长着人的脸，看见人就会跳跃，它的名字叫竦斯，它鸣叫的声音像是在喊自己的名字。匠韩水从这座山流出，向西注入泑泽，水中有很多磁铁石。

［清］汪绂 图本

［清］汪绂 图本

【原文】

3.14 又北二百里，曰潘侯之山。其上多松、柏，其下多榛、楛。其阳多玉，其阴多铁。有兽焉，其状如牛而四节生毛，名曰旄牛。边水出焉，而南流注于栎泽。

【译文】

再往北二百里是潘侯山。山上长着茂密的松树和柏树，山下则长满了榛树和楛树。山南侧蕴藏着丰富的玉石，北侧盛产铁矿。山中有一种野兽，外形像牛，四肢的关节上都长着长毛，它的名字叫牦牛。边水从这座山流出，之后向南注入栎泽。

【原文】

3.15 又北二百三十里，曰小咸之山。无草木，冬夏有雪。

【译文】

再往北二百三十里是小咸山。这座山上没有花草树木，无论冬天还是夏天都覆盖着积雪。

【原文】

3.16 北二百八十里，曰大咸之山。无草木，其下多玉。是山也，四方，不可以上。有蛇名曰长蛇，其毛如彘豪[①]，其音如鼓柝（tuò）[②]。

【注释】

①彘豪：猪鬃。②鼓柝：指敲击木柝发出的声音。柝，古时巡夜者击以报更的木梆子。

【译文】

往北二百八十里是大咸山。山上没有花草树木，山下盛产玉石。这座山外观呈四方形，人不能攀登上去。山中有一种蛇叫作长蛇，它身上的毛如同猪鬃，它发出的声音像是人在敲击木梆子。

［清］汪绂 图本

［清］汪绂 图本

【原文】

3.17 又北三百二十里，曰敦薨（hōng）之山。其上多棕、楠，其下多茈草。敦薨之水出焉，而西流注于泑泽。出于昆仑之东北隅[①]（yú），实惟河源。其中多赤鲑（guī）。其兽多兕、旄牛，其鸟多鸤（shī）鸠[②]。

【注释】

①隅：角落。②鸤鸠：应为“尸鸠”。

【译文】

再往北三百二十里是敦薨山。山上多为棕树和楠树，山下长着许多的紫草。敦薨水从这座山发源，向西流入泑泽。泑泽位于昆仑山的东北角，其实是黄河的源头，里面有很多赤鲑。敦薨山的野兽以兕、牦牛居多，鸟类大多是尸鸠。

【原文】

3.18 又北二百里，曰少咸之山。无草木，多青碧。有兽焉，其状如牛而赤身、人面、马足，名曰窫（yà）窳（yǔ）[①]，其音如婴儿，是食人。敦水出焉，东流注于雁门之水。其中多䱋（bèi）䱋之鱼[②]，食之杀人[③]。

【注释】

①窫窳：此兽与《海内南经》和《海内西经》中记载的窫窳不是同一种动物。②䱋䱋之鱼：

据说是江豚。③食之杀人：这里指人吃了会中毒而死。

【译文】

再往北二百里是少咸山。这座山上没有花草树木，到处是青色的玉石。山中有一种野兽，形状像牛，有着红色的身体、人的脸、马的蹄子，它的名字叫窫窳，会发出如同婴儿啼哭的声音，也会吃人。敦水从这座山流出，之后向东注入雁门水。敦水中生长着很多鲌鲌鱼，人吃了它就会中毒而死。

［清］汪绂 图本

［清］汪绂 图本

【原文】

3.19 又北二百里，曰狱法之山。瀤（huái）泽之水出焉，而东北流注于泰泽。其中多鱳（zǎo）鱼，其状如鲤而鸡足，食之已疣。有兽焉，其状如犬而人面，善投，见人则笑，其名山猈（huī），其行如风，见（xiàn）则天下大风。

【译文】

再往北二百里是狱法山。瀤泽水从这座山流出，之后向东北注入泰泽。瀤泽水里有很多鱳鱼，它的外形像鲤鱼却长着鸡爪，人吃了它的肉就能治疗皮肤上的瘊子。山中还有一种野兽，外形像狗却长着人的脸，擅长投掷，看见人就嘻嘻地笑，它的名字叫山猈，走起来快得就像刮风，它一出现就会刮大风。

【原文】

3.20 又北二百里，曰北岳之山。多枳、棘（jí）、刚木①。有兽焉，其状如牛，而四角、人目、彘耳，其名曰诸怀，其音如鸣雁，是食人。诸怀之水出焉，而西流注于嚣水。其中多鮨（yì）鱼，鱼身而犬首，其音如婴儿，食之已狂。

【注释】

①棘：丛生的小枣树，即酸枣树，枝叶上长满了刺。刚木：木质坚硬的树木。

【译文】

再往北二百里是北岳山。这座山上长满了枳树、酸枣树和多种木质坚硬的树木。山中有一种野兽，外形像牛，长着四只角、人的眼睛、猪的耳朵，它的名字叫诸怀，能发出如同

大雁鸣叫的声音，这种野兽吃人。诸怀水从这座山流出，之后向西注入嚣水。诸怀水中有许多鮨鱼，长着鱼的身子和狗的脑袋，能发出像婴儿啼哭的声音，人吃了它的肉就能治疗癫狂病。

【原文】

3.21 又北百八十里，曰浑夕之山。无草木，多铜、玉。嚣水出焉，而西北流注于海。有蛇一首两身，名曰肥遗，见（xiàn）则其国大旱。

【译文】

再往北一百八十里是浑夕山。这座山上没有花草树木，但是盛产铜矿和玉石。嚣水从这座山流出，向西北注入大海。这里有一种蛇长着一个头和两个身子，名字叫肥遗，它在哪个国家出现，那里就会发生大旱灾。

【原文】

3.22 又北五十里，曰北单之山。无草木，多葱、韭。

【译文】

再往北五十里是北单山。这座山上没有花草树木，却生长着许多野葱和野韭菜。

【原文】

3.23 又北百里，曰罴差之山。无草木，多马[①]。

【注释】

①马：指野马。

【译文】

再往北一百里是罴差山。这里没有花草树木，却有很多野马。

【原文】

3.24 又北百八十里，曰北鲜之山，是多马。鲜水出焉，而西北流注于涂吾之水。

【译文】

再往北一百八十里是北鲜山，这里有很多野马。鲜水从这里发源，向西北流入涂吾水。

【原文】

3.25 又北百七十里，曰隄（dī）山，多马。有兽焉，其状如豹而文首，名曰狕（yǎo）。隄水出焉，而东流注于泰泽，其中多龙龟[①]。

【注释】

①龙龟：即吉吊，一种龙种龟身的怪兽。

【译文】

再往北一百七十里是隄山，山中有许多野马。山中有一种野兽，外形像豹子，头上有花纹，它的名字叫狕。隄水从这座山发源向东流入泰泽，水中有很多龙龟。

［清］吴任臣 图本

【原文】

3.26 凡北山之首，自单狐之山至于隄山，凡二十五山，五千四百九十里，其神皆人面蛇身。其祠之：毛用一雄鸡、彘瘗，吉玉用一珪，瘗而不糈。其山北人，皆生食不火之物。

【译文】

总计北方第一列山系从单狐山起到隄山止，一共有二十五座，途经五千四百九十里。诸山山神的外貌都是人脸蛇身。祭祀山神的仪式是把一只公鸡和一头猪作为祭品埋入地下，在祭神的玉器中选一块玉珪埋入地下，不需要用精米。住在诸山北面的人，都生吃没经过烹煮的食物。

北次二经

【导读】

《北次二经》是《北山经》的第二部分，记载了十七座山，实际只有管涔山、少阳山、县雍山、狐岐山、白沙山、尔是山、狂山、诸余山、敦头山、钩吾山、北嚣山、梁渠山、姑灌山、湖灌山、洹山、敦题山十六座山，分布在今山西、河北、内蒙古、蒙古一带。

【原文】

3.27 北次二山之首，在河之东，其首枕汾（fén），其名曰管涔之山。其上无木而多草，其下多玉。汾水出焉，而西流注于河。

【译文】

北方第二列山系的第一座山在黄河的东岸，这山的山头枕着汾水，它的名字叫管涔山。这座山上没有树木，但是有许多草，山下盛产玉石。汾水从这座山发源，向西流入黄河。

【原文】

3.28 又西①二百五十里，曰少阳之山。其上多玉，其下多赤银②。酸水出焉，而东流注于汾水，其中多美赭。

【注释】

①西：当作"北"。②赤银：古人认为是银精，指含银量很高的优质银矿石。

【译文】

再往北二百五十里是少阳山。这座山上盛产玉石，山下还有很多赤银矿。酸水从这座山流出，之后向东注入汾水，水中有很多优质赭石。

【原文】

3.29 又北五十里，曰县雍（wèng）之山。其上多玉，其下多铜，其兽多闾①（lú）、麋，其鸟多白翟、白鹌（yǒu）②。晋水出焉，而东南流注于汾水。其中多鮆鱼，其状如鯈而赤麟③，其音如叱，食之不骄④。

【注释】

①闾：古代的兽名，又名山驴。②白鹌：即白翰。③麟：应为"鳞"。④骄：一作"骚"，狐臭。

【译文】

再往北五十里是县雍山。这座山上盛产玉石，山下蕴藏着丰富的铜矿。山中的野兽大多是山驴和麋鹿，而鸟类多为白色野鸡和白翰鸟。晋水从这座山流出，之后向东南注入汾水。晋水中有很多鮆鱼，外形像鯈鱼，长着红色的鳞片，能发出像人在斥骂的声音，人吃了它就不会得狐臭。

[清]汪绂 图本

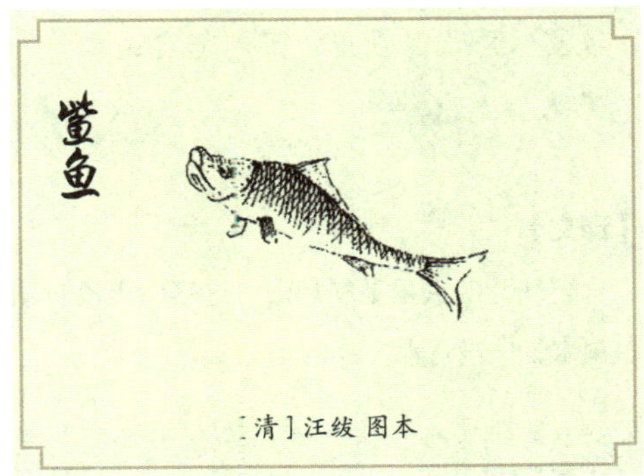

[清]汪绂 图本

【原文】

3.30 又北二百里，曰狐岐之山。无草木，多青碧。胜水出焉，而东北流注于汾水，其中多苍玉。

【译文】

再往北二百里是狐岐山。这座山上没有花草树木，有很多青色的玉石。胜水从这座山流出，之后向东北注入汾水，水中有很多青色的玉。

【原文】

3.31 又北三百五十里，曰白沙山，广员三百里，尽沙也，无草木鸟兽。鲔（wěi）水出于其上，潜于其下，是多白玉。

【译文】

再往北三百五十里是白沙山，这座山方圆三百里，山上到处是沙子，没有花草树木和鸟兽。鲔水发源于这座山的山顶，然后潜流到山下，水中有很多白玉。

【原文】

3.32 又北四百里，曰尔是之山。无草木，无水。

【译文】

再往北四百里是尔是山。这座山上没有花草树木，也没有水。

【原文】

3.33 又北三百八十里，曰狂山，无草木。是山也，冬夏有雪。狂水出焉，而西流注于浮水，其中多美玉。

【译文】

再往北三百八十里是狂山，山上没有花草树木。这座山，无论是冬季还是夏季都被雪覆盖着。狂水发源于这座山，向西流入浮水，水中有很多优质玉石。

【原文】

3.34 又北三百八十里，曰诸余之山。其上多铜、玉，其下多松、柏。诸余之水出焉，而东流注于旄水。

【译文】

再往北三百八十里是诸余山。这座山上蕴藏着丰富的铜矿和玉石，山下长满了松树和柏树。诸余水发源于这座山，向东流入旄水。

【原文】

3.35 又北三百五十里，曰敦头之山。其上多金、玉，无草木。旄水出焉，而东流注于印泽①。其中多騂（bó）马，牛尾而白身，一角，其音如呼。

【注释】

①印泽：应为“邛泽”。

【译文】

再往北三百五十里是敦头山。这座山上盛产金属和玉石，但没有花草树木。旄水从这座山流出，之后向东注入邛泽。山中有很多騂马，长着牛的尾巴，但是身体是白色的，只有一只角，能发出如同人在呼唤的声音。

［明］蒋应镐 图本

［清］吴任臣 图本

［清］汪绂 图本

【原文】

3.36 又北三百五十里，曰钩吾之山。其上多玉，其下多铜。有兽焉，其状羊身人面，其目在腋下，虎齿人爪，其音如婴儿，名曰狍（páo）鸮①，是食人。

【注释】

①狍鸮：也叫饕餮。传说这是一种贪食的恶兽，古代钟、鼎、彝等器物上多刻其头部形状作为装饰。

【译文】

再往北三百五十里是钩吾山。这座山上盛产玉石，山下还蕴藏着铜矿。山中有一种野兽，有着羊的身体和人的脸，眼睛长在腋窝下方，它还有老虎一样的牙齿和人一样的手指，能发出如同婴儿哭啼的声音，它的名字叫狍鸮，能吃人。

［明］蒋应镐 图本

［清］吴任臣 图本

［清］汪绂 图本

【原文】

3.37 又北三百里，曰北嚣之山。无石，其阳多碧，其阴多玉。有兽焉，其状如虎而白身、犬首、马尾、彘鬣，名曰独狢（yù）。有鸟焉，其状如乌，人面，名曰鴸（bān）鵑（mào），宵飞而昼伏，食之已暍[①]（yē）。涔水出焉，而东流注于邛（qióng）泽。

【注释】

①暍：中暑。

【译文】

再往北三百里是北嚣山，山上没有石头。这座山的南侧盛产碧玉，北侧盛产玉石。山中有一种野兽，外形像老虎，身体却是白色的，有着狗一样的脑袋、马一样的尾巴、猪鬃一样的硬毛，它的名字叫独狢。山中还有一种鸟，外形像乌鸦，却长着人的脸，名字叫鴸鵑，它习惯在夜里飞行而在白天隐藏休息，人吃了它就不会中暑。涔水从这座山流出，向东注入邛泽。

［清］汪绂 图本

【原文】

3.38 又北三百五十里，曰梁渠之山，无草木，多金玉。脩（xiū）水出焉，而东流注于雁门。其兽多居暨（jì），其状如彙[①]（wèi）而赤毛，其音如豚。有鸟焉，其状如夸父[②]，四翼、一目、犬尾，名曰嚣，其音如鹊，食之已腹痛，可以止衕[③]（dòng）。

【注释】

①彙：通“猬”，刺猬。②夸父：即《西山经·西次三经》“崇吾之山”中所说的举父。③衕：腹泻。

【译文】

再往北三百五十里是梁渠山。这座山没有花草树木，但蕴藏着丰富的金属和玉石。脩水从这座山流出，向东注入雁门水。山中的野兽大多是居暨，它的外形像刺猬却长着红色的毛，发出的声音像小猪叫。山中还有一种鸟，外形像举父，长着四只翅膀、一只眼睛、狗尾巴，它的名字叫嚣，叫声与喜鹊很相似，人吃了它就可以治疗肚子痛，还可以治好腹泻。

［明］蒋应镐 图本

【原文】

3.39 又北四百里，曰姑灌之山，无草木。是山也，冬夏有雪。

【译文】

再往北四百里是姑灌山，这里没有花草树木。在这座山上，无论是冬季还是夏季都覆盖着积雪。

【原文】

3.40 又北三百八十里，曰湖灌之山。其阳多玉，其阴多碧，多马。湖灌之水出焉，而东流注于海，其中多䱇[①]（shàn）。有木焉，其叶如柳而赤理。

【注释】

①䱇：同“鳝”，黄鳝。

【译文】

再往北三百八十里是湖灌山。这座山南侧盛产玉石，北侧蕴藏着碧玉，山上还有许多野马。湖灌水发源于这座山，向东流入大海，水中有很多黄鳝。山中生长着一种树，叶子像柳树的叶子，但是有着红色的纹理。

【原文】

3.41 又北水行五百里，流沙三百里，至于洹（huán）山。其上多金、玉。三桑生之，其树皆无枝，其高百仞。百果树生之。其下多怪蛇。

【译文】

再往北走五百里的水路，途经三百里的流沙，便到了洹山。这座山上蕴藏着丰富的金属和玉石。山中生长着三桑树，这种树树干上不长枝条，树干有百仞高。山上还长着各种果树。山下有很多怪蛇。

【原文】

3.42 又北三百里，曰敦题之山。无草木，多金、玉。是錞（chún）于北海。

【译文】

再往北三百里是敦题山。这座山上没有花草树木，但盛产金属矿物和玉石。敦题山坐落在北海岸边。

【原文】

3.43 凡北次二山之首，自管涔之山至于敦题之山，凡十七山，五千六百九十里。其神皆蛇身人面。其祠：毛用一雄鸡、彘瘗，用一璧一珪，投而不糈。

【译文】

北方第二列山系从管涔山起到敦题山止，一共十七座，途经五千六百九十里。诸山山神都长着蛇的身子和人的脸。祭祀山神的仪式是把一只公鸡和一头猪作为祭品埋入地下，再把一块玉璧和一块玉珪投向山中，祭祀时不用精米。

北次三经

【导读】

《北次三经》是《北山经》的第三部分，记载了四十六座山，实际上有归山、龙侯山、马成山、咸山、天池山、阳山、贲闻山、王屋山、教山、景山、孟门山、平山、京山、虫尾山、彭毗山、小侯山、泰头山、轩辕山、谒戾山、沮洳山、神囷山、发鸠山、少山、锡山、景山、题首山、绣山、松山、敦与山、柘山、维龙山、白马山、空桑山、泰戏山、石山、童戎山、高是山、陆山、沂山、燕山、饶山、乾山、伦山、碣石山、雁门山、帝都山和錞于毋逢山，共四十七座山，分布在今山东、河北、河南、内蒙古境内。

【原文】

3.44 北次三山之首，曰太行之山。其首曰归山，其上有金、玉，其下有碧。有兽焉，其状如麢羊而四角，马尾而有距[①]，其名曰䮝（hún），善还[②]（xuán），其名自训。有鸟焉，其状如鹊，白身、赤尾、六足，其名曰鶌（bēn），是善惊，其鸣自詨[③]（jiào）。

【注释】

①距：指鸡爪。②还：通"旋"，盘旋而舞。③詨：呼叫。

【译文】

北方第三列山系叫作太行山。其中第一座山是归山。这座山上盛产金属和玉石，山下蕴藏着碧玉。山中有一种野兽，外形像羚羊却有四只角，长着马尾巴和鸡爪，它的名字叫䮝，善于盘旋而舞，它叫的声音像是在喊自己的名字。山中还有一种鸟，外形像喜鹊，有白色的身体、红色的尾巴和六只脚，它的名字叫鶌，这种鸟十分警觉，它的叫声像是在喊自己的名字。

［清］吴任臣 图本

［清］吴任臣 图本

【原文】

3.45 又东北二百里，曰龙侯之山。无草木，多金、玉。决（jué）决之水出焉，而东流注于河。其中多人鱼，其状如䱱（tí）鱼[①]，四足，其音如婴儿，食之无痴疾[②]。

【注释】

① 䱱鱼：即鲵鱼，俗称娃娃鱼。②痴疾：痴呆症。

【译文】

再往东北二百里是龙侯山。这座山上没有花草树木，但是盛产金属和玉石。决决水从这座山流出，向东注入黄河。水中有很多人鱼，外形像娃娃鱼，长有四只脚，它能发出像婴儿啼哭的声音，人吃了它就能不患痴呆症。

［明］蒋应镐 图本

[清]吴任臣 图本

[清]汪绂 图本

【原文】

3.46 又东北二百里，曰马成之山。其上多文石，其阴多金、玉。有兽焉，其状如白犬而黑头，见人则飞，其名曰天马，其鸣自训。有鸟焉，其状如乌，首白而身青、足黄，是名曰鶌（qū）鶋（jū），其鸣自詨，食之不饥，可以已寓[①]。

[清]吴任臣 图本

[明]蒋应镐 图本

【注释】

①寓：健忘的病症，老年痴呆一类的病。

【译文】

再往东北二百里是马成山。这座山上盛产有纹理的石头，山北侧有丰富的金属和玉石。山里有一种野兽，外形像长着黑脑袋的白狗，看见人就会飞起来，它的名字叫天马，它的叫声像是在喊自己的名字。山里还有一种鸟，外形像乌鸦，长着白色的脑袋、青色的身子和黄色的爪子，它的名字叫鶌鶋，它鸣叫的声音像是在喊自己的名字，人吃了它就不会感到饥饿，还可以治疗痴呆病。

【原文】

3.47 又东北七十里，曰咸山。其上有玉，其下多铜，是多松、柏，草多茈草。条菅之水出焉，而西南流注于长泽。其中多器酸[①]，三岁一成，食之已疠。

【注释】

①器酸：大概是一种可以吃而有酸味的东西。

【译文】

再往东北七十里是咸山。这座山上盛产玉石，山下蕴藏着铜矿，到处都长着松树和柏树，草则以紫草居多。条菅水从这座山流出，向西南注入长泽。水中出产器酸，这器酸要三年才能收获一次，人吃了它就能治愈麻风病。

【原文】

3.48 又东北二百里，曰天池之山。其上无草木，多文石。有兽焉，其状如兔而鼠首，以其背飞，其名曰飞鼠。渑（shéng）水出焉，潜于其下，其中多黄垩。

【译文】

再往东北二百里是天池山。这座山上没有花草树木，但是有很多带花纹的石头。山中有一种野兽，外形像兔子却长着老鼠的头，能借助背上的毛飞行，它的名字叫飞鼠。渑水从这座山流出，然后潜流到山下，水中有许多黄色的垩土。

［明］蒋应镐 图本

[清]吴任臣 图本

[清]汪绂 图本

【原文】

3.49 又东三百里，曰阳山。其上多玉，其下多金、铜。有兽焉，其状如牛而赤尾，其颈 肾①（shèn），其状如句（gōu）瞿②，其名曰领胡，其鸣自诙，食之已狂。有鸟焉，其状如雌雉而五采以文，是自为牝牡，名曰象蛇，其鸣自诙。留水出焉，而南流注于河。其中有䱗（xiàn）父之鱼，其状如鲋鱼，鱼首而彘身，食之已呕。

【注释】

①颈肾：脖子多余隆起的肉。②句瞿：即斗。

【译文】

再往东三百里是阳山。这座山上盛产玉石，山下有丰富的金矿和铜矿。山中有一种野兽，外形像牛，长着红色的尾巴，它的脖子上有肉瘤，形状像斗一般，它的名字叫领胡，它发出的叫声像是在喊自己的名字，人吃了它就能治愈癫狂症。山中还有一种鸟，外形像雌野鸡，羽毛上有五彩斑斓的花纹，这种鸟是雌雄合体的，它的名字叫象蛇，它鸣叫的声音像是在喊自己的名字。留水从这座山流出，向南注入黄河。水中生有一种䱗父鱼，外形像鲫鱼，长着鱼的头和猪的身体，人吃了它可以治疗呕吐。

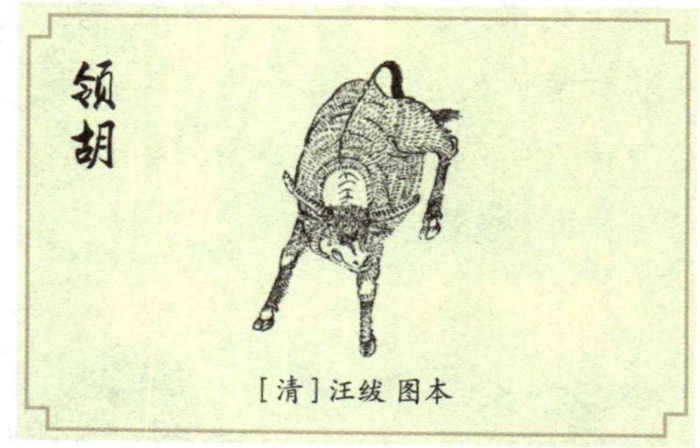

[清]汪绂 图本

[清]汪绂 图本

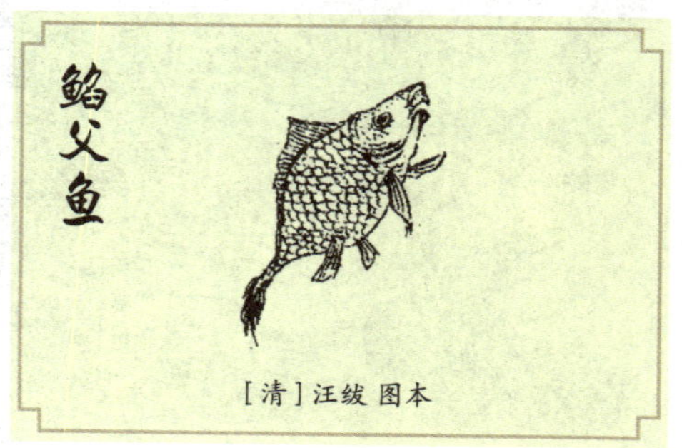

[清]汪绂 图本

【原文】

3.50 又东三百五十里，曰贲闻之山。其上多苍玉，其下多黄垩，多涅石①。

【注释】

①涅石：黑矾石，古代用作黑色颜料。

【译文】

再往东三百五十里是贲闻山。山上盛产苍玉，山下有许多黄色的垩土和涅石。

【原文】

3.51 又北百里，曰王屋之山，是多石。𣾰（lián）水出焉，而西北流注于泰泽。

【译文】

再往北一百里是王屋山，山里到处是石头。𣾰水从这座山流出，向西北注入泰泽。

【原文】

3.52 又东北三百里，曰教山，其上多玉而无石。教水出焉，西流注于河，是水冬干而夏流，实惟干河。其中有两山。是山也，广员三百步，其名曰发丸之山，其上有金、玉。

【译文】

再往东北三百里是教山，山上有很多玉，但没有石头。教水发源于这座山，向西流入黄河。这条河到了冬季就会干枯，在夏季又有水流，因此可以说是一条干河。教水的河道中有两座山，这两座山方圆三百步，山名为发丸山，山上蕴藏着金属和玉石。

【原文】

3.53 又南三百里，曰景山，南望盐贩之泽，北望少泽。其上多草、藷（shǔ）薁（yù）①，其草多秦椒②，其阴多赭，其阳多玉。有鸟焉，其状如蛇，而四翼、六目、三足，名曰酸与，其鸣自谈，见（xiàn）则其邑有恐③。

【注释】

①藷薁：即薯蓣，又称山药。②秦椒：又称花椒。③有恐：有可怕的事情发生。

【译文】

再往南三百里是景山，站在山上向南可以望见盐贩泽，向北可以望见少泽。山上生长着茂密的草和很多山药，草以花椒为多。这座山北侧盛产赭石，南侧则盛产玉石。山里有一种鸟，外形像蛇，却长着四只翅膀、六只眼睛和三只脚，它的名字叫酸与，它的叫声像是在喊自己的名字，它出现的地方会有可怕的事情发生。

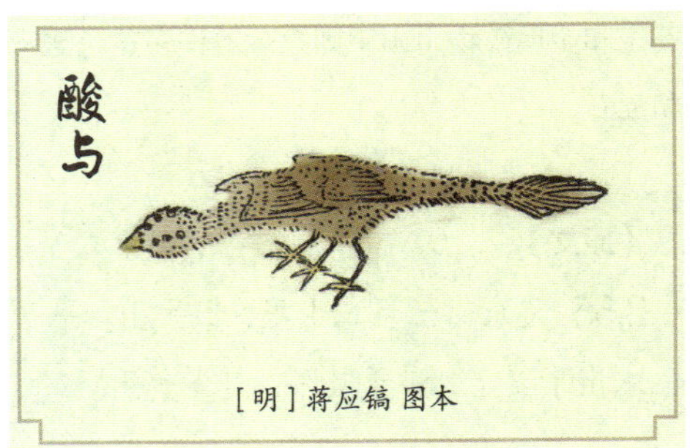

[明] 蒋应镐 图本

［清］吴任臣 图本

［清］汪绂 图本

【原文】

3.54 又东南三百二十里，曰孟门之山。其上多苍玉，多金，其下多黄垩，多涅石。

【译文】

再往东南三百二十里是孟门山。山上盛产苍玉和金属矿物，山下则蕴藏着许多黄色垩土和涅石。

【原文】

3.55 又东南三百二十里，曰平山。平水出于其上，潜于其下，是多美玉。

【译文】

再往东南三百二十里是平山。平水发源于这座山的山顶，然后潜流到山下，水中有很多优质的玉石。

【原文】

3.56 又东二百里，曰京山。有美玉，多漆木，多竹，其阳有赤铜，其阴有玄𥓈①。高水出焉，南流注于河。

【注释】

①玄𥓈：黑色的砥石。

【译文】

再往东二百里是京山。这座山盛产优质的玉石，遍山是漆树和竹林。这座山的南侧出产黄铜矿，北侧出产黑色的砥石。高水从这座山流出，向南注入黄河。

【原文】

3.57 又东二百里，曰虫尾之山。其上多金、玉，其下多竹，多青碧。丹水出焉，南流注于河。薄水出焉，而东南流注于黄泽。

【译文】

再往东二百里是虫尾山。这座山上盛产金属和玉石，山下遍布竹丛，山中还有很多青色的玉石。丹水从这座山流出，向南注入黄河。薄水也从这座山流出，向东南注入黄泽。

【原文】

3.58 又东三百里，曰彭龇之山。其上无草木，多金、玉，其下多水。蚤（zǎo）林之水出焉，东南流注于河。肥水出焉，而南流注于床水，其中多肥遗之蛇。

【译文】

再往东三百里是彭龇山。这座山上没有花草树木，但是有丰富的金属和玉石，山下到处是水流。蚤林水从这座山流出，向东南注入黄河。肥水也从这座山流出，向南注入床水，肥水中还有很多叫作肥遗的蛇。

【原文】

3.59 又东百八十里，曰小侯之山。明漳之水出焉，南流注于黄泽。有鸟焉，其状如乌而白文，名曰鸪（gū）鹨（xí），食之不灂[①]（jiào）。

【注释】

①灂：眼睛昏蒙不清。

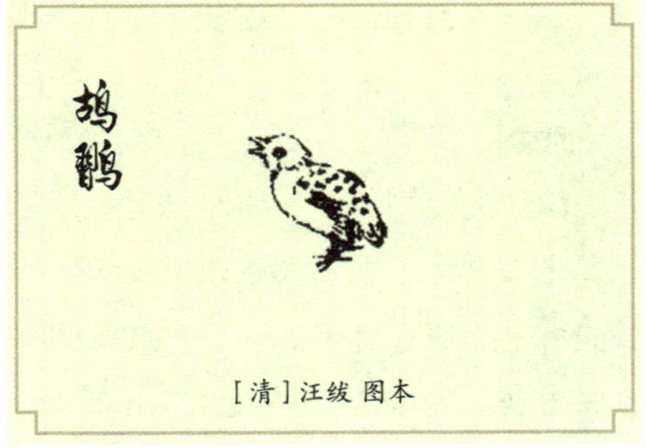

［清］汪绂 图本

【译文】

再往东一百八十里是小侯山。明漳水从这座山流出，向南注入黄泽。山中有一种鸟，外形像乌鸦，身上有白色的斑纹，它的名字叫鸪鹨，人吃了它眼睛就不会昏花。

【原文】

3.60 又东三百七十里，曰泰头之山。共（gōng）水出焉，南注于虖池（tuó）[①]。其上多金、玉，其下多竹箭。

【注释】

①虖池：水名，即下文所说的“虖沱”。

【译文】

再往东三百七十里是泰头山。共水从这座山流出，向南注入虖池水。泰头山上盛产金属和玉石，山下到处是小竹丛。

【原文】

3.61 又东北二百里，曰轩辕之山。其上多铜，其下多竹。有鸟焉，其状如枭而白首，其名曰黄鸟，其鸣自詨，食之不妒。

【译文】

再往东北二百里是轩辕山。山上盛产铜矿，山下长满了竹林。山中有一种鸟，外形像猫头鹰，长着白色的脑袋，它的名字叫黄鸟，它的鸣叫声像是在喊自己的名字，人吃了它就能不嫉妒他人。

[清]汪绂 图本

【原文】

3.62 又北二百里，曰谒（yè）戾（lì）之山。其上多松、柏，有金、玉。沁水出焉，南流注于河。其东有林焉，名曰丹林，丹林之水出焉，南流注于河。婴侯之水出焉，北流注于汜（sì）水。

【译文】

再往北二百里是谒戾山。这座山上有许多松树和柏树，还蕴藏着丰富的金属和玉石。沁水从这座山流出，向南注入黄河。这座山的东侧有一片树林，叫作丹林，丹林水就发源于这里，之后向南流入黄河。婴侯水也从这里流出，向北注入汜水。

【原文】

3.63 东三百里，曰沮（jù）洳（rù）之山。无草木，有金、玉。濝（qí）水出焉，南流注于河。

【译文】

往东三百里是沮洳山。这座山上没有花草树木，只有金属矿物和玉石。濝水从这座山流出，向南注入黄河。

【原文】

3.64 又北三百里，曰神囷（qūn）之山。其上有文石，其下有白蛇，有飞虫。黄水出焉，而东流注于洹（huán）。滏（fǔ）水出焉，而东流注于欧水。

【译文】

再往北三百里是神囷山。山上有带花纹的石头，山下则有白蛇和成群结队的小飞虫。黄水从这座山流出，向东注入洹水。滏水也从这座山流出，向东注入欧水。

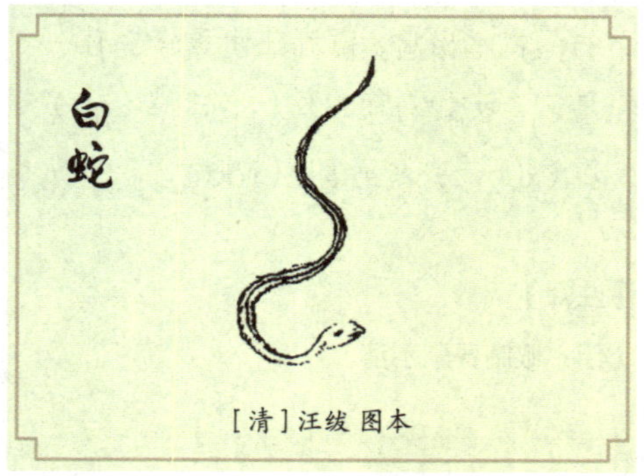

[清]汪绂 图本

【原文】

3.65 又北二百里，曰发鸠之山，其上多柘木。有鸟焉，其状如乌，文首、白喙、赤足，名曰精卫，其鸣自詨。是炎帝之少女[①]，名曰女娃。女娃游于东海②，溺而不返，故为精卫，常衔西山之木石③，以堙（yīn）于东海④。漳水出焉，东流注于河。

【注释】

①炎帝：传说中的上古部落联盟首领，为五帝之一。少女：最小的女儿。②东海：泛指东边的海。③西山：泛指西边的山。④堙：填。

【译文】

再往北二百里是发鸠山，山上长着茂密的柘树。山中有一种鸟，外形像乌鸦，却长着带花纹的脑袋、白色的嘴巴和红色的脚爪，它的名字叫精卫，它的叫声像自身名字的读音。精卫原是炎帝最小的女儿，名字叫女娃。女娃到东海游玩时不幸淹死在东海里，再也没有回去，就变成了精卫鸟，这鸟常常衔着西山的树枝和石子来填塞东海。漳水从这座山流出，向东注入黄河。

［明］蒋应镐 图本

［清］汪绂 图本

【原文】

3.66 又东北百二十里，曰少山。其上有金、玉，其下有铜。清漳之水出焉，东流注于浊漳之水。

【译文】

再往东北一百二十里是少山。这座山上有金属矿物和玉石，山下则出产铜。清漳水从这座山流出，向东注入浊漳水。

【原文】

3.67 又东北二百里，曰锡山。其上多玉，其下有砥。牛首之水出焉，而东流注于滏水。

【译文】

再往东北二百里是锡山。山上盛产玉石，山下盛产磨刀石。牛首水从这座山流出，向东注入滏水。

【原文】

3.68 又北二百里，曰景山①，有美玉。景水出焉，东南流注于海泽。

【注释】

①景山：此山与前文“景山”为不同的山。

【译文】

再往北二百里是景山，山上盛产优质的玉石。景水发源于这座山，向东南流入海泽。

【原文】

3.69 又北百里，曰题首之山。有玉焉，多石，无水。

【译文】

再往北一百里是题首山。这座山出产玉石，山上还有许多石头，但是没有水流。

【原文】

3.70 又北百里，曰绣山。其上有玉、青碧。其木多栒[①]（xún），其草多芍药、芎䓖。洧（wěi）水出焉，而东流注于河，其中有鳠（hù）、黾（mǐn）[②]。

【注释】

①栒：一种树枝可以作拐杖的树。②鳠：又叫鮰鱼，长得像鲇鱼但更大一些，呈灰褐色。黾：蛙的一种。

【译文】

再往北一百里是绣山，山上出产玉石和青玉。山中的树木以栒树居多，而草多为芍药和芎䓖。洧水从这座山流出，向东注入黄河。水中有鳠鱼和黾蛙。

【原文】

3.71 又北百二十里，曰松山。阳水出焉，东北流注于河。

【译文】

再往北一百二十里是松山。阳水从这座山流出，向东北注入黄河。

【原文】

3.72 又北百二十里，曰敦与之山。其上无草木，有金玉。溹（suǒ）水出于其阳，而东流注于泰陆之水；泜（zhī）水出于其阴，而东流注于彭水。槐水出焉，而东流注于泜泽。

【译文】

再往北一百二十里是敦与山。这座山上没有花草树木，但是蕴藏着金属和玉石。溹水从敦与山的南侧流出，向东注入泰陆水。泜水从敦与山的北侧流出，向东注入彭水。槐水也从这座山流出，向东注入泜泽。

【原文】

3.73 又北百七十里，曰柘山。其阳有金、玉，其阴有铁。历聚之水出焉，而北流注于洧水。

【译文】

再往北一百七十里是柘山。山南侧有金属和玉石，北侧出产铁。历聚水从这座山流出，向北注入洧水。

【原文】

3.74 又北三百里，曰维龙之山。其上有碧玉，其阳有金，其阴有铁。肥水出焉，而东流注于皋泽，其中多礨（lěi）石[①]。敞（chǎng）铁之水出焉，而北流注于大泽。

【注释】

①礨石：大石头。一作“垒石”。

【译文】

再往北三百里是维龙山。山上有青色的玉石，山南侧有金属，北侧有铁。肥水从这座山流出，向东注入皋泽，水中有很多大石头。敞铁水也从这座山流出，向北注入大泽。

【原文】

3.75 又北百八十里，曰白马之山。其阳多石、玉，其阴多铁，多赤铜。木马之水出焉，而东北流注于虖沱（tuó）。

【译文】

再往北一百八十里是白马山。山南侧有许多石头和玉石，山北侧盛产铁，山里还有许多黄铜。木马水从这座山流出，向东北注入虖沱水。

【原文】

3.76 又北二百里，曰空桑之山。无草木，冬夏有雪。空桑之水出焉，东流注于虖沱（tuó）。

【译文】

再往北二百里是空桑山。山上没有花草树木，无论冬夏都被积雪覆盖。空桑水发源于这座山，向东流入虖沱水。

【原文】

3.77 又北三百里，曰泰戏之山。无草木，多金、玉。有兽焉，其状如羊，一角一目，目在耳后，其名曰䍶（dōng）䍶，其鸣自训。虖沱之水出焉，而东流注于溇（lóu）水。液女之水出于其阳，南流注于沁水。

【译文】

再往北三百里是泰戏山。山上没有花草树木，盛产金属和玉石。山中有一种野兽，外形像羊，却只长着一只角和一只眼睛，眼睛位于耳朵的后侧，它的名字叫䍶䍶，它的叫声就像是在喊自己的名字。虖沱水从泰戏山流出，向东注入溇水。液女水也从这座山的南侧流出，向南注入沁水。

［明］蒋应镐 图本

[清]吴任臣 图本

[清]汪绂 图本

【原文】

3.78 又北三百里，曰石山，多藏①（zāng）金、玉。濩濩之水出焉，而东流注于虖沱。鲜于之水出焉，而南流注于虖沱。

【注释】

①藏：通“臧”，善、佳。

【译文】

再往北三百里是石山，山中蕴藏着优质的金属和玉石。濩濩水从这座山流出，向东注入虖沱水。鲜于水也从这座山流出，然后向南流入虖沱水。

【原文】

3.79 又北二百里，曰童戎之山。皋涂之水出焉，而东流注于溇液水。

【译文】

再往北二百里是童戎山。皋涂水从这座山流出，向东注入溇水和液女水。

【原文】

3.80 又北三百里，曰高是之山。滋水出焉，而南流注于虖沱。其木多棕，其草多条。滱（kòu）水出焉，东流注于河。

【译文】

再往北三百里是高是山。滋水从这座山流出，向南注入虖沱水。山中的树木大多是棕树，草则大多是条草。滱水也从这座山流出，向东注入黄河。

【原文】

3.81 又北三百里，曰陆山，多美玉。郯（jiāng）水出焉，而东流注于河。

【译文】

再往北三百里是陆山，山中蕴藏着优质的玉石。郯水从这座山流出，向东注入黄河。

【原文】

3.82 又北二百里，曰沂（yí）山。般（pán）水出焉，而东流注于河。

【译文】

再往北二百里是沂山。般水从这座山流出，向东注入黄河。

【原文】

3.83 北百二十里，曰燕山，多婴石①。燕水出焉，东流注于河。

【注释】

①婴石：一种类似玉的石头，有带状的彩纹，又叫燕石。

【译文】

往北一百二十里是燕山，山中盛产婴石。燕水发源于这座山，向东流入黄河。

【原文】

3.84 又北山行五百里，水行五百里，至于饶山。是无草木，多瑶碧，其兽多橐驼，其鸟多鹠①（liú）。历虢之水出焉，而东流注于河。其中有师鱼[2]，食之杀人。

【注释】

①鹛：即鸺（xiū）鹛，一种猛禽。②师鱼：一种鱼名。

【译文】

再往北走五百里山路，又走五百里水路，就到了饶山。这座山没有花草树木，山上盛产瑶、碧一类的美玉。山中的野兽多为骆驼，而鸟类则以鸺鹛居多。历虢水从这座山流出，向东注入黄河。历虢水中有师鱼，人吃了它就会中毒而亡。

［清］汪绂 图本

【原文】

3.85 又北四百里，曰乾（gān）山，无草木。其阳有金、玉，其阴有铁而无水。有兽焉，其状如牛而三足，其名曰獂[1]（yuán），其鸣自詨。

【注释】

①獂：一说为“貆”（huán）。

【译文】

再往北四百里是乾山，山上没有花草树木。山的南侧出产金属和玉石，北侧蕴藏着铁矿，但是没有水流。山中有一种野兽，外形像牛，长着三只脚，名字叫獂，它的叫声像是在喊自己的名字。

［清］吴任臣 图本

［清］汪绂 图本

【原文】

3.86 又北五百里，曰伦山。伦水出焉，而东流注于河。有兽焉，其状如麋，其川在尾上[1]，其名曰罴[2]。

【注释】

①川：应该为“州”字之误。州即窍，这里指

后阴，肛门。②罴：与前文的“罴”不是同一种动物，这里应该是少了个“九”字，当作“罴九”。

【译文】

再往北五百里是伦山。伦水发源于这座山，向东流入黄河。伦山中有一种野兽，外形像麋鹿，肛门却长在尾巴上方，它的名字叫罴九。

[明]蒋应镐 图本

[清]吴任臣 图本

[清]汪绂 图本

【原文】

3.87 又北五百里，曰碣（jié）石之山。绳水出焉，而东流注于河，其中多蒲夷之鱼①。其上有玉，其下多青碧。

【注释】

①蒲夷之鱼：疑为冉遗鱼。

【译文】

再往北五百里是碣石山。绳水从这座山流出，向东注入黄河，水中有许多蒲夷鱼。碣石山上蕴藏着玉石，山下盛产青色的玉石。

【原文】

3.88 又北水行五百里，至于雁门之山，无草木。

【译文】

再往北走五百里水路就到了雁门山，这座山上没有花草树木。

【原文】

3.89 又北水行四百里，至于泰泽。其中有山焉，曰帝都之山，广员百里，无草木，有金、玉。

【译文】

再往北走四百里水路就到了泰泽。泰泽中有一座山，叫作帝都山，这座山方圆一百里，没有长花草树木，但是有金属和玉石。

【原文】

3.90 又北五百里，曰錞于毋逢之山。北望鸡号之山，其风如飚[①]（lì）。西望幽都之山，浴水出焉。是有大蛇，赤首白身，其音如牛，见（xiàn）则其邑大旱。

【注释】

①飚：急风。

【译文】

再往北五百里是錞于毋逢山。从山上向北可以看见鸡号山，那里吹出的风都是急风。从錞于毋逢山向西可以看见幽都山，浴水从那里流出。錞于毋逢山中有大蛇，长着红色的脑袋和白色的身子，能发出如同牛叫的声音，它出现的地方就会有大旱灾。

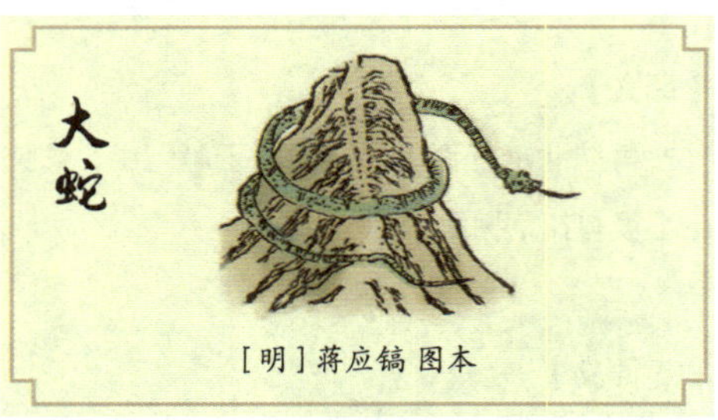

[明]蒋应镐 图本

【原文】

3.91 凡北次三山之首，自太行之山以至于无逢之山[①]，凡四十六山，万二千三百五十里。其神状皆马身而人面者廿[②]（niàn）神。其祠之：皆用一藻、茝（chǎi）[③]瘗之。其十四神状皆彘身而载[④]玉，其祠之：皆玉，不瘗。其十神状皆彘身而八足蛇尾。其祠之：皆用一璧瘗之。大凡四十四神，皆用稌糈米祠之，此皆不火食。

【注释】

①无逢之山：即錞于毋逢山。②廿：二十。③藻：指聚藻，水藻的一种。茝：一种香草。④载：通“戴”。

【译文】

北方第三列山系从太行山起到錞于毋逢山止，一共四十六座山，途经一万二千三百五十里。其中二十座山的山神都是马身人脸，祭祀的仪式是把藻和茝之类的香草作为祭品埋入地下。另外十四座山的山神都长着猪的身子，戴着玉制饰品，都是用玉器来祭祀他们，玉器不用埋入地下。还有十座山的山神都长着猪的身体、八只脚和蛇的尾巴，用一块玉璧祭祀他们，之后把玉璧埋入地下。所有这四十四个山神，都要用精米来祭祀。参加这项祭祀活动的人，都须生吃没经过火烤的食物。

【原文】

3.92 右北经之山志，凡八十七山，二万三千二百三十里。

【译文】

以上是北方的山系，总共八十七座山，途经二万三千二百三十里。

《东山经》为《山海经》的第四卷，这一经又分为四个部分，记录了以樕螽山、空桑山、尸胡山、北号山为首的东方四列山系诸山的名称、物产及流经此地的河流，并对四列山系的山神外形及祭祀时的礼仪做了介绍。

东山一经

【导读】

《东山一经》是《东山经》的第一部分，记载了十二座山，有樕蠡山、藟山、栒状山、勃亝山、番条山、姑儿山、高氏山、岳山、犲山、独山、泰山、竹山，分布在今山东、安徽一带。

【原文】

4.1　东山之首，曰樕（sù）蠡（zhū）之山，北临乾（gān）昧（mèi）。食水出焉，而东北流注于海。其中多鳙（yōng）鳙之鱼，其状如犁牛[①]，其音如彘鸣。

【注释】

①犂牛：一种毛色似老虎的牛。

【译文】

东方第一列山系的第一座山是樕螽山，山的北面与乾昧山相邻。食水从这座山流出，向东北注入大海。食水中有很多鳙鳙鱼，外形像犂牛，能发出如同猪叫的声音。

【原文】

4.2 又南三百里，曰藟（lěi）山。其上有玉，其下有金。湖水出焉，东流注于食水，其中多活师[1]。

【注释】

①活师：即蝌蚪。

【译文】

再往南三百里是藟山。山上出产玉石，山下出产金属。湖水从这座山流出，向东注入食水，湖水中有很多蝌蚪。

【原文】

4.3 又南三百里，曰栒状之山。其上多金、玉，其下多青碧石。有兽焉，其状如犬，六足，其名曰从从，其鸣自詨。有鸟焉，其状如鸡而鼠毛[1]，其名曰蚩（zī）鼠，见（xiàn）则其邑大旱。沢（zhǐ）水出焉，而北流注于湖水。其中多箴（zhēn）鱼，其状如儵[2]，其喙如箴[3]，食之无疫疾。

【注释】

①毛：一作“尾”。②儵：即儵鱼。③箴：通“针”。

【译文】

再往南三百里是栒状山。这座山上盛产金属矿物和玉石，山下有丰富的青石和碧玉。山中有一种野兽，外形像狗，长着六只脚，它的名字叫从从，能发出像自己名字读音的叫声。山中有一种鸟，外形像鸡却长着老鼠尾巴，它的名字叫蚩鼠，它出现的地方会有大旱灾。沢水从这座山流出，向北注入湖水。沢水中有很多箴鱼，外形像儵鱼，嘴巴像针，人吃了它就不会感染瘟疫。

[清]汪绂 图本

【原文】

4.4 又南三百里，曰勃亝[1]（qí）之山。无草木，无水。

【注释】

①亝：“齐”的古字。

【译文】

再往南三百里是勃亝山。这座山没有花草树木，也没有水流。

【原文】

4.5 又南三百里，曰番条之山。无草木，多沙。减水出焉，北流注于海，其中多鳡（gǎn）鱼[①]。

【注释】

①鳡鱼：又名竿鱼，性凶猛，会捕食各种鱼类。

【译文】

再往南三百里是番条山。这座山没有花草树木，到处是沙子。减水从这座山流出，向北注入大海，减水中有很多鳡鱼。

[清]汪绂 图本

【原文】

4.6 又南四百里，曰姑儿之山。其上多漆，其下多桑、柘。姑儿之水出焉，北流注于海，其中多鳡鱼。

【译文】

再往南四百里是姑儿山。这座山上有许多漆树，山下有茂密的桑树和柘树。姑儿水发源于这座山，向北流入大海，姑儿水中有很多鳡鱼。

【原文】

4.7 又南四百里，曰高氏之山。其上多玉，其下多箴石[①]。诸绳之水出焉，东流注于泽，其中多金、玉。

【注释】

①箴石：一种可以制作砭针以治疗痈肿的石头。

【译文】

再往南四百里是高氏山。山上盛产玉石，山下盛产箴石。诸绳水从这座山流出，向东注入湖泽，诸绳水中有许多金属和玉石。

【原文】

4.8 又南三百里，曰岳山。其上多桑，其下多樗。泺（luò）水出焉，东流注于泽，其中多金、玉。

【译文】

再往南三百里是岳山。山上有茂密的桑树，山下有许多臭椿树。泺水从这座山流出，向东注入湖泽，泺水中有许多金属和玉石。

【原文】

4.9 又南三百里，曰犲（chái）山。其上无草木，其下多水，其中多堪孖（xù）之鱼。有兽焉，其状如夸父而彘毛，其音如呼，见（xiàn）则天下大水。

【译文】

再往南三百里是犲山。山上没有花草树木，山下到处是水流，水中有很多堪孖鱼。山中有一种野兽，外形像猿猴，长着猪毛，能发出如同人呼叫的声音，它一出现天下就会发生水灾。

【原文】

4.10 又南三百里，曰独山。其上多金、玉，其下多美石。末涂之水出焉，而东南流注于沔，其中多偹（tiáo）蟰（róng），其状如黄蛇，鱼翼，出入有光，见则其邑大旱。

【译文】

再往南三百里是独山。山上盛产金属和玉石，山下有许多漂亮的石头。末涂水从这座山流出，向东南注入沔水。末涂水中有很多偹蟰，外形与黄蛇相似，身上长着鱼鳍，在水中游动时闪闪发光，它出现的地方会有大旱灾。

［清］吴任臣 图本

【原文】

4.11 又南三百里，曰泰山。其上多玉，其下多金。有兽焉，其状如豚而有珠，名曰狪（tóng）狪，其鸣自讠。环水出焉，东流注于汶，其中多水玉。

【译文】

再往南三百里是泰山。山上盛产玉石，山下有许多金属。山中有一种野兽，外形像小猪，体内却有珠子，它的名字叫狪狪，能发出像自身名字读音的叫声。环水从这座山流出，向东注入汶水，环水中有很多水晶。

【原文】

4.12 又南三百里，曰竹山，錞于江①。无草木，多瑶碧。激水出焉，而东南流注于娶檀之水，其中多茈羸。

【注释】

①江：应为“汶”。

【译文】

再往南三百里是竹山，坐落于汶水边。这座山上不生长花草树木，但到处是瑶、碧一类的玉石。激水从这里流出，向东南注入娶檀水，水中有很多紫色的螺。

【原文】

4.13 凡东山之首，自樕螽之山以至于竹山，凡十二山，三千六百里。其神状皆人身龙首。祠：毛用一犬祈，聃①（ěr）用鱼。

【注释】

①聃：以牲血涂器祭神，想让神听见。一作“衈”。

【译文】

东方第一列山系从樕螽山起到竹山止，一共十二座山，途经三千六百里。诸山山神都长着人的身体龙的头。祭祀山神要用一只狗作为祭品，杀鱼取血来涂器祭神。

东次二经

【导读】

《东次二经》是《东山经》的第二部分，记载了十七座山，有空桑山、曹夕山、峄皋山、葛山尾、葛山首、余峩山、杜父山、耿山、卢其山、姑射山、北姑射山、南姑射山、碧山、缑氏山、姑逢山、凫丽山、䃌山，分布在今山东、江苏、安徽、浙江、福建一带。

朱獳

犰狳

獙獙

珠蟞鱼

【原文】

4.14 东次二山之首，曰空桑之山，北临食水，东望沮（jū）吴，南望沙陵，西望湣（mǐn）泽。有兽焉，其状如牛而虎文，其音如钦①，其名曰軨（líng）軨，其鸣自叫，见（xiàn）则天下大水。

【注释】

①钦：通“吟”，呻吟。

【译文】

东方第二列山系的第一座山是空桑山，山的北面临近食水，向东可以望见沮吴，向南可以望见沙陵，向西可以望见湣泽。山中有一种野兽，外形像牛却长着老虎的斑纹，能发出如同人在低吟时的声音，它的名字叫軨軨，它的叫声便是它的名字的读音，它一出现天下就会发生水灾。

[明]蒋应镐 图本

【原文】

4.15 又南六百里，曰曹夕之山。其下多穀而无水，多鸟兽。

【译文】

再往南六百里是曹夕山。山下长满了构树，却没有水流，但是有许多鸟类和野兽。

【原文】

4.16 又西南四百里，曰峄（yì）皋之山。其上多金、玉，其下多白垩。峄皋之水出焉，东流注于激女（rǔ）之水，其中多蜃（shèn）、珧（yáo）[①]。

【注释】

①蜃、珧：两种蚌类。

【译文】

再往西南四百里是峄皋山。山上盛产金属和玉石，山下有许多白垩土。峄皋水发源于这座山，向东流入激女水，峄皋水中有很多蚌类。

【原文】

4.17 又南水行五百里，流沙三百里，至于葛（gé）山之尾，无草木，多砥砺。

【译文】

再往南行五百里水路，途经三百里流沙，就到了葛山的尾端。这里不生长花草树木，但是有许多磨刀石。

【原文】

4.18 又南三百八十里，曰葛山之首，无草木。澧（lǐ）水出焉，东流注于余泽，其中多珠鳖（biē）鱼，其状如肺而有[①]目，六足有珠，其味酸甘，食之无疠。

【注释】

①有：当作“四”。

【译文】

再往南三百八十里是葛山的首端，这里不生长花草树木。澧水从这里流出，向东注入余泽。澧水中有很多珠蟞鱼，这鱼外形像肺，长着四只眼睛和六只脚，它的嘴里还能吐珠子，它的肉酸中带甜，人吃了此肉就不会感染瘟疫。

[清]汪绂 图本

【原文】

4.19 又南三百八十里，曰余峩（é）之山。其上多梓、楠，其下多荆、芑[①]（qǐ）。杂余之水出焉，东流注于黄水。有兽焉，其状如菟[②]（tù）而鸟喙，鸱目蛇尾，见人则眠[③]，名曰犰（qiú）狳（yú），其鸣自訆，见（xiàn）则螽（zhōng）蝗为败[④]。

【注释】

①芑：通“杞”，枸杞。②菟：通“兔”，兔子。③眠：装死。④螽蝗为败：蝗虫危害禾苗。螽，蝗虫。

【译文】

再往南三百八十里是余峩山。山上有茂盛的梓树和楠树，山下多为牡荆和枸杞。杂余水从这座山流出，向东注入黄水。山中有一种野兽，外形像兔子，却长着鸟的嘴、鹞鹰的眼睛和蛇的尾巴，它一看见人就躺下装死，它的名字叫犰狳，能发出像它自身名字读音的叫声，它一出现就会有蝗灾。

【原文】

4.20 又南三百里，曰杜父之山。无草木，多水。

【译文】

再往南三百里是杜父山。这座山上没有花草树木，到处是水流。

【原文】

4.21 又南三百里，曰耿（gěng）山。无草木，多水碧，多大蛇。有兽焉，其状如狐而鱼翼，其名曰朱獳（rú），其鸣自訆，见（xiàn）则其国有恐。

[清]汪绂 图本

【译文】

再往南三百里是耿山。这座山上没有花草树木，但是盛产水晶，山里有很多大蛇。山中有一种野兽，外形像狐狸却长着鱼鳍，它的名字叫朱獳，能发出像它自身名字读音的叫声，它出现在哪个国家，哪个国家就会有恐怖的事情发生。

【原文】

4.22 又南三百里，曰卢其之山。无草木，多沙石。沙水出焉，南流注于涔水。其中多鵹（lí）鹕（hú），其状如鸳鸯而人足，其鸣自训，见（xiàn）则其国多土功。

【译文】

再往南三百里是卢其山。这座山上没有花草树木，到处是沙子、石头。沙水从这座山流出，向南注入涔水。沙水中有很多鵹鹕，外形像鸳鸯，却长着人的脚，能发出像它自身名字读音的叫声，它出现在哪个国家，哪个国家就会大兴土木。

[明]蒋应镐 图本

【原文】

4.23 又南三百八十里，曰姑射（yè）之山。无草木，多水。

【译文】

再往南三百八十里是姑射山。这里没有花草树木，到处是水流。

【原文】

4.24 又南水行三百里，流沙百里，曰北姑射（yè）之山。无草木，多石。

【译文】

再往南行三百里水路，经过一百里流沙，就是北姑射山。这座山没有花草树木，到处是石头。

【原文】

4.25 又南三百里，曰南姑射（yè）之山。无草木，多水。

【译文】

再往南三百里是南姑射山。这里没有花草树木，到处是水流。

【原文】

4.26 又南三百里，曰碧山。无草木，多大蛇，多碧、水玉。

【译文】

再往南三百里是碧山。山上不生长花草树木，但是有许多大蛇，山中还盛产碧玉、水晶。

【原文】

4.27 又南五百里，曰缑（gōu）氏之山。无草木，多金、玉。原水出焉，东流注于沙泽。

【译文】

再往南五百里是缑氏山。这座山不生长花草树木，却盛产金属和玉石。原水从这座山流出，向东注入沙泽。

【原文】

4.28 又南三百里，曰姑逢之山。无草木，多金、玉。有兽焉，其状如狐而有翼，其音如鸿雁，其名曰獙（bì）獙，见（xiàn）则天下大旱。

【译文】

再往南三百里是姑逢山。这座山不生长花草树木，却盛产金属和玉石。山中有一种野兽，外形像狐狸，长着翅膀，能发出如同大雁鸣叫的声音，它的名字叫獙獙，它一出现天下就会发生大旱灾。

[清] 吴任臣 图本

[清] 汪绂 图本

【原文】

4.29 又南五百里，曰凫丽之山。其上多金、玉，其下多箴石。有兽焉，其状如狐而九尾、九首、虎爪，名曰蛮（lóng）蛭，其音如婴儿，是食人。

【译文】

再往南五百里是凫丽山。山上盛产金属和玉石，山下有许多箴石。山中有一种野兽，外形像狐狸，却长有九条尾巴、九个脑袋，还长有像老虎一样的爪子，它的名字叫蛮蛭，能发出如同婴儿啼哭的声音，这种兽吃人。

【原文】

4.30 又南五百里，曰硾山，南临硾水，东望湖泽。有兽焉，其状如马而羊目、四角、牛尾，其音如獆狗，其名曰峳（yóu）峳，见（xiàn）则其国多狡客。有鸟焉，其状如凫而鼠尾，善登木，其名曰絜（xié）钩，见（xiàn）则其国多疫。

【译文】

再往南五百里是硾山，南侧临近硾水，从山上向东可以看见湖泽。山中有一种野兽，外形像马却长着羊的眼睛，长着四只角和牛的尾巴，它发出的声音如同狗在嚎叫，它的名字叫峳峳，它出现在哪个国家，哪个国家就会有很多狡猾之徒出来为非作歹。山中还有一种鸟，外形像野鸭子，却长着老鼠的尾巴，擅长攀登树木，它的名字叫絜钩，它出现在哪个国家，哪个国家就会容易发生瘟疫。

[清] 汪绂 图本

[明] 蒋应镐 图本

【原文】

4.31 凡东次二山之首，自空桑之山至于硾山，凡十七山，六千六百四十里。其神状皆兽身人面载觡（gé）①。其祠：毛用一鸡祈，婴用一璧瘗。

【注释】

①载觡：载，通“戴”。觡，麋鹿类动物的角。

【译文】

东方第二列山系，从空桑山起到硾山止，一共十七座山，途经六千六百四十里。诸山山神都长着野兽的身体和人的面孔，头上长有麋鹿那样的角。祭祀山神要用一只鸡取血涂祭，并在祀神的玉器中选一块玉璧献祭后埋入地下。

[明] 蒋应镐 图本

[清] 汪绂 图本

东次三经

【导读】

《东次三经》是《东山经》的第三部分，记载了九座山，有尸胡山、岐山、诸钩山、中父山、胡射山、孟子山、跂踵山、踇隅山、无皋山。

絜钩
兽身人面神
精精
虎
㚟胡
峳峳
鮯鮯鱼

【原文】

4.32 东次三山之首，曰尸胡之山，北望殍（xiáng）山。其上多金、玉，其下多棘。有兽焉，其状如麋而鱼目，名曰㚟（wǎn）胡，其鸣自训。

【译文】

东方第三列山系的第一座山是尸胡山，向北可以望见殍山。山上盛产金属和玉石，山下长有许多酸枣树。山中有一种野兽，外形像麋鹿却长着鱼的眼睛，它的名字叫妴胡，能发出像是自身名字读音的叫声。

[明] 蒋应镐 图本

[清] 汪绂 图本

【原文】

4.33 又南水行八百里，曰岐山。其木多桃、李，其兽多虎。

【译文】

再往南行八百里水路是岐山。这座山中的树大多是桃树和李树，而野兽以老虎居多。

【原文】

4.34 又南水行五百里，曰诸钩之山。无草木，多沙石。是山也，广员百里，多寐（wèi）鱼[①]。

【注释】

①寐鱼：即鲋（wèi）鱼，又叫嘉鱼。

【译文】

再往南行五百里水路是诸钩山。这座山上没有花草树木，到处是沙子和石头。这座山方圆有百里，附近的水里有很多寐鱼。

【原文】

4.35 又南水行七百里，曰中父之山。无草木，多沙。

【译文】

再往南行七百里水路是中父山。这里没有花草树木，到处是沙子。

【原文】

4.36 又东水行千里，曰胡射（yè）之山。无草木，多沙石。

【译文】

再往东行一千里水路是胡射山。这座山没有花草树木，到处是沙子和石头。

【原文】

4.37 又南水行七百里，曰孟子之山。其木多梓、桐，多桃、李，其草多菌蒲，其兽多麋、鹿。是山也，广员百里，其上有水出焉，名曰碧阳，其中多鳣、鲔[1]。

【注释】

①鲔：白鲟的古称。

【译文】

再往南行七百里水路是孟子山。这座山中的树以梓树和桐树居多，还有许多桃树和李树，山中的草大多是菌蒲一类，山中的野兽则多是麋和鹿。这座山有方圆百里之广，有条河从山上流出来，河的名字叫碧阳，水中有很多鳣鱼和鲔鱼。

[清] 汪绂 图本

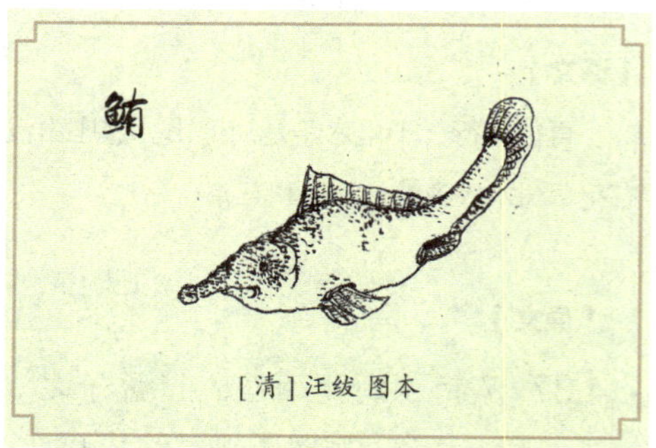

[清] 汪绂 图本

【原文】

4.38 又南水行五百里，流沙五百里，有山焉，曰跂（qǐ）踵（zhǒng）之山。广员二百里，无草木，有大蛇，其上多玉。有水焉，广员四十里，皆涌，其名曰深泽，其中多蠵（xī）龟[1]。有鱼焉，其状如鲤，而六足鸟尾，名曰鲐（há）鲐之鱼，其鸣自叫。

【注释】

①蠵龟：一种壳上有彩纹的大龟。

【译文】

再往南行五百里水路，经过五百里流沙有一座山，叫作跂踵山。这座山有方圆二百里之广，山上没有花草树木，但是有大蛇，山中盛产玉石。这里有一个水潭，方圆四十里都在从地底喷涌泉水，它的名字叫深泽，水中有很多蠵龟。深泽中还生长着一种鱼，外形像鲤鱼，却长有六只脚和鸟的尾巴，它的名字叫鲐鲐鱼，能发出像自身名字读音的叫声。

[明] 蒋应镐 图本

[清]吴任臣 图本

[明]蒋应镐 图本

[清]汪绂 图本

[清]汪绂 图本

【原文】

4.39 又南水行九百里，曰踇（mǔ）隅之山。其上多草木，多金、玉，多赭。有兽焉，其状如牛而马尾，名曰精精，其鸣自叫。

【译文】

再往南行九百里水路是踇隅山。这座山上有茂密的花草树木，还盛产金属和玉石，还有许多赭石。山中有一种野兽，外形像牛却长着马的尾巴，它的名字叫精精，能发出像自身名字读音的叫声。

【原文】

4.40 又南水行五百里，流沙三百里，至于无皋之山，南望幼海①，东望榑（fú）木②，无草木，多风。是山也，广员百里。

【注释】

①幼海：即《淮南子》中所说的少海。今指渤海。②榑木：即扶桑，东方神木之名。此指海外之扶桑国。

【译文】

再往南行五百里水路，经过三百里流沙，就到了无皋山。从这座山上向南可以望见渤海，向东可以望见榑木，山上没有花草树木，山上的风很大。这座山有方圆一百里之广。

【原文】

4.41 凡东次三山之首，自尸胡之山至于无皋之山，凡九山，六千九百里。其神状皆人身而羊角。其祠：用一牡羊，米用黍（shǔ）。是神也，见（xiàn）则风雨水为败。

［明］蒋应镐 图本

【译文】

东方第三列山系，从尸胡山起到无皋山止，一共九座山，途经六千九百里。诸山山神都长着人的脸和羊角。祭祀山神要用一只公羊作为祭品，精米用黍。诸神出现的时候就会风雨交加，会有洪水危害这块地方。

东次四经

【导读】

《东次四经》是《东山经》的第四部分，记载了八座山，有北号山、旄山、东始山、女烝山、钦山、子桐山、剡山、太山，分布在今山东、河北、江苏一带。

【原文】

4.42 东次四山之首，曰北号之山，临于北海。有木焉，其状如杨，赤华，其实如枣而无核，其味酸甘，食之不疟。食水出焉，而东北流注于海。有兽焉，其状如狼，赤首鼠目，其音如豚，名曰獦（gé）狚（dàn），是食人。有鸟焉，其状如鸡而白首，鼠足而虎爪，其名曰鬿（qí）雀，亦食人。

【译文】

东方第四列山系的第一座山是北号山，屹立在北海边。山中有一种树，外形像杨树，会开红色的花朵，果实像枣子但没有核，味道酸中带甜，人吃了它就不会感染疟疾。食水从这座山流出，向东北注入大海。山中有一种野兽，外形像狼，长着红色的头和老鼠眼睛，能发出如同小猪叫的声音，它的名字叫猲狙，这个野兽吃人。山中还有一种鸟，外形像鸡却长着白色的脑袋，有着老鼠的脚和老虎的爪子，它的名字叫鬿雀，这鸟也吃人。

[清]汪绂 图本

【原文】

4.43 又南三百里，曰旄山，无草木。苍体之水出焉，而西流注于展水。其中多鳝（qiū）鱼①，其状如鲤而大首，食者不疣②。

【注释】

①鳝鱼：即鳅鱼。

【译文】

再往南三百里是旄山，山上没有花草树木。苍体水从这座山流出，向西注入展水。苍体水中有很多鳝鱼，外形像鲤鱼，头很大，人吃了它就能治疗皮肤上的瘊子。

【原文】

4.44 又南三百二十里，曰东始之山，上多苍玉。有木焉，其状如杨而赤理，其汁如血，不实，其名曰芑，可以服马。泚水出焉，而东北流注于海，其中多美贝，多茈鱼，其状如鲋，一首而十身，其臭（xiù）如蘪芜，食之不糟①（pì）。

【注释】

①糟：通“屁”，放屁。

【译文】

再往南三百二十里是东始山，山上盛产苍玉。山中有一种树，外形像杨树却有着红色的纹理，树干中的汁液像血一样，这树不结果实，它的名字叫芑，人把其汁液涂在马的身上就可以驯服马。泚水从这座山流出，向东北注入大海，水中有许多美丽的贝类。泚水中还有很多茈鱼，外形像鲫鱼，却长着一个头和十个身子，它的气味与蘼芜相似，人吃了它就会少放屁。

[清]汪绂 图本

【原文】

4.45 又东南三百里，曰女烝（zhēng）之山，其上无草木。石膏水出焉，而西注于鬲水，其中多薄鱼，其状如鳣鱼而一目，其音如欧[1]（ǒu），见（xiàn）则天下大旱。

【注释】

①欧：通“呕”，呕吐。

【译文】

再往东南三百里是女烝山，山上没有花草树木。石膏水从这座山流出，向西注入鬲水。石膏水中有很多薄鱼，外形像鳝鱼却仅长着一只眼睛，能发出如同人在呕吐的声音，它一出现天下就会发生大旱灾。

［清］汪绂 图本

【原文】

4.46 又东南二百里，曰钦山，多金、玉而无石。师水出焉，而北流注于皋泽。其中多鱃鱼，多文贝。有兽焉，其状如豚而有牙，其名曰当康，其鸣自叫，见（xiàn）则天下大穰。

【译文】

再往东南二百里是钦山，山中盛产金属和玉石，没有石头。师水从这座山流出，向北注入皋泽。师水中有很多鱃鱼，还有很多带花纹的贝壳。山中有一种野兽，外形像小猪却长着獠牙，它的名字叫当康，能发出像自身名字读音的叫声，它出现的地方会五谷丰登。

【原文】

4.47 又东南二百里，曰子桐之山。子桐之水出焉，而西流注于余如之泽。其中多䱻鱼，其状如鱼而鸟翼，出入有光，其音如鸳鸯，见（xiàn）则天下大旱。

【译文】

再往东南二百里是子桐山。子桐水发源于这座山，向西注入余如泽。子桐水中生长着很多䱻鱼，外形像鱼，长着鸟的翅膀，这鱼在水中游动时闪闪发光，且能发出如同鸳鸯鸣叫的声音，它一出现天下就会发生大旱灾。

【原文】

4.48 又东北二百里，曰剡（shàn）山，多金、玉。有兽焉，其状如彘而人面，黄身而赤尾，其名曰合窳，其音如婴儿。是兽也，食人，亦食虫蛇，见（xiàn）则天下大水。

【译文】

再往东北二百里是剡山，山上盛产金属和玉

石。山中有一种野兽，长得像猪，有人的面孔，黄色的身子上长着红色的尾巴，它的名字叫合窳，能发出如同婴儿啼哭的声音。这种兽会吃人，也吃虫和蛇，它一出现天下就会发大水。

【原文】

4.49 又东二百里，曰太山，上多金、玉、桢（zhēn）木①。有兽焉，其状如牛而白首，一目而蛇尾，其名曰蜚（fěi），行水则竭，行草则死，见（xiàn）则天下大疫。钩水出焉，而北流注于劳水，其中多鱃鱼。

【注释】

①桢木：即女贞树，一种常绿灌木或乔木，果实可入药。

【译文】

再往东二百里是太山，山上有许多金属、玉石，还有许多女贞树。山中有一种野兽，外形像牛，却长着白色的脑袋，长着一只眼睛和蛇的尾巴，它的名字叫蜚，它经过有水的地方水就会干涸，经过有草的地方草就会枯死，它一出现天下就会发生大瘟疫。钩水从这座山流出，向北注入劳水，水中有很多鱃鱼。

[明] 蒋应镐 图本

[清] 吴任臣 图本

[清] 汪绂 图本

【原文】

4.50 凡东次四山之首，自北号之山至于太山，凡八山，一千七百二十里。

【译文】

东方第四列山系，从北号山起到太山止，一共八座山，途经一千七百二十里。

【原文】

4.51 右东经之山，凡四十六山，万八千八百六十里。

【译文】

以上就是东方所有山脉的记录，总共有四十六座山，途经一万八千八百六十里。

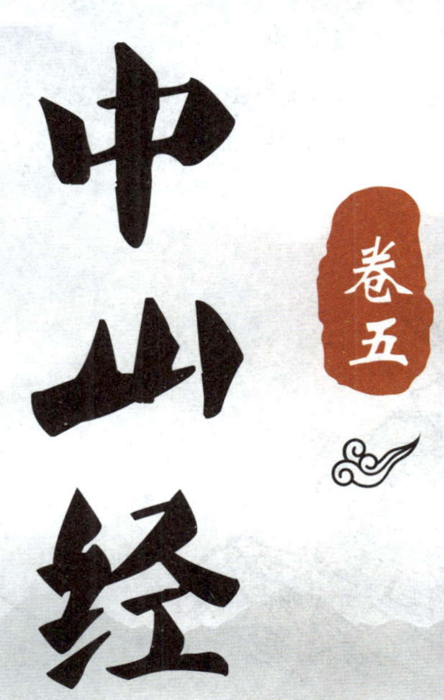

卷五 中山经

《中山经》共十二篇，是《山海经》的五卷山经中记叙最详尽，内容最丰富的一部，它记载了十二列山系共计一百九十七座山。山中河流交错，矿产丰富，草木茂盛。

中山一经

【导读】

《中山一经》记载了薄山山系十五座山的地理位置和山川风貌。山中有着众多奇珍异兽和丰富的矿产资源，而且草木繁盛，很多动植物都具有药用价值。

【原文】

5.1 中山薄山之首，曰甘枣之山。共水出焉，而西流注于河。其上多杻（niǔ）木。其下有草焉，葵本[1]而杏叶，黄华而荚实[2]，名曰箨[3]（tuò），可以已瞢[4]（méng）。有兽焉，其状如䑕（huǐ）鼠[5]而文题[6]，其名曰難（nuó），食之已瘿。

【注释】

①本：草木的根或茎干。②荚实：豆类植物的果实，亦指狭长无隔膜的其他草木的果实。③箨：草名。④瞢：目不明。⑤䑕鼠：动物名。具体不详。⑥题：额头。

【译文】

中央第一列山系薄山山系的第一座山叫作甘枣山。共水从这座山流出，然后向西流入黄河。山上生长着茂密的杻树。山下长着一种草，这种草有着葵菜一样的茎干，杏树一样的叶子，开黄色的花，结带荚的果实，名叫箨，它能治疗眼睛昏花。山中还有一种野兽，外形像䑕鼠，额头上有花纹，名叫難，人吃了它的肉就能治好脖子上长的瘤子。

[清]汪绂 图本

【原文】

5.2 又东二十里，曰历儿之山，其上多橿，多栃（lì）木，是木也，方茎而员叶，黄华而毛，其实如拣[1]（liàn），服之不忘。

【注释】

①拣：应作“楝”，即楝树。

【译文】

再往东二十里有座历儿山，山上有茂密的橿树，还有很多栃树，这种树木，长着方形的茎干，圆形的叶子，开黄色花，花瓣上有绒毛，结出的果实与楝树结的果实相似，人吃了这种果实可以增强记忆力。

【原文】

5.3 又东十五里，曰渠猪之山，其上多竹。渠猪之水出焉，而南流注于河。其中是多豪鱼，状如鲔，赤喙赤尾赤羽，可以已白癣[1]（xuǎn）。

【注释】

①癣：皮肤病名。皮肤感染真菌后引起的疾病。

【译文】

再往东十五里有座渠猪山，山上生长着茂盛的竹子。渠猪水从这座山流出，然后向南流入黄河。水中有很多豪鱼，这种鱼的外形像鲔鱼，长着红色的嘴巴，红色的尾巴，红色的鳍，人吃了这种鱼可以治疗白癣病。

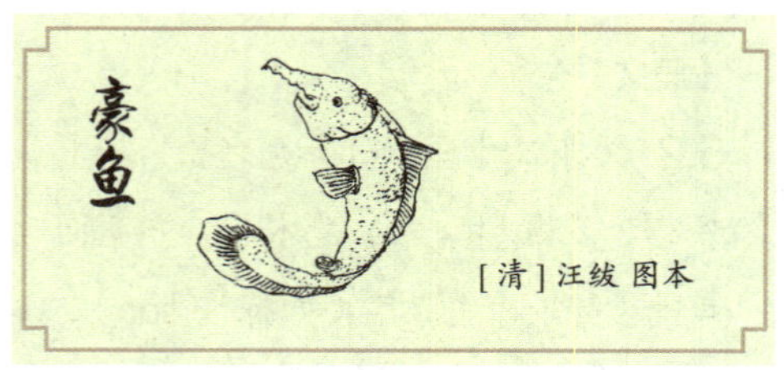

[清]汪绂 图本

【原文】

5.4 又东三十五里，曰葱聋之山，其中多大谷，是多白垩，黑、青、黄垩。

【译文】

再往东三十五里有座葱聋山，山中有许多又深又长的峡谷，到处是白垩土，还有黑垩土、青垩土、黄垩土。

【原文】

5.5 又东十五里，曰涹（wō）山，其上多赤铜，其阴多铁。

【译文】

再往东十五里有座涹山，山上有丰富的赤铜，山的北面还盛产铁。

【原文】

5.6 又东七十里，曰脱扈（hù）之山。有草焉，其状如葵叶而赤华，荚实，实如棕荚，名曰植楮，可以已癙[①]（shǔ），食之不眯[②]（mì）。

【注释】

①癙：忧郁病。②眯：梦魇（yǎn），做噩梦。

【译文】

又往东七十里有座脱扈山。山中有一种草，它的外形像葵菜的叶子，开红色的花，结荚果，果实的荚像棕树的果荚，这种草叫作植楮，它可以治疗忧郁病，人吃了它的果实就不会做噩梦。

【原文】

5.7 又东二十里，曰金星之山。多天婴[①]，其状如龙骨，可以已痤[②]（cuó）。

【注释】

①天婴：植物名，可入药。具体不详。②痤：即痤疮，一种皮肤病，俗称粉刺。

【译文】

再往东二十里有座金星山。山中有很多天婴，这种植物的外形与龙骨相似，可以用来治疗痤疮。

【原文】

5.8 又东七十里，曰泰威之山。其中有谷[①]，曰枭谷，其中多铁。

【注释】

①谷：两山之间的水道或夹道。

【译文】

再往东七十里有座泰威山。山中有一道峡谷，叫作枭谷，谷中盛产铁。

【原文】

5.9 又东十五里，曰橿谷之山，其

中多赤铜。

【译文】

再往东十五里有座橿谷山，山中赤铜储量丰富。

【原文】

5.10 又东百二十里曰吴林之山，其中多葌（jiān）草①。

【注释】

①葌草：即兰草。

【译文】

再往东一百二十里有座吴林山，山中生长着茂盛的兰草。

【原文】

5.11 又北三十里，曰牛首之山。有草焉，名曰鬼草，其叶如葵而赤茎，其秀①如禾，服之不忧。劳水出焉，而西流注于潏（jué）水。是多飞鱼，其状如鲋（fù）鱼②，食之已痔衕③。

【注释】

①秀：植物的花朵。②鲋鱼：鲫鱼。③痔衕：俗称痔疮。

【译文】

再往北三十里有座牛首山。山中生长着一种草，名叫鬼草，叶子与葵菜叶相似，长着红色的茎干，开的花像禾苗抽的穗，人吃了它能无忧无虑。劳水从这座山流出，然后向西流入潏水。水中有很多飞鱼，形状像鲫鱼一般，人吃这种鱼可以治疗痔疮。

【原文】

5.12 又北四十里，曰霍山，其木多穀（gǔ）。有兽焉，其状如狸①，而白尾有鬣②（liè），名曰朏朏③（fěi fěi），养之可以已忧。

【注释】

①狸：兽名。即野猫。②鬣：兽类颈上的长毛。③朏朏：兽名。

【译文】

再往北四十里有座霍山，山中的树木多为构树。山中有一种野兽，外形像野猫，长着白色的尾巴，脖子上长有长毛，这种兽的名字叫朏朏，人们饲养它可以消除忧愁。

【原文】

5.13 又北五十二里，曰合谷之山，是多薝（zhān）棘①。

【注释】

①薝棘：植物名。

【译文】

再往北五十二里有座合谷山，山中长着很多薝棘。

【原文】

5.14 又北三十五里，曰阴山，多砺石、文石①。少水出焉，其中多雕棠②，其叶如榆叶而方，其实如赤菽③（shū），食之已聋。

【注释】

①砺石：粗磨刀石。文石：有花纹的石头。②雕棠：植物名。③菽：豆类的总称。

【译文】

再往北三十五里有座阴山，山中盛产磨刀石和带花纹的石头。少水从这座山发源，山中长着茂密的雕棠树，它的叶子与榆树叶相似，呈四方形，结的果实像红豆，人吃了它可以治疗耳聋。

【原文】

5.15 又东北四百里，曰鼓镫（dēng）之山，多赤铜。有草焉，名曰荣草，其叶如柳，其本如鸡卵，食之已风①。

【注释】

①风：指中风、痛风等。

【译文】

再往东北四百里有座鼓镫山，山中有丰富的赤铜。山里有一种草，名叫荣草，叶子与柳树叶相似，茎干与鸡蛋相似，吃了它能治疗中风、痛风等病症。

【原文】

5.16 凡薄山之首，自甘枣之山至于鼓镫之山，凡十五山，六千六百七十里。历儿，冢也①。其祠礼：毛②，太牢③之具；县（xuán）婴以吉玉④。其余十三山者，毛用一羊，县婴用藻珪⑤，瘗而不糈⑥。藻珪者，藻玉也，方其下而锐⑦其上，而中穿之加金⑧。

【注释】

①冢：大，这里指大的山神。②毛：用于祭祀的带毛的动物。③太牢：古代祭祀宴会时，牛、羊、猪三牲具备为太牢。④县：同“悬”，悬挂。婴：围绕、环绕。吉玉：彩色的玉。⑤藻珪：用带有色彩斑纹的玉石制成的玉器。⑥瘗：埋，埋葬。糈：精米。⑦锐：尖，上小下大。⑧金：指金属。

【译文】

总计薄山山系中的山，自甘枣山起到鼓镫山止，一共十五座山，途经六千六百七十里。历儿山是诸山的宗主，祭祀这座山山神的仪式为：在毛物中，用猪、牛、羊齐全的三牲作祭品，再悬挂上吉玉献祭。祭祀其余十三座山的山神，则是在毛物中用一只羊作祭品，再悬挂上藻珪作饰品献祭，祭礼结束后把它埋入地下，不用精米祭神。所谓藻珪，就是藻玉，它下端呈长方形而上端有尖角，中间有穿孔，用金属薄片贴在上面作为装饰。

中次二经

【导读】

《中次二经》记载了济山山系九座山的地理位置和山川风貌。经中记载了众多的奇珍异兽，有长着四只翅膀能预测旱灾的鸣蛇，有人面虎身能吃人的马腹，还有外形像猪却头上长角的蛮蛭。

【原文】

5.17 中次二山济山之首，曰辉诸之山，其上多桑，其兽多闾麋[①]，其鸟多鹖[②]（hé）。

【注释】

①闾：传说中的兽名，似驴。麋：麋鹿。②鹖：鹖鸟，雉类。

【译文】

中央第二列山系济山山系的首座山叫作辉诸山，山上有茂密的桑树，山中的野兽大多是闾和麋鹿，鸟类大多是鹖鸟。

[清]汪绂 图本

【原文】

5.18 又西南二百里，曰发视之山，其上多金、玉，其下多砥砺[①]。即鱼之水出焉，而西流注于伊水[②]。

【注释】

①砥砺：磨刀石。②伊水：伊河，在今河南西部。

【译文】

再往西南二百里有座发视山，山上有丰富的金属和玉石，山下出产大量磨刀石。即鱼水从这座山流出，然后向西流入伊水。

【原文】

5.19 又西三百里，曰豪山，其上多金、玉而无草木。

【译文】

再往西三百里有座豪山，山上有丰富的金属和玉石而没有花草树木。

【原文】

5.20 又西三百里，曰鲜山。多金、玉，无草木。鲜水出焉，而北流注于伊水。其中多鸣蛇[①]，其状如蛇而四翼，其音如磬[②]，见（xiàn）则其邑大旱。

【注释】

①鸣蛇：传说中的兽，形似蛇却长着四只翅膀。②磬：这里指击磬。

【译文】

再往西三百里有座鲜山，山上有丰富的金属和玉石，但不生长花草树木。鲜水发源于这座山，然后向北流入伊水。水中有很多鸣蛇，外形像蛇却长着四只翅膀，叫声如同击磬的声音，它出现在哪个地方，哪个地方就会发生大旱灾。

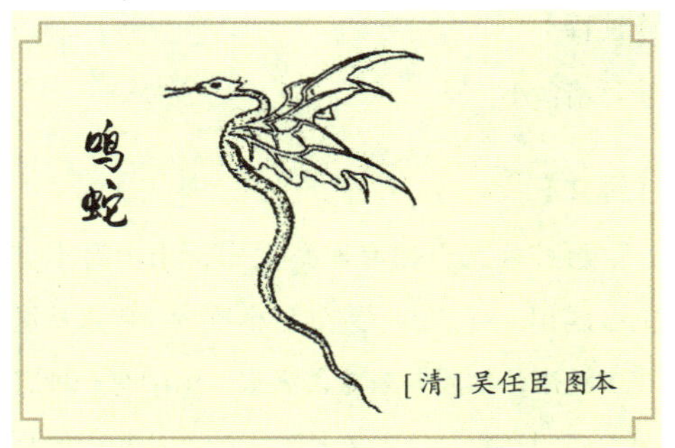

[清]吴任臣 图本

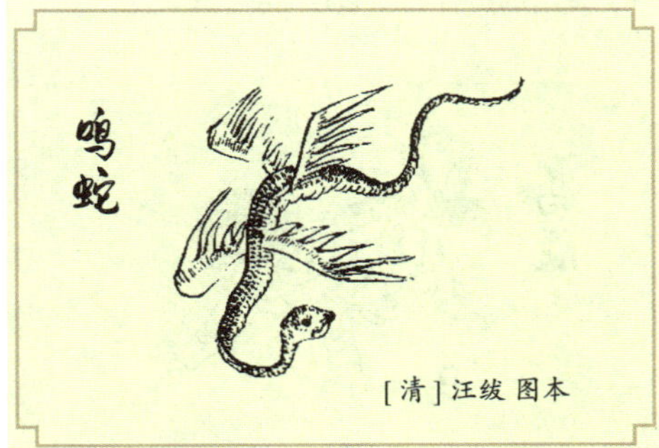

[清]汪绂 图本

【原文】

5.21 又西三百里，曰阳山，多石，无草木。阳水出焉，而北流注于伊水。其中多化蛇，其状如人面而豺①（chái）身，鸟翼而蛇行②，其音如叱③呼，见（xiàn）则其邑大水。

【注释】

①豺：兽名。外形像犬而凶猛如狼。②蛇行：像蛇一样蜿蜒曲折地伏地爬行。③叱：大声呵斥。

【译文】

再往西三百里有座阳山，山上到处是石头，没有花草树木。阳水发源于这座山，然后向北流入伊水。水中有很多化蛇，这蛇长着人的面孔，豺的身子，鸟的翅膀，能像蛇一般爬行，它发出的声音如同人在大声呵斥，它出现在哪个地方，哪个地方就会发生大水灾。

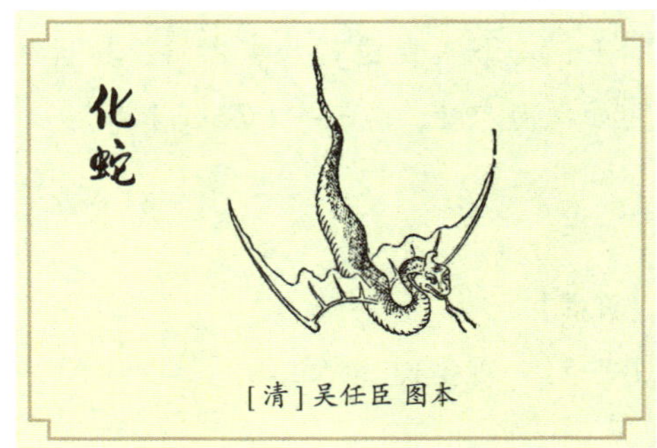

[清]吴任臣 图本

【原文】

5.22 又西二百里，曰昆吾之山，其上多赤铜。有兽焉，其状如彘而有角，其音如号，名曰蚳蛭①，食之不眯。

【注释】

①蚳蛭：传说中的兽名。

【译文】

再往西二百里有座昆吾山，山上有丰富的赤铜。山中有一种野兽，外形像猪头上却长着角，发出的声音如同人在号啕大哭，这种兽名叫蚳蛭，人吃了它的肉就不会做噩梦。

[清]汪绂 图本

【原文】

5.23 又西百二十里，曰蔓山。蔓水出焉，而北流注于伊水，其上多金、玉，其下多青雄黄。有木焉，其状如棠而赤叶，名曰芒（wàng）草[①]，可以毒鱼。

【注释】

①芒草：一种多年生草本植物。

【译文】

再往西一百二十里有座蔓山。蔓水从这座山流出，然后向北流入伊水。山上盛产金属和玉石，山下盛产石青和雄黄。山中有一种树木，外形像棠树而叶子是红色的，名叫芒草，能够毒死鱼。

【原文】

5.24 又西一百五十里，曰独苏之山，无草木而多水。

【译文】

再往西一百五十里有座独苏山，山中没有花草树木而到处是水流。

【原文】

5.25 又西二百里，曰蔓渠之山。其上多金玉，其下多竹箭[①]。伊水出焉，而东流注于洛。有兽焉，其名曰马腹，其状如人面虎身，其音如婴儿，是食人。

【注释】

①竹箭：小竹丛。

【译文】

再往西二百里有座蔓渠山，山上有丰富的金属和玉石，山下到处是小竹丛。伊水从这座山流出，然后向东流入洛水。山中有一种野兽，名叫马腹，这种兽长着人的面孔和虎的身子，发出的声音如同婴儿啼哭，能吃人。

[清]吴任臣 图本

【原文】

5.26 凡济山之首，自辉诸之山至于蔓渠之山，凡九山，一千六百七十里。其神皆人面而鸟身，祠用毛，用一吉玉，投而不糈。

【译文】

总计济山山系中的山，自辉诸山起到蔓渠山止，一共九座山，途经一千六百七十里。诸山山神都长着人的面孔和鸟的身子。祭祀这些山神时要用带毛的动物，还要献一块吉玉，把这些祭品投入山中，祭祀不用精米。

中次三经

【导读】

《中次三经》记载了萯山山系五座山的地理位置和山川风貌。山中有丰富的金属和美丽的玉石，还生活着泰逢、熏池、武罗等几位山神，经中描述了他们的形貌和祭祀这些山神的礼仪。

武罗神

泰逢

夫诸

飞鱼

䲹

【原文】

5.27 中次三山萯（bèi）山之首，曰敖岸之山，其阳多㻬琈[1]之玉，其阴多赭[2]、黄金。神熏池居之。是常出美玉。北望河林，其状如蒨（qiàn）如举[3]。有兽焉，其状如白鹿而四角，名曰夫诸，见（xiàn）则其邑大水。

[清]汪绂 图本

[明]蒋应镐 图本

【注释】

①㻬琈：玉名。②赭：一种红色矿石。③蒨：同“茜”，茜草，多年生攀缘草本植物。举：榉树。

【译文】

中央第三列山系萯山山系的第一座山叫作敖岸山。山的南面多出产㻬琈玉，山的北面多出产赭石、黄金。天神熏池住在这里。这座山还常常出产美玉。从山上向北可以望见黄河和岸边的树林，它们的外形像是茜草和榉树。山中有一种野兽，外形像白鹿，头上长着四只角，它的名字叫夫诸，它在哪个地方出现，哪个地方就会发生水灾。

[清]汪绂 图本

【原文】

5.28 又东十里，曰青要之山，实惟帝之密都[1]。北望河曲，是多驾（jiā）鸟[2]。南望墠（tán）渚，禹父[3]之所化，是多仆累、蒲卢[4]。䰠[5]（shēn）武罗司之，其状人面而豹文，小要而白齿，而穿耳以鐻[6]（qú），其鸣如鸣玉。是山也，宜女子。畛（zhěn）水出焉，而北流注于河。其中有鸟焉，名曰鴢（yǎo），其状如凫，青身而朱目赤尾，食之宜子。有草焉，其状如葌，而方茎、黄华、赤实，其本如藁（gǎo）本[7]，名曰荀草，服之美人色。

【注释】

①密都：隐秘的都邑。②驾鸟：鸟名，即野鹅。③禹父：指大禹的父亲鲧（gǔn）。④仆累：蜗牛。蒲卢：田螺。⑤魋：同“神”。⑥鐻：金银制成的耳环。⑦藁本：一种香草。

【译文】

再往东十里有座青要山，这里其实是天帝的密都。从青要山上向北可以望见黄河的弯曲处，这里有许多野鹅。向南可以望见墠渚，那里是大禹的父亲鲧死后化为黄熊的地方，这个地方有很多蜗牛和田螺。山神武罗掌管着这里，这位山神长着人的面孔，身上有豹子一样的斑纹，腰身细小，牙齿洁白，耳朵上穿挂着金银饰物，发出的声音像玉石碰撞的声音。这座山，适宜女子居住。畛水从这座山流出，然后向北流入黄河。山中有一种禽鸟，名叫鴢，外形像野鸭子，有着青色的身子、浅红色的眼睛和深红色的尾巴，人吃了它的肉有利于生育。山中生长着一种草，外形像兰草，茎干呈四方形，开黄色的花朵，结红色的果实，根像藁本的根，名叫荀草，人吃了它气色会变好。

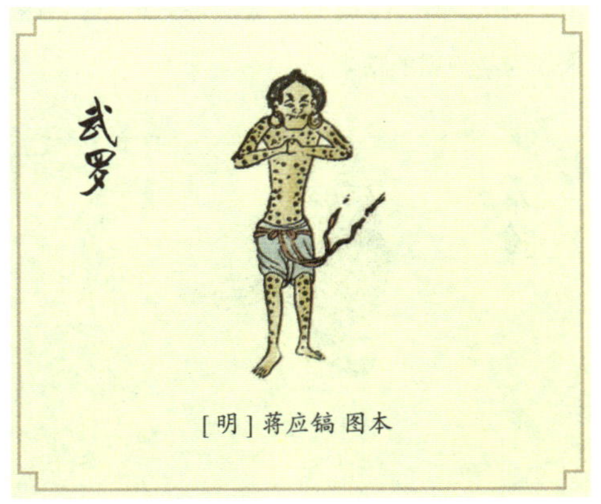

[明] 蒋应镐 图本

[清] 汪绂 图本

[清] 汪绂 图本

【原文】

5.29 又东十里，曰騩（guī）山，其上有美枣，其阴有㻬琈之玉。正回之水出焉，而北流注于河。其中多飞鱼，其状如豚而赤文，服之不畏雷，可以御兵。

【译文】

再往东十里有座騩山，山上长着味道甜美的枣，山的北面有很多㻬琈玉。正回水从这座山流出，然后向北流入黄河。水中生长着许多飞鱼，这鱼的外形像小猪，身上长着红色斑纹，人吃了它的肉就不怕打雷，还可以防止被兵器伤害。

[清] 汪绂 图本

【原文】

5.30 又东四十里，曰宜苏之山，其上多金、玉，其下多蔓居[①]之木。滽（yōng）滽之水出焉，而北流注于河，是多黄贝。

【注释】

①蔓居：木名，又名蔓荆，一种草本植物。

【译文】

再往东四十里有座宜苏山，山上有丰富的金属和玉石，山下有繁茂的蔓荆。滽滽水从这座山流出，然后向北流入黄河，水中有很多黄色的贝壳。

【原文】

5.31 又东二十里，曰和山，其上无草木而多瑶碧[①]，实惟河之九都[②]。是山也，五曲，九水出焉，合而北流注于河，其中多苍玉。吉神[③]泰逢司之，其状如人而虎尾，是好居于萯山之阳，出入有光。泰逢神动天地气也。

【注释】

①瑶：美玉。碧：青绿色的玉石。②都：水流汇集处。③吉神：对神的美称，即善神的意思。

【译文】

再往东二十里有座和山，山上不生长花草树木而有许多瑶、碧一类的美玉，这里其实是黄河九条支流所汇聚的地方。这座山有五个盘旋弯曲处，九条水源发源于这里，然后汇集在一起向北流入黄河，水中有很多苍玉。一位名叫泰逢的吉神掌管着这座山，他的外形像人，长着虎的尾巴，喜欢住在萯山的南面，他出入时身上伴有亮光。泰逢神能摇动天地大气、兴云致雨。

【原文】

5.32 凡萯山之首，自敖岸之山至于和山，凡五山，四百四十里。其祠：泰逢、熏池、武罗皆一牡（mǔ）羊副（pì）[①]，婴用吉玉。其二神用一雄鸡瘗之。糈用稌。

【注释】

①牡羊：公羊。副：裂开，剖开。

【译文】

总计萯山山系中的山，自敖岸山起到和山止，一共五座山，途经四百四十里。祭祀山神泰逢、熏池和武罗时，都是把一只公羊剖开来祭祀，祀神的玉器要用吉玉。其余二位山神是用一只公鸡献祭，之后将公鸡埋入地下，用稻米作为祭祀用的精米。

[清]吴任臣 图本

中次四经

【导读】

《中次四经》记载了厘山山系九座山的地理位置和山川风貌，此山系位于今河南、陕西境内。这列山系中有很多奇珍异兽，有长着人眼睛的麈，有叫声如婴儿的犀渠，还有外形像狗却浑身长鳞片的獭。此外，这些山中还生长着丰富的植物，如茜草、构树，还有可以毒杀鱼类的芨和葶苧。

人面兽身神

獭

犀渠

麈

【原文】

5.33 中次四山厘（lí）山之首，曰鹿蹄之山，其上多玉，其下多金。甘水出焉，而北流注于洛，其中多泠石①。

【注释】

①泠石：一种柔软如泥的石头。

【译文】

中央第四列山系厘山山系的第一座山叫作鹿蹄山，山上盛产玉石，山下盛产金属。甘水从这座山流出，然后向北流入洛水，水中有很多泠石。

【原文】

5.34 西五十里，曰扶猪之山，其上多礝（ruǎn）石①。有兽焉，其状如貉②（hé）而人目，其名曰麐（yín）。虢水出焉，而北流注于洛③，其中多瓀（ruǎn）石④。

【注释】

①礝石：似玉的美石。②貉：野兽名。即狗獾，外形像狐，脚比较短。③洛：洛水。④瓀石：就是礝石，似玉的美石。

【译文】

往西五十里有座扶猪山，山上有很多像玉一样的美石。山中有一种野兽，外形像貉却长着人的眼睛，名叫麐。虢水从这座山流出，然后向北流入洛水，水中有很多像玉一般的美石。

[清]汪绂 图本

【原文】

5.35 又西一百二十里，曰厘山。其阳多玉，其阴多蒐①（sōu）。有兽焉，其状如牛，苍身，其音如婴儿，是食人，其名曰犀（xī）渠。滽滽之水出焉，而南流注于伊水。有兽焉，名曰獙（jié），其状如獳（nòu）犬②而有鳞，其毛如彘鬣。

【注释】

①蒐：茅蒐，即茜草。②獳犬：怒犬。獳，狗发怒的样子。

【译文】

再往西一百二十里有座厘山，山的南面有很多玉石，山的北面有茂密的茜草。山中有一种野兽，外形像牛，全身青黑色，发出的声音如同婴儿啼哭，会吃人，名叫犀渠。滽滽水从这座山流出，然后向南流入伊水。这里还有一种野兽，名叫獙，外形像发怒的狗，身上长着鳞片，身上的毛像猪颈部的长毛。

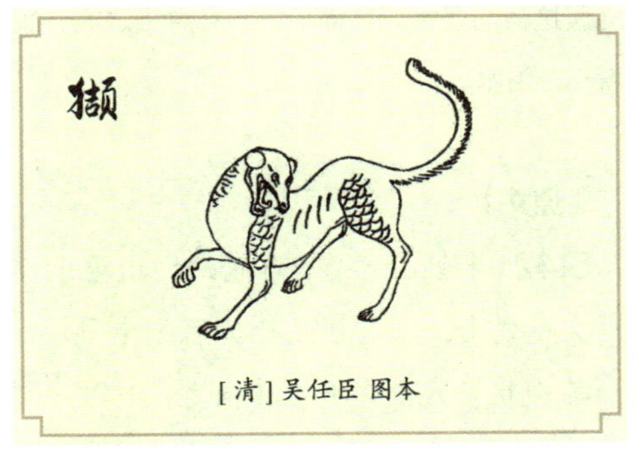

[清]吴任臣 图本

【原文】

5.36 又西二百里，曰箕尾之山。多穀，多涂石①，其上多瑪琈之玉。

【注释】

①涂石：即泠石，石质如泥一样柔软。

【译文】

再往西二百里有座箕尾山。山上有茂密的构树，山里盛产涂石，山上还有许多瑪琈玉。

【原文】

5.37 又西二百五十里，曰柄山，其上多玉，其下多铜。滔雕之水出焉，而北流注于洛。其中多羬羊①。有木焉，其状如樗②，其叶如桐而荚实，其名曰茇③，可以毒鱼。

【注释】

①羬羊：传说中的兽名。②樗：樗树，即臭椿树。③茇：一作“艾”。疑当作“芫”，因字形相近而误写。

【译文】

再往西二百五十里有座柄山，山上盛产玉，山下盛产铜。滔雕水从这座山流出，然后向北流入洛水。山中有许多羬羊。山中还有一种树木，形状像臭椿树，叶子像梧桐树的叶子，结的果实带着荚，这树名叫茇，可以毒死鱼。

【原文】

5.38 又西二百里，曰白边之山。其上多金、玉，其下多青雄黄。

【译文】

再往西二百里有座白边山，山上有丰富的金属和玉石，山下盛产青雄黄。

【原文】

5.39 又西二百里，曰熊耳之山。其上多漆，其下多棕。浮濠之水出焉，而西流注于洛，其中多水玉，多人鱼。有草焉，其状如苏①而赤华，名曰葶（tíng）苧（nìng）②，可以毒鱼。

【注释】

①苏：即紫苏，一年生草本植物，茎干呈方形，叶子紫红色。可入药。②葶苧：一种毒草。

【译文】

再往西二百里有座熊耳山，山上生长着茂密的漆树，山下生长着茂密的棕树。浮濠水从这座山流出，然后向西流入洛水，水中有很多水晶石，还有很多人鱼。山中有一种草，外形像紫苏，开红色的花，它的名字叫葶苧，这种草能毒死鱼。

【原文】

5.40 又西三百里，曰牡山，其上多文石，其下多竹箭、竹箈（méi）①。其兽多㸲牛②、羬羊，鸟多赤鷩。

【注释】

①竹箈：即箈竹。②㸲牛：野牛。

【译文】

再往西三百里有座牡山，山上有很多带花纹的漂亮石头，山下长着很多小竹、箈竹。山中的野兽以㸲牛、羬羊居多，而禽鸟多为红色的锦鸡。

【原文】

5.41 又西三百五十里，曰讙（huān）举之山。雒（luò）水出焉，而东北流注于玄扈之水，其中多马肠①之物。此二山②者，洛间也。

【注释】

①马肠：兽名，一作“马腹”，人面虎身，叫声如婴儿哭，会吃人。②二山：指讙举山和玄扈山。

【译文】

再往西三百五十里是讙举山。雒水从这座山流出，然后向东北流入玄扈水。山中有很多马腹这样的怪物。在讙举山与玄扈山之间，夹着一条洛水。

【原文】

5.42 凡厘山之首，自鹿蹄之山至于玄扈之山，凡九山①，千六百七十里。其神状皆人面兽身，其祠之：毛用一白鸡，祈②而不糈，以采衣（yì）之③。

【注释】

①九山：鹿蹄山至讙举山为九座山，加上玄扈山应为十座。②祈：向鬼神祷告。③采：有彩色花纹的丝织物。衣：用作动词，穿衣服，这里指包裹的意思。

【译文】

总计厘山山系中的山，自鹿蹄山起到玄扈山止，一共九座山，途经一千六百七十里。每座山的山神形貌都是人面兽身。祭祀这些山神时毛物要用一只白鸡取血献祭（涂祭），祭祀祷告时不用精米，用彩色丝织物把鸡包裹起来。

[清] 汪绂 图本

中次五经

【导读】

《中次五经》记载了薄山山系十五座山的地理位置和山川风貌。其中苟床山、县斸山不长草木且有很多怪石分布，首山、条谷山、成侯山、历山、良余山、升山则植物种类繁多，草木生长茂盛，还有数座山盛产优质的玉石和金、锡、铜等矿物。

【原文】

5.43 中次五山薄山之首，曰苟床之山，无草木，多怪石。

【译文】

中央第五列山系薄山山系的第一座山叫作苟床山，山中不生长花草树木，到处是奇形怪状的石头。

【原文】

5.44 东三百里，曰首山。其阴多榖、柞，其草多茱（zhú）、芫[1]。其阳多㻬琈之玉，木多槐。其阴有谷，曰机谷，多䳅（dì）鸟，其状如枭[2]而三目，有耳，其音如录，食之已垫[3]。

【注释】

①茱：即山蓟，是一种可作药用的草，可分为苍术（zhú）、白术（zhú）等数种。芫：即芫花，落叶灌木，春季开花，花蕾可入药。②枭：指猫头鹰。③垫：湿病，一种因低温潮温而引发的疾病。

【译文】

往东三百里有座首山，山的北面有茂密的构树、柞树，这里的草以茱草、芫花居多。山的南面盛产㻬琈玉，树木多为槐树。山的北面有一条山谷，名叫机谷，谷中有许多䳅鸟，外形像猫头鹰却长着三只眼睛，还长着耳朵，它发出的声音如同鹿的鸣叫声，人吃了它的肉可以治好湿病。

[清]吴任臣 图本

【原文】

5.45 又东三百里，曰县斸（zhú）之山，无草木，多文石。

【译文】

再往东三百里有座县斸山，山中没有花草树木，有很多带花纹的漂亮石头。

【原文】

5.46 又东三百里，曰葱聋之山，无草木，多摩（bàng）石[1]。

【注释】

①摩石：即玤（bàng）石，是一种次于玉的美石。

【译文】

再往东三百里有座葱聋山，山中没有花草树木，有很多质地次于玉的美石。

【原文】

5.47 东北五百里，曰条谷之山，其木多槐、桐，其草多芍（sháo）药、虋（mén）冬[1]。

【注释】

①虋冬：俗作门冬，分为麦门冬和天门冬两种。

【译文】

往东北五百里有座条谷山，山中的树木大多是槐树和桐树，草类大多是芍药、门冬。

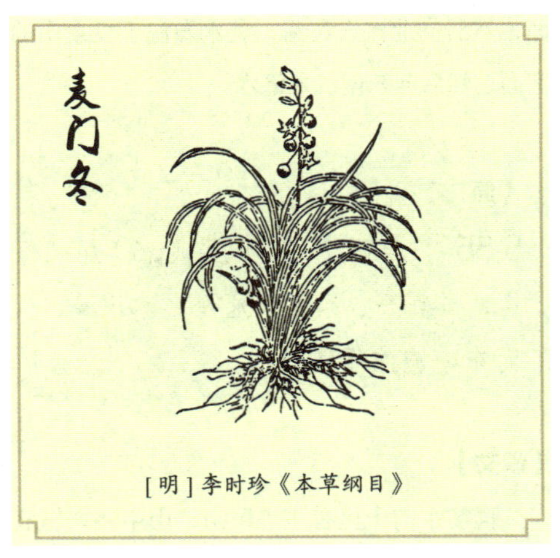

[明]李时珍《本草纲目》

【原文】

5.48 又北十里，曰超山，其阴多苍玉，其阳有井[1]，冬有水而夏竭。

【注释】

①井：这里的井是指泉眼下陷而低于地面的水泉，形似水井，故称“井”。

【译文】

再往北十里有座超山，山的北面有很多青色的玉，山的南面有一眼水泉，冬天有水，夏天则干枯。

【原文】

5.49 又东五百里，曰成侯之山，其上多櫄（chūn）木[1]，其草多艽[2]（jiāo）。

【注释】

①櫄木：即椿树，多指香椿树。②艽：即秦艽，一种可作药用的草。

【译文】

再往东五百里有座成侯山，山上有茂密的椿树，草类多是秦艽。

【原文】

5.50 又东五百里，曰朝歌之山，谷多美垩。

【译文】

再往东五百里有座朝歌山，山谷里出产很多优质的垩土。

【原文】

5.51 又东五百里，曰槐山[1]，谷多金、锡[2]。

【注释】

①槐山：即稷山，在今山西，相传农业先祖后稷曾播百谷于此。②锡：指天然锡矿石。

【译文】

再往东五百里有座槐山，山谷里有丰富的金属和锡矿石。

【原文】

5.52 又东十里，曰历山，其木多槐，其阳多玉。

【译文】

再往东十里有座历山，山中的树大多是槐树，山的南面多出产玉石。

【原文】

5.53 又东十里，曰尸山，多苍玉，其兽多麖[①]（jīng）。尸水出焉，南流注于洛水，其中多美玉。

【注释】

①麖：兽名。鹿的一种，即水鹿。又名马鹿、黑鹿。

【译文】

再往东十里有座尸山，山里有许多青色的玉，这里的野兽以麖居多。尸水发源于这座山，然后向南流入洛水，水中有很多优质的玉石。

［清］汪绂 图本

【原文】

5.54 又东十里，曰良余之山，其上多穀、柞，无石。余水出于其阴，而北流注于河；乳水出于其阳，而东南流注于洛。

【译文】

再往东十里有座良余山，山上有茂密的构树和柞树，没有石头。余水发源于良余山的北面，然后向北流入黄河；乳水发源于良余山的南面，然后向东南流入洛水。

【原文】

5.55 又东南十里，曰蛊（gǔ）尾之山，多砺石、赤铜。龙余之水出焉，而东南流注于洛。

【译文】

再往东南十里有座蛊尾山，山中盛产粗磨刀石、赤铜。龙余水从这座山流出，然后向东南流入洛水。

【原文】

5.56 又东北二十里，曰升山，其木多穀、柞、棘，其草多藷芎（yù）、蕙[①]，多寇脱[②]。黄酸之水出焉，而北流注于河，其中多璇（xuán）玉[③]。

【注释】

①藷芎：即山药。其块茎可食用也可药用。蕙：蕙兰，一种香草。②寇脱：即通脱木，也称通草，五加科小乔木，茎含大量白色髓，可入药。③璇玉：美玉。

【译文】

再往东北二十里有座升山，山中的树木以构树、柞树和酸枣树居多，草类以山药、蕙兰居多，山中还有茂密的寇脱。黄酸水从这座山流出，然后向北流入黄河，水中有很多美玉。

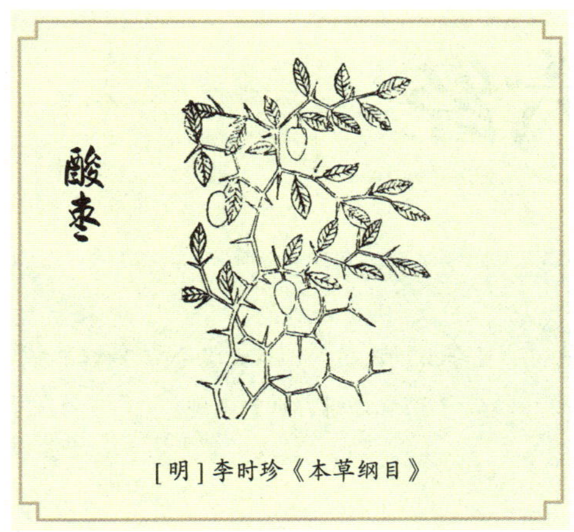

[明] 李时珍《本草纲目》

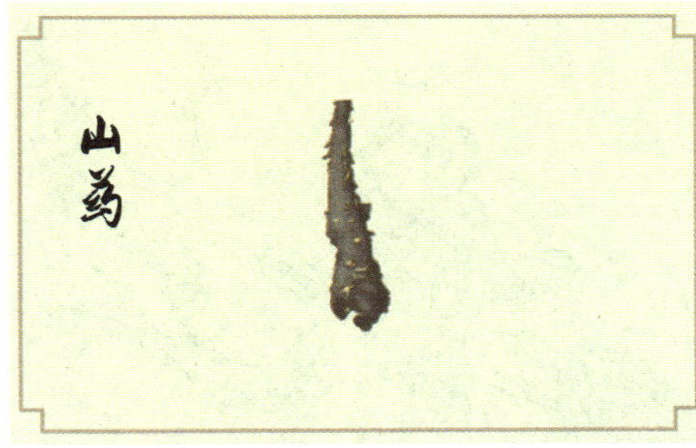

【原文】

5.57 又东十二里，曰阳虚之山，多金，临于玄扈之水。

【译文】

再往东十二里有座阳虚山，山里盛产金属，此山临近玄扈水。

【原文】

5.58 凡薄山之首，自苟林之山至于阳虚之山，凡十六山[①]，二千九百八十二里。升山，冢也，其祠礼：太牢，婴用吉玉。首山，魁[②]（shén）也，其祠用稌、黑牺太牢之具、糵（niè）酿[③]；干儛（wǔ）[④]，置鼓；婴用一璧。尸水，合天也，肥牲祠之，用一黑犬于上，用一雌鸡于下，刉[⑤]（jī）一牝羊，献血。婴用吉玉。采之，飨之。

【注释】

①十六山：实际为十五座山。②魁：神灵。③糵：酒曲，酿酒用的发酵剂。糵酿就是用曲糵酿造的醴（lǐ）酒，这里泛指美酒。④干儛：古代一种持盾而舞的舞蹈。干，盾牌。儛，同“舞”。⑤刉：划破，切割。

【译文】

总计薄山山系中的山，自苟林山起到阳虚山止，一共十六座山，途经二千九百八十二里。升山是诸山的宗主，祭祀升山山神的礼仪如下：用猪、牛、羊齐全的三牲作为祭品，祀神的玉器要用吉玉。首山是神灵显应的大山，祭祀首山山神要用稻米，纯黑色的猪、牛、羊，以及美酒；祭祀者要手持盾牌起舞，摆上鼓并敲击应和；祀神的玉器用一块玉璧。尸水能够上通到天界，要用肥壮的牲畜作祭品献祭，具体办法是把一只黑狗供在上面，把一只母鸡供在下面，再杀一只母羊，用羊血来祭献。祀神的玉器要用吉玉，还要用彩色丝织物把祭品包裹起来，请神享用。

中次六经

【导读】

《中次六经》记载了缟羝山山系十四座山的地理位置和山川风貌，山系大多分布于今河南境内。经中记载了许多可以药用的动植物，还有一位长着两个脑袋名叫骄虫的山神。

【原文】

5.59 中次六山缟（gǎo）羝（dī）山之首，曰平逢之山，南望伊洛，东望谷城之山，无草木，无水，多沙石。有神焉，其状如人而二首，名曰骄虫，是为螫（shì）虫①，实惟蜂蜜之庐②。其祠之：用一雄鸡，禳（ráng）而勿杀③。

【注释】

①螫虫：指身上有毒刺可蛰人的虫。②蜜：指蜜蜂。庐：房舍。这里指群蜂的巢穴。③禳：祭祀神灵以求消除灾祸。

【译文】

中央第六列山系缟羝山山系的第一座山叫作平逢山，从平逢山上向南可以望见伊水和洛水，向东可以望见谷城山。山中不生长花草树木，没有水，有很多沙子和石头。山中有一山神，形貌像人却长着两个脑袋，他的名字叫作骄虫，是螫虫的首领，此山其实是各种蜂群聚集的巢穴所在。祭祀这位山神要用一只公鸡作祭品，祈祷后不会杀死它。

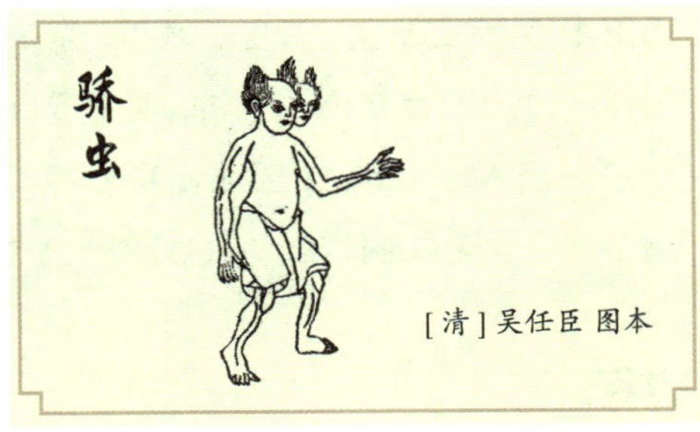

[清] 吴任臣 图本

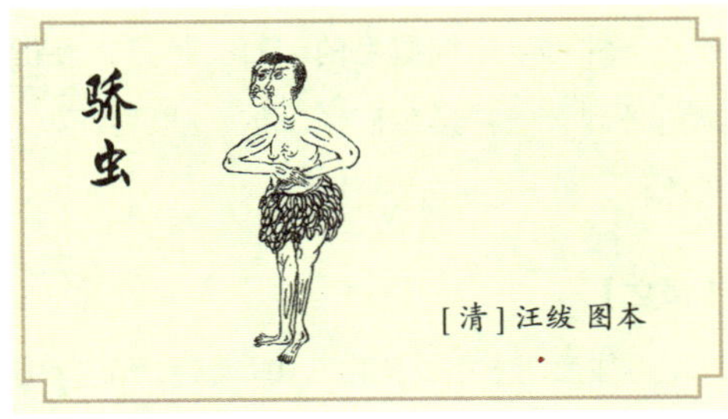

[清] 汪绂 图本

【原文】

5.60 西十里，曰缟羝之山，无草木，多金、玉。

【译文】

往西十里有座缟羝山，山中没有花草树木，有丰富的金属和玉石。

【原文】

5.61 又西十里，曰廆（guī）山，其阴多㻬琈之玉。其西有谷焉，名曰雚（guàn）谷，其木多柳、楮[1]（chǔ）。其中有鸟焉，状如山鸡而长尾，赤如丹火而青喙，名曰鸰（líng）䴊（yāo），其鸣自呼，服之不眯。交觞（shāng）之水出于其阳，而南流注于洛；俞随之水出于其阴，而北流注于谷水。

【注释】

①楮：指构树。

【译文】

再往西十里有座廆山，山的北面盛产㻬琈玉。山的西面有一条山谷，名叫雚谷，谷中生长的树木大多是柳树、构树。山中有一种禽鸟，形貌像野鸡，有长长的尾巴，浑身通红如火，长着青色嘴巴，名叫鸰䴊，它的叫声像是在喊自己的名字，吃了它的肉人就不做噩梦。交觞水从这座山的南面流出，然后向南流入洛水；俞随水从这座山的北面流出，然后向北流入谷水。

[明]蒋应镐 图本

[清]汪绂 图本

【原文】

5.62 又西三十里，曰瞻诸之山，其阳多金，其阴多文石。谢（xiè）水出焉，而东南流注于洛；少水出其阴，而东流注于谷水。

【译文】

再往西三十里有座瞻诸山，山的南面盛产金属，山的北面盛产带有花纹的漂亮石头。谢水从这座山流出，然后向东南流入洛水；少水从这座山的北面流出，然后向东流入谷水。

【原文】

5.63 又西三十里，曰娄涿（zhuō）之山，无草木，多金、玉。瞻水出于其阳，而东流注于洛；陂（bēi）水出于其阴，而北流注于谷水，其中多茈[①]（zǐ）石、文石。

【注释】

①茈：通“紫”。紫色。

【译文】

再往西三十里有座娄涿山，山上没有花草树木却有丰富的金属和玉石。瞻水从这座山的南面流出，然后向东流入洛水；陂水从这座山的北面流出，然后向北流入谷水，水中有很多紫色的和带花纹的漂亮石头。

【原文】

5.64 又西四十里，曰白石之山。惠水出于其阳，而南流注于洛，其中多水玉。涧水出于其阴，西北流注于谷水，其中多麋（méi）石、栌（lú）丹[①]。

【注释】

①麋石：麋，通“眉”，眉毛。麋石即画眉石，一种可以描饰眉毛的矿石。栌丹：疑指黑色丹砂，一种黑色矿物。栌，通“卢”，黑色。

【译文】

再往西四十里有座白石山。惠水从这座山的南面流出，然后向南流入洛水，水中有很多水晶石。涧水从这座山的北面流出，然后向西北流入谷水，水中有很多画眉石和黑丹砂。

【原文】

5.65 又西五十里，曰谷山，其上多穀，其下多桑。爽水出焉，而西北流注于谷水，其中多碧绿[①]。

【注释】

①碧绿：即碧玉。

【译文】

再往西五十里有座谷山，山上是茂密的构树，山下是茂密的桑树。爽水从这座山流出，然后向西北流入谷水，水中有很多碧玉。

【原文】

5.66 又西七十二里，曰密山。其阳多玉，其阴多铁。豪水出焉，而南流注于洛。其中多旋龟，其状鸟首而鳖尾，其音如判木。无草木。

【译文】

再往西七十二里有座密山，山的南面盛产玉，山的北面盛产铁。豪水从这座山流出，然后向南流入洛水。水中有很多旋龟，长着鸟一样的头，鳖一样的尾巴，发出的声音好像劈开木头的声音。这座山中不生长花草树木。

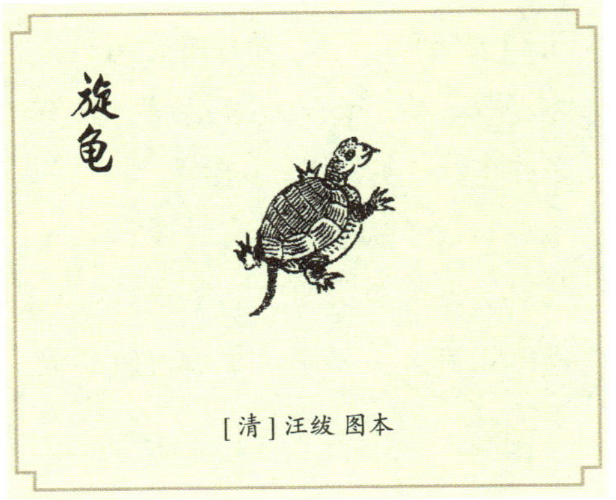

[清]汪绂 图本

【原文】

5.67 又西百里，曰长石之山，无草木，多金、玉。其西有谷焉，名曰共谷，多竹。共水出焉，西南流注于洛，其中多鸣石。

【译文】

再往西一百里有座长石山，山中不长花草树木，有丰富的金属和玉石。这座山的西面有一条山谷，叫作共谷，谷中生长着许多竹子。共水从这座山流出，然后向西南流入洛水，水中有很多鸣石。

【原文】

5.68 又西一百四十里，曰傅山，无草木，多瑶、碧。厌染之水出于其阳，而南流注于洛，其中多人鱼。其西有林焉，名曰墦（fán）冢。谷水出焉，而东流注于洛，其中多珚（yān）玉。

【译文】

再往西一百四十里有座傅山，山中不长花草树木，有很多美玉和青绿色的玉石。厌染水发源于这座山的南面，然后向南流入洛水，水中有很多人鱼。这座山的西面有一片树林，叫作墦冢。谷水从这座山流出，然后向东流入洛水，谷水中有很多珚玉。

【原文】

5.69 又西五十里，曰橐（tuó）山，其木多樗（chū），多樠（bèi）木①，其阳多金、玉，其阴多铁，多萧②。橐水出焉，而北流注于河。其中多脩辟之鱼，状如黾③（měng）而白喙，其音如鸱④（chī），食之已白癣。

【注释】

①樠木：一种落叶灌木或小乔木，开黄白色小花，根、叶、花可入药。②萧：艾蒿，一种含有香味的草本植物。③黾：一种蛙类动物。④鸱：一种凶猛的鸟，也叫鹞（yáo）鹰。

【译文】

再往西五十里有座橐山，山中的树木大多是臭椿树和樠树。山的南面有丰富的金属和玉石，山的北面有丰富的铁和茂密的艾蒿。橐水从这座山发源，然后向北流入黄河。水中有很多脩辟鱼，外形像蛙，长着白色的嘴，发出的声音如同鸱的鸣叫声，人吃了它的肉可以治疗白癣病。

[清] 汪绂 图本

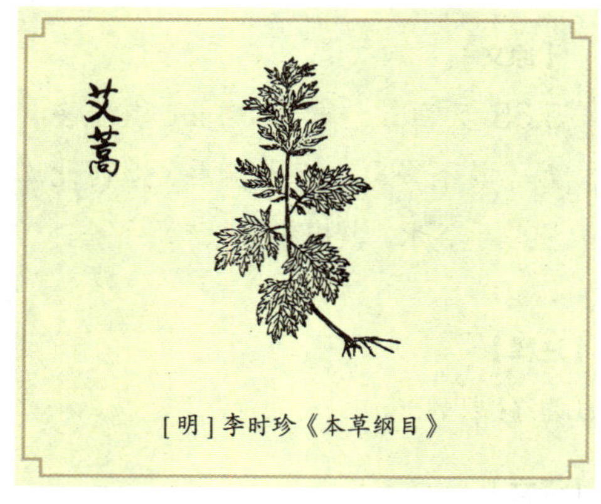

[明] 李时珍《本草纲目》

【原文】

5.70 又西九十里，曰常烝（zhēng）之山，无草木，多垩。漄（qiáo）水出焉，而东北流注于河，其中多苍玉。菑（zī）水出焉，而北流注于河。

【译文】

再往西九十里有座常烝山，山里不长花草树木，有各种颜色的垩土。漄水从这座山流出，然后向东北流入黄河，漄水中有很多青色的玉。菑水从这座山流出，然后向北流入黄河。

【原文】

5.71 又西九十里，曰夸父之山。其木多棕、楠（nán），多竹箭。其兽多㸲牛、羬羊，其鸟多赤鷩，其阳多玉，其阴多铁。其北有林焉，名曰桃林，是广员三百里，其中多马。湖水出焉，而北流注于河，其中多珚玉。

【译文】

再往西九十里有座夸父山，山中的树木以棕树和楠树最多，还生长着茂盛的小竹丛。山中的野兽以野牛和羬羊最多，而禽鸟以红色的锦鸡最多。山的南面盛产玉，山的北面盛产铁。这座山的北面有一片树林，叫作桃林，这片树林方圆三百里，林子里有很多马。湖水从这座山流出，然后向北流入黄河，水中多出产珚玉。

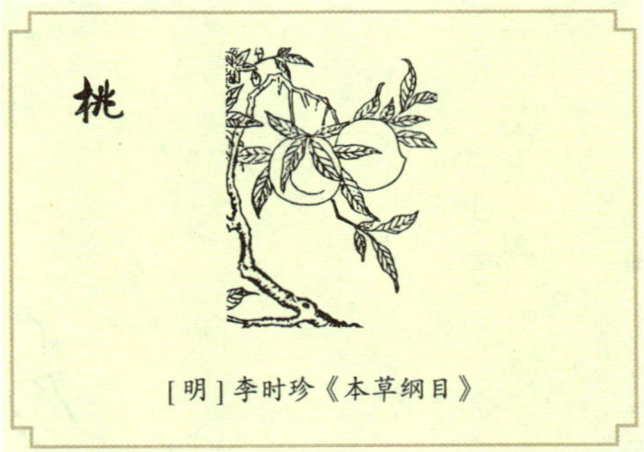

[明]李时珍《本草纲目》

【原文】

5.72 又西九十里，曰阳华之山，其阳多金、玉，其阴多青雄黄，其草多藷藇，多苦辛[①]，其状如楸[②](qiū)，其实如瓜，其味酸甘，食之已疟(nüè)。杨水出焉，而西南流注于洛，其中多人鱼。门水出焉，而东北流注于河，其中多玄䃤(sù)[③]。缙(jì)姑之水出于其阴，而东流注于门水，其上多铜。

【注释】

①苦辛：细辛，草名。②楸：同“楸”，楸树，落叶乔木，树形高大，树干端直。四五月开花，子实可作药用，主治热毒及各种疮疥。③玄䃤：黑色的磨刀石。

【译文】

再往西九十里有座阳华山。山的南面有丰富的金属和玉石，山的北面盛产石青和雄黄，山中的草以山药最多，还有茂密的细辛草，这草的外形像楸树，结的果实像瓜，果子味道酸甜，人食用后能治愈疟疾。杨水从这座山流出，然后向西南流入洛水，附近的水中有很多人鱼。门水也从这座山流出，然后向东北流入黄河，水中有很多黑色磨刀石。缙姑水发源于阳华山的北面，然后向东流入门水，门水两岸的山间有丰富的铜。

【原文】

5.73 凡缟羝山之首，自平逢之山至于阳华之山，凡十四山，七百九十里。岳[①]在其中，以六月祭之，如诸岳之祠法，则天下安宁。

【注释】

①岳：泛指高大的山。

【译文】

总计缟羝山山系中的山，自平逢山起到阳华山止，一共十四座山，途经七百九十里。在这一山系中有高大的山，要在每年的六月祭祀它，方法跟祭祀其他山岳的山神相同，祭祀后天下就会安宁了。

中次七经

【导读】

《中次七经》记载了苦山山系十九座山的地理位置和山川风貌，该山系大致位于今河南境内。苦山、少室山、泰室山的山神长着人的面孔，却有三个脑袋，而其余十六位山神都长着猪的身体和人的脸。记叙了许多奇异的怪兽，如三只脚的龟、舌头倒生的文文兽和长相似猪的山膏，皆栖息在这列山系中。

豕身人面十六神

人面三首神

三足龟

鲶鱼

【原文】

5.74 中次七山苦山之首，曰休与之山。其上有石焉，名曰帝台之棋，五色而文，其状如鹑卵，帝台之石，所以祷百神者也，服之不蛊。有草焉，其状如蓍[①]（shī），赤叶而本丛生，名曰夙（sù）条，可以为簳[②]（gǎn）。

【注释】

①蓍：蓍草，又叫锯齿草，蚰蜒草，多年生直立草本植物。古人取蓍草的茎作占卜之用。②簳：小竹子，可以用来做箭杆。

【译文】

中央第七列山系苦山山系的第一座山叫作休与山。山上有一种石子，名叫帝台之棋，它们有各种颜色并带有花纹，形状与鹌鹑蛋相似，帝台的这种石子，是用来祷祀百神的，人佩戴上它就不会受邪热恶气的侵袭。休与山上还长着一种草，外形像蓍草，红色的叶子，根茎丛生在一起，名叫夙条，可以用来制作箭杆。

【原文】

5.75 东三百里，曰鼓钟之山，帝台之所以觞[①]百神也。有草焉，方茎而黄华，员叶而三成[②]，其名曰焉酸，可以为毒[③]。其上多砺[④]，其下多砥[⑤]。

【注释】

①觞：向人敬酒或自饮。这里是设酒席招待的意思。②成：重，层。③为毒：除去毒性物质，解毒。④砺：粗磨刀石。⑤砥：细磨刀石。

【译文】

往东三百里有座鼓钟山，是神仙帝台宴请诸位天神的地方。山中有一种草，长着方形的茎，开黄色的花朵，有三层重叠的圆形叶子，这草名叫焉酸，可以用它来解毒。山上多出产粗磨刀石，山下多出产细磨刀石。

【原文】

5.76 又东二百里，曰姑媱（yáo）之山。帝女死焉，其名曰女尸，化为䔄（yáo）草[①]，其叶胥[②]（xū）成，其华黄，其实如菟（tù）丘[③]，服之媚（mèi）于人[④]。

【注释】

①䔄草：草名。传说中的一种仙草。②胥：相互重叠。③菟丘：即菟丝子，一年生缠绕寄生草本植物，茎细柔，呈丝状，橙黄色，夏秋开花，花细小，白色，果实扁球形。④媚于人：为人所爱。媚是喜爱的意思。

【译文】

再往东二百里有座姑媱山。天帝的女儿就死在这座山里，她的名字叫女尸，死后化成了䔄草，这种草的叶子都是一层层相互重叠的，花为黄色，结出的果实与菟丝子的果实相似，女子服用了这种草就会变得讨人喜爱。

[明]李时珍《本草纲目》

【原文】

5.77 又东二十里，曰苦山。有兽焉，名曰山膏，其状如逐[1]（tún），赤若丹火，善詈[2]（lì）。其上有木焉，名曰黄棘，黄华而员叶，其实如兰，服之不字[3]。有草焉，员叶而无茎，赤华而不实，名曰无条[4]，服之不瘿。

【注释】

①逐：通“豚”，小猪。②詈：骂，责骂。③字：怀孕，生育。④无条：与前文所述无条草的形状不一样，属同名异物。

【译文】

再往东二十里有座苦山。山中有一种野兽，名叫山膏，它的外形像小猪，身上红得如同一团火，这兽喜欢骂人。山上有一种树木，叫作黄棘，开黄色的花，叶子是圆的，结出的果实与兰草的果实相似，女人吃了它就会不生育。山中有一种草，圆圆的叶子，没有茎干，开红色的花，不结果实，这种草叫无条，人吃了它颈部就不会长瘤子。

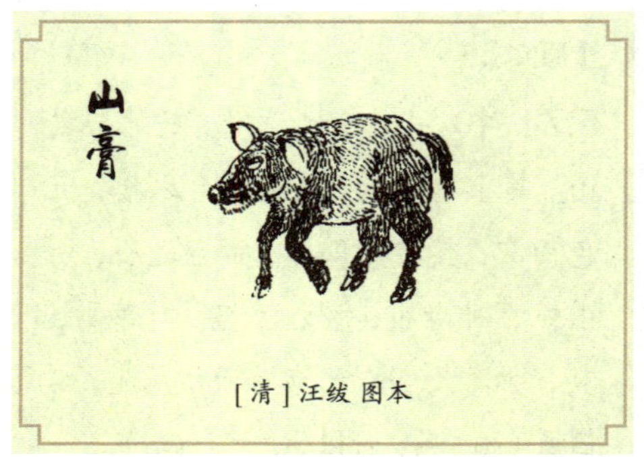

[清]汪绂 图本

【原文】

5.78 又东二十七里，曰堵山。神天愚居之，是多怪风雨。其上有木焉，名曰天楄（biān），方茎而葵状，服者不哩[1]（yè）。

【注释】

①哩：食物堵塞咽喉。

【译文】

再往东二十七里有座堵山，神天愚住在这里，山里时常刮起怪风下起怪雨。山上生长着一种树木，叫作天楄，长着方形的茎干，外形像葵菜，人吃了它吃饭时就不会噎着。

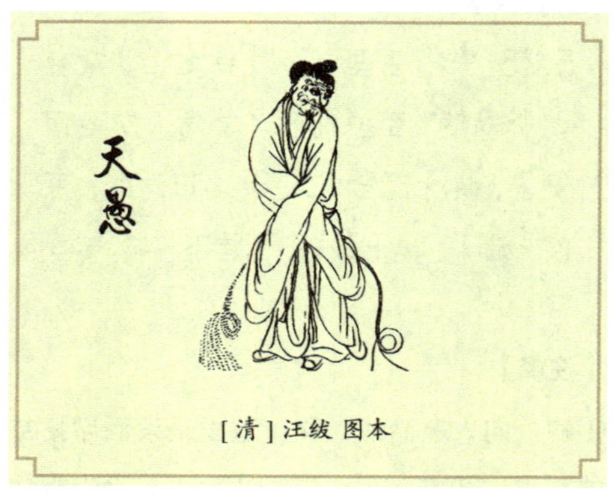

[清]汪绂 图本

【原文】

5.79 又东五十二里，曰放皋之山。明水出焉，南流注于伊水，其中多苍玉。有木焉，其叶如槐，黄华而不实，其名曰蒙木，服之不惑。有兽焉，其状如蜂，枝尾而反舌[①]，善呼，其名曰文文。

【注释】

①枝尾：尾巴有分叉。反舌：舌头倒生。

【译文】

再往东五十二里有座放皋山。明水从这座山流出，向南流入伊水，水中有很多青色的玉。山中有一种树木，叶子与槐树叶相似，开黄色的花，不结果实，名叫蒙木，人吃了它就不会疑惑。山中有一种野兽，外形像蜜蜂，长着分叉的尾巴和倒生的舌头，喜欢呼叫，它的名字叫文文。

【原文】

5.80 又东五十七里，曰大𦶧（kǔ）之山，多㻬琈之玉，多麋玉[①]。有草焉，其叶状如榆，方茎而苍伤[②]，其名曰牛伤[③]，其根苍文，服者不厥[④]，可以御兵。其阳狂水出焉，西南流注于伊水。其中多三足龟，食者无大疾，可以已肿[⑤]。

【注释】

①麋玉：一种像玉的石头。②苍伤：伤就是刺，苍伤，即青色的刺。③牛伤：牛棘。④厥：中医称昏厥，即手脚冰冷突然昏倒。⑤肿：毒疮。

【译文】

再往东五十七里有座大𦶧山，山里盛产㻬琈玉，还有许多麋玉。山中有一种草，叶子与榆树叶相似，方方的茎干上长满青刺，名叫牛伤，根茎上有青色斑纹，人吃了它就不会昏厥，还能抵御兵器的伤害。狂水从这座山的南面流出，然后向西南流入伊水。水中有很多长着三只脚的龟，人吃了它的肉就不会生大病，还能消除毒疮。

【原文】

5.81 又东七十里，曰半石之山。其上有草焉，生而秀[①]，其高丈余，赤叶赤华，华而不实，其名曰嘉荣，服之者不霆[②]。来需之水出于其阳，而西流注于伊水，其中多鲶（lún）鱼[③]，黑文，其状如鲋（fù），食者不睡。合水出于其阴，而北流注于洛，多䲢（téng）鱼[④]，状如鳜[⑤]（guì），居逵[⑥]（kuí），苍文赤尾，食者不痈[⑦]，可以为瘘[⑧]（lòu）。

【注释】

①生而秀：指植物先抽穗开花，后长叶。②不霆：当作“不畏霆”，意思是不怕霹雳。霆：

疾雷，霹雳。③鮀鱼：传说中的一种鱼。④螣鱼：也叫瞻星鱼，体粗壮，后部侧扁，有粗糙骨板。⑤鳜：鳜鱼，也叫桂鱼，体侧扁，背部隆起，青黄色，全身有不规则的黑色斑纹。⑥逵：四通八达的路。这里指水底相互贯通着的洞穴。⑦痈：毒疮。⑧瘘：颈部的肿疮。

【译文】

再往东七十里有座半石山。山上长着一种草，刚长出来就抽穗开花，它高一丈多，长着红色的叶子，开红色的花，只开花不结果实，这种草叫作嘉荣，人吃了它就不怕霹雳。来需水发源于半石山的南面，然后向西流入伊水，水中生长着很多鮀鱼，这鱼浑身长满黑色斑纹，外形像鲫鱼，人吃了它的肉就可以不睡觉。合水发源于半石山的北面，然后向北流入洛水，水中生长着很多螣鱼，外形像鳜鱼，栖息在水底的洞穴中，这种鱼身上有青色的斑纹，长着一条红尾巴，人吃了它的肉就不会长毒疮，还可以治疗颈部的肿疮。

[清]汪绂 图本

[清]汪绂 图本

【原文】

5.82 又东五十里，曰少室之山，百草木成囷[①]（qūn）。其上有木焉，其名曰帝休，叶状如杨，其枝五衢[②]（qú），黄华黑实，服者不怒。其上多玉，其下多铁。休水出焉，而北流注于洛。其中多鯑（tí）鱼[③]，状如盩（zhōu）蜼（wèi）而长距[④]，足白而对，食者无蛊[⑤]疾，可以御兵。

【注释】

①囷：圆形谷仓。②衢：树枝交错的样子。③鯑鱼：鲇鱼的别名。④盩蜼：一种与猕猴相似的动物。距：泛指脚。⑤蛊：诱惑，迷惑。

【译文】

再往东五十里有座少室山。山中各种花草树木聚集在一起像圆形的谷仓。山上有一种树木，名叫帝休，叶子的形状与杨树叶相似，树枝交错着伸向四方，开黄色花，结黑色果实，人吃了它就不会发怒。山上有丰富的玉石，山下有丰富的铁矿。休水从这座山流出，然后向北流入洛水。水中有很多鲇鱼，外形像猕猴却长着像公鸡一样的爪子，长着白色的脚，脚趾相对，人吃了它的肉就不会得疑心病，还能抵御兵器的伤害。

[清]汪绂 图本

【原文】

5.83 又东三十里，曰泰室之山。其上有木焉，叶状如梨而赤理，其名曰栯（yǒu）木，服者不妒。有草焉，其状如茱，白华黑实，泽如蘡（yīng）薁（yù）[①]，其名曰䔄草[②]，服之不昧[③]。上多美石。

【注释】

①蘡薁：一种藤本植物，俗称山葡萄。夏季开花，结黑色果实，可以酿酒，也可入药。②䔄草：与前文所述䔄草的形状不一样，当是同名异物。③昧：当作“眯”，梦魇。

【译文】

再往东三十里有座泰室山。山上有一种树木，叶子的形状像梨树叶却有红色的纹理，它的名字叫栯木，人吃了它就不会生嫉妒心。山中还有一种草，外形像茱草，开白色的花，结黑色的果实，果实的光泽就像山葡萄一般，它的名字叫䔄草，人吃了它就不会做噩梦。山上还有很多漂亮的石头。

【原文】

5.84 又北三十里，曰讲山，其上多玉，多柘（zhè），多柏。有木焉，名曰帝屋，叶状如椒[①]，反伤赤实[②]，可以御凶。

【注释】

①椒：这里指花椒或胡椒。②反伤：指倒生的刺。

【译文】

再往北三十里有座讲山。山上盛产玉石，有很多柘树和柏树。山中还有一种树木，名叫帝屋，叶子形状与椒树叶相似，长着倒勾刺，结红色的果实，可以用它来抵御凶邪之气。

【原文】

5.85 又北三十里，曰婴梁之山，上多苍玉，錞（chún）于玄石[①]。

【注释】

①錞：依附。玄：黑色。

【译文】

再往北三十里有座婴梁山。山上盛产青色的玉，这种玉石附着在黑色的石头上面。

【原文】

5.86 又东三十里，曰浮戏之山。有木焉，叶状如樗而赤实，名曰亢木，食之不蛊。汜（sì）水出焉，而北流注于河。其东有谷，因名曰蛇谷，上多少辛[①]。

【注释】

①少辛：即细辛，一种药草。

【译文】

再往东三十里有座浮戏山。山中生长着一种树木，树叶的形状像臭椿树叶，结红色的果实，这种树名叫亢木，人吃了它可以不受诱惑。汜水从这座山流出，然后向北流入黄河。在浮戏山的东面有一条山谷，谷里多蛇，因而叫作蛇谷，蛇谷里面生长着很多细辛。

【原文】

5.87 又东四十里，曰少陉（xíng）之山。有草焉，名曰岗（gāng）草，叶状如葵，而赤茎白华，实如蘡薁，食之不愚。器难之水出焉，而北流注于役水。

【译文】

再往东四十里有座少陉山。山中有一种草，名叫岗草，叶子的形状与葵菜叶相似，长着红色的茎干，开白色的花，结的果实与山葡萄相似，人吃了它就能增长智慧变聪明。器难水从这座山流出，然后向北流入役水。

【原文】

5.88 又东南十里，曰太山[①]。有草焉，名曰梨，其叶状如荻[②]（dí）而赤华，可以已疽。太水出于其阳，而东南流注于役水；承水出于其阴，而东北流注于役。

【注释】

①太山：在今河南北部，不是今山东泰山。②荻：即萩，一种蒿类植物，多年生草本，叶子白色，像艾蒿却分枝多，茎干尤其高大，约有一丈余。

【译文】

再往东南十里有座太山。山里有一种草，叫作梨，叶子的形状像蒿草叶，开红色的花，可以用来治疗痈疽。太水从这座山的南面流出，然后向东南流入役水；承水从这座山的北面流出，然后向东北流入役水。

【原文】

5.89 又东二十里，曰末山，上多赤金。末水出焉，北流注于役。

【译文】

再往东二十里有座末山，山上到处是黄金。末水从这座山流出，然后向北流入役水。

【原文】

5.90 又东二十五里，曰役山，上多白金，多铁。役水出焉，北注于河。

【译文】

再往东二十五里有座役山，山上有丰富的白金，还有丰富的铁。役水从这座山流出，然后向北流入黄河。

【原文】

5.91 又东三十五里，曰敏山，上有木焉，其状如荆，白华而赤实，名曰蓟（jì）柏[①]，服者不寒。其阳多㻬琈之玉。

【注释】

①蓟柏：即蓟柏，柏树的一种。

【译文】

再往东三十五里有座敏山。山上生长着一种树木，树的外形与荆相似，开白色花朵，结红色果实，名叫葪柏，人吃了它的果实就会不怕寒冷。这座山的南面还盛产瑨玗玉。

【原文】

5.92 又东三十里，曰大騩（guī）之山，其阴多铁、美玉、青垩。有草焉，其状如蓍（shī）而毛，青华而白实，其名曰蒗（hěn），服之不夭[①]，可以为腹病。

【注释】

①不夭：不夭折，即长寿。

【译文】

再往东三十里有座大騩山，山的北面有丰富的铁、美玉和青色垩土。山中有一种草，形状像蓍草却长着绒毛，开青色花，结白色果实，它的名字叫蒗，人吃了它就能长寿，还可以治疗腹部的疾病。

【原文】

5.93 凡苦山之首，自休与之山至于大騩之山，凡十有九山，千一百八十四里。其十六神者，皆豕身而人面。其祠：毛牷用一羊羞[①]，婴用一藻玉[②]瘗。苦山、少室、泰室皆冢也，其祠之：太牢之具，婴以吉玉。其神状皆人面而三首，其余属皆豕身人面也。

【注释】

①羞：进献。②藻玉：带有彩色纹理的玉。

【译文】

苦山山系，自休与山起到大騩山止，一共十九座山，途经一千一百八十四里。其中有十六座山的山神都长着猪的身体人的脸。祭祀这些山神要用一只纯色的羊作为毛物献祭，山神颈上的饰物要用藻玉，祭祀后埋入地下。苦山、少室山、泰室山都是大山神的居住之所。祭祀这三座山的山神要用猪、牛、羊齐全的三牲作祭品，玉器要用吉玉。这三个山神都是人的面孔，长着三个脑袋，其余十六位山神都是猪的身子人的脸。

[清] 汪绂 图本

[清] 汪绂 图本

中次八经

【导读】

《中次八经》记载了荆山山系二十三座山的地理位置和山川风貌。该山系大致分布于今湖北、安徽一带，绵延二千八百九十里。这些山物产丰富，盛产各种矿产，还栖息着许多野兽。山中的草木种类繁多，有松树、柏树、梓树、楠树等优良树材，还有山楂树、栗子树、橘子树、柚子树等果树。

【原文】

5.94 中次八山荆山之首，曰景山。其上多金、玉，其木多杼[①]（shù）、檀。雎（jū）水出焉，东南流注于江，其中多丹粟[②]，多文鱼。

【注释】

①杼：即柞树。②丹粟：丹砂。

【译文】

中央第八列山系荆山山系的第一座山叫作景山。山上有丰富的金属和玉石，这里的树木以柞树和檀树最多。雎水从这座山流出，然后向东南流入长江，水中有很多丹砂，还生长着许多有彩色斑纹的鱼。

［清］汪绂 图本

【原文】

5.95 东北百里，曰荆山，其阴多铁，其阳多赤金，其中多犛（máo）牛[①]，多豹、虎，其木多松柏，多橘、櫾[②]（yòu），其草多竹。漳水出焉，而东南流注于雎，其中多黄金，多鲛（jiāo）鱼[③]。其兽多闾麋[④]。

【注释】

①犛牛：即牦牛。②櫾：同“柚”。③鲛鱼：即鲨鱼。④闾：传说中的兽名，似驴。麋：麋鹿，也叫驼鹿。

【译文】

往东北一百里有座荆山，山的北面有丰富的铁，山的南面有丰富的赤金，山中生长着许多牦牛、豹子和老虎，山里的树木以松树和柏树最多，还有许多橘子树和柚子树，花草多是些丛生的小竹子。漳水从这座山流出，然后向东南流入雎水。漳水中盛产黄金，并生长着很多鲨鱼。山中的野兽以闾和麋鹿最多。

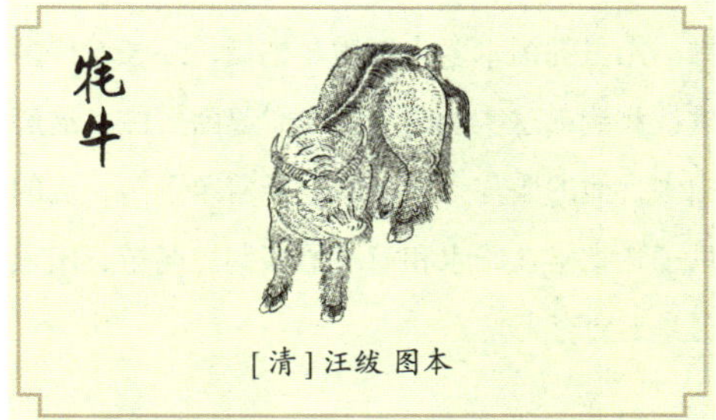

［清］汪绂 图本

［清］汪绂 图本

［明］蒋应镐 图本

【原文】

5.96 又东北百五十里，曰骄山，其上多玉，其下多青雘，其木多松、柏，多桃枝、钩端①。神䲦（tuó）围处之，其状如人面，羊角虎爪，恒游于雎（jū）漳之渊，出入有光。

【注释】

①桃枝：矮竹。钩端：竹子的一种。

【译文】

再往东北一百五十里有座骄山。山上有丰富的玉石，山下有丰富的可做颜料的青色矿物，山里的树木多为松树和柏树，还长着许多桃枝和钩端这类小竹子。神仙䲦围居住在这座山中，他的脸与人脸相似，长着羊的角，虎的爪子，常常在雎水和漳水的深渊里畅游，出入时身上会有亮光。

[清] 吴任臣 图本

[清] 汪绂 图本

【原文】

5.97 又东北百二十里，曰女几之山，其上多玉，其下多黄金，其兽多豹、虎，多闾、麋、麖、麂（jǐ）①，其鸟多白鷮②（jiāo），多翟③（dí），多鸩④（zhèn）。

【注释】

①麖：水鹿。麂：一种小型鹿。②白鷮：也叫“鷮雉”，一种像野鸡而尾巴较长的雉。③翟：长尾的野鸡。④鸩：鸩鸟，传说中的一种身体有毒的鸟。

【译文】

再往东北一百二十里有座女几山。山上盛产玉石，山下盛产黄金，山中的野兽多为豹子和老虎，还有许多的闾、麋鹿、水鹿和各种小型鹿，山里的禽鸟以白鷮居多，还有很多的长尾巴野鸡和鸩鸟。

[清] 汪绂 图本

【原文】

5.98 又东北二百里，曰宜诸之山，其上多金、玉，其下多青雘。洈（wéi）水出焉，而南流注于漳，其中多白玉。

【译文】

再往东北二百里有座宜诸山。山上盛产金属和玉石，山下盛产可做颜料的青色矿物。洈水从这座山流出，然后向南流入漳水，洈水中有很多白色玉石。

【原文】

5.99 又东北三百五十里，曰纶山，其木多梓楠，多桃枝，多柤[①]（zhā）栗、橘、櫾（yòu），其兽多闾、麈（zhǔ）、麢、㚟（chuò）[②]。

【注释】

①柤：果树名。②麈：鹿的一种，其尾可做拂尘。麢：同“羚”，羚羊。㚟：传说中的兽名。似兔而鹿脚，青色。

【译文】

再往东北三百五十里有座纶山。山中生长着繁茂的梓树、楠树，有很多丛生的矮竹，还有许多的柤树、栗子树、橘子树、柚子树，山里的野兽以闾、麈、羚羊、㚟居多。

［清］汪绂 图本

【原文】

5.100 又东二百里，曰陆鄃（guǐ）之山，其上多㻬琈之玉，其下多垩，其木多杻、橿。

【译文】

再往东北二百里有座陆鄃山，山上盛产㻬琈玉，山下盛产各种颜色的垩土，山里的树木多为杻树和橿树。

【原文】

5.101 又东百三十里，曰光山，其上多碧[①]，其下多水。神计蒙处之，其状人身而龙首，恒游于漳渊，出入必有飘风[②]暴雨。

【注释】

①碧：青绿色的玉石。②飘风：旋风，暴风。

【译文】

再往东一百三十里有座光山，山上有很多青绿色的玉石，山下流水众多。神仙计蒙居住在这座山里，他的形貌为人的身子龙的头，常常在漳水的深渊里畅游，出入时一定有旋风和暴雨相伴随。

［清］汪绂 图本

【原文】

5.102 又东百五十里，曰岐（qí）山，其阳多赤金，其阴多白珉[1]（mín），其上多金、玉，其下多青雘，其木多樗。神涉䖒处之，其状人身而方面三足。

【注释】

①珉：一种似玉的美石。

【译文】

再往东一百五十里有座岐山。山的南面多出产黄金，山的北面多出产似玉的白色美石。山上有丰富的金属和玉石，山下有丰富的可做颜料的青色矿物，山里的树木多为臭椿树。神仙涉䖒就住在这座山里，他长着人的身子，脸为方形，有三只脚。

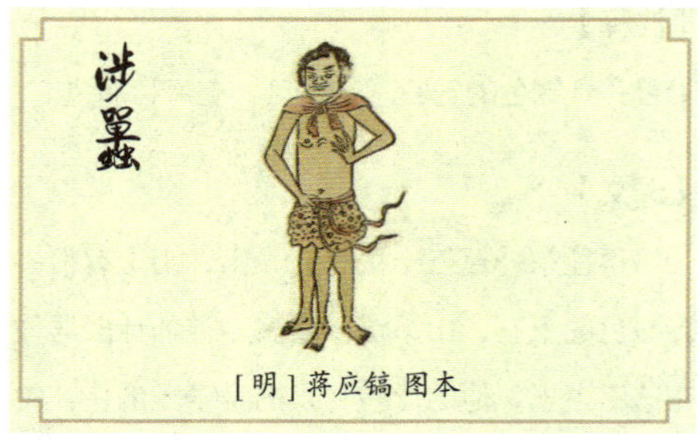

［明］蒋应镐 图本

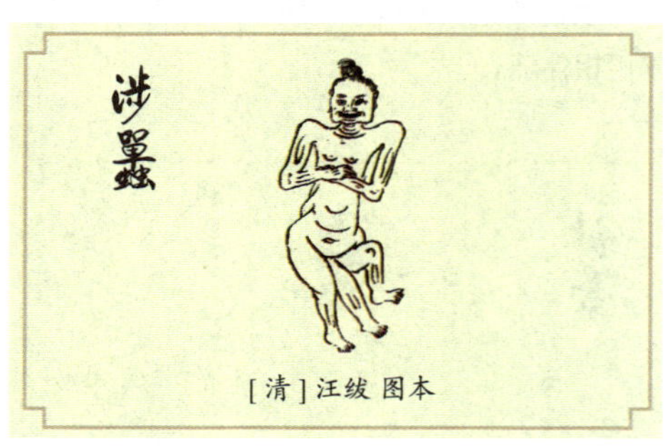

［清］汪绂 图本

【原文】

5.103 又东百三十里，曰铜山，其上多金、银、铁，其木多榖、柞、柤、栗、橘、櫾，其兽多犳（zhuó）。

【译文】

再往东一百三十里有座铜山。山上有丰富的金、银、铁，山里的树木多为构树、柞树、柤树、栗子树、橘子树、柚子树，山中的野兽多是犳。

【原文】

5.104 又东北一百里，曰美山，其兽多兕（sì）牛，多闾、麈，多豕、鹿，其上多金，其下多青雘。

【译文】

再往东北一百里有座美山。山中的野兽多为犀牛，也有很多闾、麈，还有猪和鹿，山上有丰富的金属，山下有很多可做颜料的青色矿石。

【原文】

5.105 又东北百里，曰大尧之山，其木多松、柏，多梓、桑，多机，其草多竹，其兽多豹、虎、麢、㚟。

【译文】

再往东北一百里有座大尧山。山里以松树、柏树居多，也有很多梓树、桑树和机树，这里的草大多是丛生的小竹子，山中的野兽多为豹子、老虎、羚羊、臭。

【原文】

5.106 又东北三百里，曰灵山，其上多金、玉，其下多青雘，其木多桃、李、梅、杏。

【译文】

再往东北三百里有座灵山。山上有丰富的金属和玉石，山下盛产可做染料的青色矿物，山里的树木大多是桃树、李树、梅树、杏树。

【原文】

5.107 又东北七十里，曰龙山，上多寓木①，其上多碧，其下多赤锡②，其草多桃枝、钩端。

【注释】

①寓木：又叫宛童，一种寄生在树上的植物。

②赤锡：指未经提炼的锡矿。

［明］李时珍《本草纲目》

【译文】

再往东北七十里有座龙山，山上有许多寄生树。山上还盛产青绿色的玉石，山下有丰富的赤锡矿，山中的草大多是桃枝和钩端之类的小竹丛。

【原文】

5.108 又东南五十里，曰衡山，上多寓木、榖、柞，多黄垩、白垩。

【译文】

再往东南五十里有座衡山。山上有许多寄生树、构树、柞树，还有很多黄色垩土、白色垩土。

【原文】

5.109 又东南七十里，曰石山，其上多金，其下多青雘，多寓木。

【译文】

再往东南七十里有座石山。山上盛产金属，山下有丰富的可做染料的青色矿物，还生长着许多寄生树。

【原文】

5.110 又南百二十里，曰若山，其上多㻬琈之玉，多赭，多封石，多寓木，多柘。

【译文】

再往南一百二十里有座若山，山上盛产㻬

琈玉，也有丰富的赭石，还有很多封石，山里生长着繁茂的寄生树，还有很多的柘树。

【原文】

5.111 又东南一百二十里，曰𡾋山，多美石，多柘。

【译文】

再往东南一百二十里有座𡾋山。山中有很多漂亮的石头，还生长着繁茂的柘树。

【原文】

5.112 又东南一百五十里，曰玉山，其上多金、玉，其下多碧、铁，其木多柏。

【译文】

再往东南一百五十里有座玉山。山上有丰富的金属和玉石，山下有许多青绿色的玉石和铁矿，山里的树木多为柏树。

【原文】

5.113 又东南七十里，曰讙山，其木多檀，多封石，多白锡。郁水出于其上，潜于其下，其中多砥砺。

【译文】

再往东南七十里有座讙山。山里的树木多为檀树，山里还盛产封石和白锡。郁水发源于这座山的山顶，然后潜流到山下，水中有很多磨刀石。

【原文】

5.114 又东北百五十里，曰仁举之山，其木多榖、柞，其阳多赤金，其阴多赭。

【译文】

再往东北一百五十里有座仁举山。山里的树木以构树和柞树居多，山的南面有丰富的黄金，山的北面有许多赭石。

【原文】

5.115 又东五十里，曰师每之山，其阳多砥砺，其阴多青雘，其木多柏，多檀，多柘，其草多竹。

【译文】

再往东五十里有座师每山。山的南面多出产磨刀石，山的北面多出产可做颜料的青色矿物。山中的树木多为柏树，也有很多檀树，还生长着繁茂的柘树，而草多是些丛生的小竹子。

【原文】

5.116 又东南二百里，曰琴鼓之山。其木多榖、柞、椒、柘。其上多白珉①，其下多洗石②，其兽多豕、鹿，多白犀，其鸟多鸩。

【注释】

①白珉：洁白如玉的石头。②洗石：一种含碱的石头，能溶解污垢。

【译文】

再往东南二百里有座琴鼓山。山里的树木多为构树、柞树、花椒树、柘树。山上有很多洁白如玉的石头，山下有许多洗石。山中的野兽多为猪、鹿，还有许多白色犀牛，山里的禽鸟大多是有毒的鸩鸟。

【原文】

5.117 凡荆山之首，自景山至琴鼓之山，凡二十三山，二千八百九十里。其神状皆鸟身而人面。其祠：用一雄鸡祈瘗①，用一藻圭，糈用稌。骄山，冢也。其祠：用羞酒少牢祈瘗，婴用一璧。

【注释】

①祈：向神求福。瘗：埋葬。

【译文】

总计荆山山系中的山，自景山起到琴鼓山止，一共二十三座山，途经二千八百九十里。这些山的山神都是鸟的身子人的脸，祭祀他们要用一只公鸡作祭品，祈祷后将其埋入地下，并用一块带彩色花纹的圭献祭，祀神的米要用稻米。骄山是大山神的居住地。祭祀骄山山神要用美酒、猪、羊作为祭品，祭祀后将其埋入地下，祀神的玉则用一块璧。

[明] 蒋应镐 图本

[清] 汪绂 图本

中次九经

【导读】

《中次九经》记载了岷山山系十六座山的地理位置和山川风貌，该山系大致位于今四川、重庆、湖北境内。山中草木繁盛，且有虎、豹、猪、鹿、羚羊等兽类栖息于此。

马身龙首神
独狼
窃脂
雒
良龟

【原文】

5.118 中次九山岷山之首，曰女几之山，其上多石涅（niè）①，其木多杻、橿，其草多菊茉。洛水出焉，东注于江。其中多雄黄，其兽多虎豹。

【注释】

①石涅：一种矿石，可做黑色染料。

【译文】

中央第九列山系岷山山系的第一座山叫作女几山，山上有许多石涅，山里的树木以杻树、橿树居多，而花草多为野菊、茉草。洛水流经此山，然后向东流入长江。山里有很多雄黄，野兽多是老虎和豹子。

【原文】

5.119 又东北三百里，曰岷山。江水出焉，东北流注于海，其中多良龟，多鼍。其上多金、玉，其下多白珉。其木多梅、棠，其兽多犀、象，多夔牛，其鸟多翰、鷩。

【译文】

再往东北三百里有座岷山。长江从岷山流出，然后向东北流入大海，水中生长着许多品种优良的龟，还有许多鼍。山上有丰富的金属和玉石，山下盛产一种白色像玉的石头。山中的树木多为梅树和海棠树，野兽以犀牛和大象居多，还有许多的夔牛，山里的禽鸟大多是翰鸟和鷩鸟。

[清]汪绂 图本

[清]汪绂 图本

【原文】

5.120 又东北一百四十里，曰崃（lái）山。江水出焉，东流注大江。其阳多黄金，其阴多麋麈，其木多檀、柘，其草多䪥[①]（xiè）韭，多药、空夺[②]。

【注释】

①䪥：一种多年生草本植物。②药：指白芷，一种香草。空夺：即寇脱。

【译文】

再往东北一百四十里有座崃山。江水流经此山，然后向东流入长江。山的南面盛产黄金，山的北面有很多麋鹿和麈。山里的树木大多是檀树和柘树，而花草大多是薤菜和野韭菜，还有许多白芷和寇脱。

【原文】

5.121 又东一百五十里，曰崌（jū）山。江水出焉，东流注于大江，其中多怪蛇，多鷙（zhì）鱼[①]。其木多楢[②]、杻，多梅、梓。其兽多夔牛、麢、臭、犀、兕。有鸟焉，状如鸮③（xiāo）而赤身白首，其名曰窃脂，可以御火。

【注释】

①鳘鱼：传说中的鱼名。②楢：一种木材刚硬的树木，可以用作制造车子的材料。③鸮：猫头鹰一类的猛禽。

【译文】

再往东一百五十里有座崌山。江水流经此山，然后向东流入长江，水中生长着许多怪蛇，还有很多鳘鱼。山里的树木多为楢树和杻树，还有很多梅树与梓树。野兽以夔牛、羚羊、㚟、犀牛、兕最多。山中有一种禽鸟，外形像猫头鹰却有红色的身子白色的脑袋，名叫窃脂，把它养在身边可以防御火灾。

[清]汪绂 图本

【原文】

5.122 又东三百里，曰高梁之山，其上多垩，其下多砥砺，其木多桃枝、钩端。有草焉，状如葵①而赤华，荚实白柎②，可以走马③。

【注释】

①葵：菜名。又名冬葵，可入药。②柎：花萼，花托。③走马：使马跑得快。

【译文】

再往东三百里有座高梁山。山上盛产垩土，山下盛产磨刀石。山里的树木大多是桃枝和钩端一类的小竹丛。山中生长着一种草，外形像葵却开红色的花朵，结带荚的果实，长着白色的花萼，马吃了它就能跑得快。

【原文】

5.123 又东四百里，曰蛇山，其上多黄金，其下多垩，其木多栒（xún），多豫章，其草多嘉荣、少辛。有兽焉，其状如狐而白尾长耳，名狍（shì）狼，见（xiàn）则国内有兵。

【译文】

再往东四百里有座蛇山，山上有许多黄金，山下多出产垩土。山里的树木多为栒树，还有许多豫章树，花草以嘉荣、细辛居多。山中有一种野兽，外形像狐狸，却长着白尾巴和长耳朵，名叫狍狼，它只要一出现，国家就会出现战争。

[清]汪绂 图本

【原文】

5.124 又东五百里，曰鬲山，其阳多金，其阴多白珉。蒲鸏（hōng）之水出焉，而东流注于江，其中多白玉。其兽多犀、象、熊、罴，多猿、蜼（wěi）。

【译文】

再往东五百里有座鬲山，山的南面盛产金属，山的北面盛产白色的像玉一样的石头。蒲鸏水从这座山流出，然后向东流入长江，水中有很多白色玉石。山中的野兽多为犀牛、大象、熊、马熊，还有许多猿猴、蜼。

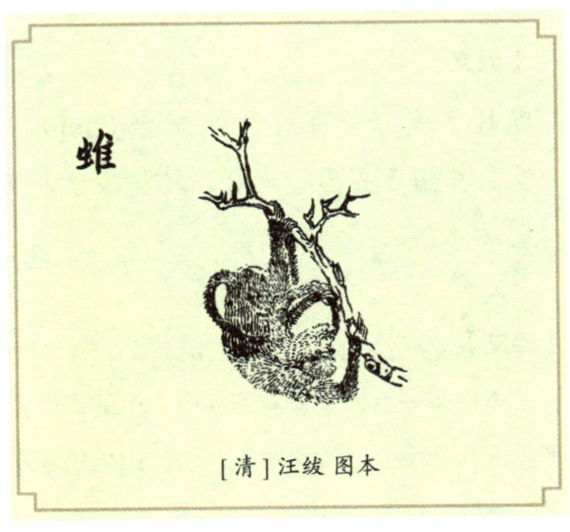

[清] 汪绂 图本

【原文】

5.125 又东北三百里，曰隅（yú）阳之山，其上多金、玉，其下多青雘，其木多梓、桑，其草多茈。徐之水出焉，东流注于江，其中多丹粟。

【译文】

再往东北三百里有座隅阳山。山上有丰富的金属和玉石，山下有丰富的可做颜料的青色矿石。山里的树木大多是梓树和桑树，草类大多是紫草。徐水从此山流出，然后向东流入长江，水中有丰富的丹砂。

【原文】

5.126 又东二百五十里，曰岐山，其上多白金，其下多铁，其木多梅、梓，多杻、楢。减水出焉，东南流注于江。

【译文】

再往东二百五十里有座岐山。山上有丰富的白金，山下有丰富的铁。山里的树木多为梅树和梓树，还有许多杻树和楢树。减水从此山流出，然后向东南流入长江。

【原文】

5.127 又东三百里，曰勾㭲（mí）之山，其上多玉，其下多黄金，其木多栎、柘，其草多芍药。

【译文】

再往东三百里有座勾㭲山。山上盛产玉石，山下盛产黄金。山里的树木大多是栎树和柘树，花草多为芍药。

【原文】

5.128 又东一百五十里，曰风雨之

山，其上多白金，其下多石涅，其木多棷（zōu）、椫（shàn）①，多杨。宣余之水出焉，东流注于江，其中多蛇。其兽多闾、麋麈，多豹、虎，其鸟多白鷮。

【注释】

①棷：树名。椫：树名，又名百理木，白纹，坚硬，古代用来做梳、勺等。

【译文】

再往东一百五十里有座风雨山。山上多出产白金，山下多出产石涅。山里的树木以棷树和椫树居多，也有很多杨树。宣余水流经此山，然后向东流入长江，水中有很多水蛇。山里的野兽以闾和麋麈居多，还有许多的豹子、老虎，而禽鸟大多是白鷮。

【原文】

5.129 又东北二百里，曰玉山，其阳多铜，其阴多赤金，其木多豫章、楢、杻。其兽多豕、鹿、麢、臭，其鸟多鸩。

【译文】

再往东北二百里有座玉山。山的南面有丰富的铜，山的北面有丰富的赤金。山里的树木以豫章树、楢树、杻树最多。山中的野兽多为猪、鹿、羚羊、臭，禽鸟大多是鸩鸟。

【原文】

5.130 又东一百五十里，曰熊山。有穴焉，熊之穴，恒出神人。夏启而冬闭，是穴也，冬启乃必有兵。其上多白玉，其下多赤金。其木多樗、柳，其草多寇脱。

【译文】

再往东一百五十里有座熊山。山中有一洞穴，是熊的巢穴，经常有神人出入。这个洞穴在夏季开启，冬季关闭。这个洞如果在冬季开启就一定会发生战争。山上有丰富的白色玉石，山下有丰富的赤金。山里的树木以臭椿树和柳树居多，而花草多为寇脱。

【原文】

5.131 又东一百四十里，曰騩（guī）山，其阳多美玉、赤金，其阴多铁，其木多桃枝、荆、芑。

【译文】

再往东一百四十里有座騩山，山的南面盛产美玉和赤金，山的北面盛产铁。山里的草木多为桃枝、牡荆、枸杞树。

【原文】

5.132 又东二百里，曰葛山，其上多赤金，其下多瑊（jiān）石[①]，其木多柤、栗、橘、櫾、楢、杻，其兽多麢、臭，其草多嘉荣。

【注释】

①瑊石：一种似玉的美石。

【译文】

再往东二百里有座葛山。山上有丰富的赤金，山下有丰富的瑊石。山里的树木以柤树、栗子树、橘子树、柚子树、楢树、杻树居多，野兽以羚羊和臭居多，花草大多是嘉荣。

【原文】

5.133 又东一百七十里，曰贾超之山，其阳多黄垩，其阴多美赭，其木多柤、栗、橘、櫾，其中多龙脩[①]。

【注释】

①龙脩：即龙须草，多年生草本植物，草茎倒垂，可以用来编织席子。

【译文】

再往东一百七十里有座贾超山。山的南面多出产黄色垩土，山的北面多出产优质赭石。山里的树木大多是柤树、栗子树、橘子树、柚子树，山中的草多为龙须草。

【原文】

5.134 凡岷山之首，自女几山至于贾超之山，凡十六山，三千五百里。其神状皆马身而龙首。其祠：毛用一雄鸡瘗，糈用稌。文山、勾㮤、风雨、騩山，是皆冢也。其祠之：羞酒，少牢具，婴用一吉玉。熊山，帝[①]也。其祠：羞酒，太牢具，婴用一璧。干儛，用兵以禳[②]；祈，璆[③]（qiú）冕[④]（miǎn）舞。

【注释】

①帝：一说作“席”，这里是首领的意思。②禳：祈祷消灾。③璆：通“球”，美玉。④冕：礼帽，为古代帝王、诸侯及卿大夫所戴。

【译文】

总计岷山山系中的山，自女几山起到贾超山止，一共十六座山，途经三千五百里。这些山中的山神都长着马的身体和龙的脑袋。祭祀这些山神需要：一只公鸡作为毛物，埋入地下作为祭品，米用稻米。文山、勾㮤山、风雨山、騩山是大山神的居住之地。祭祀这几座山的山神需要：进献美酒，用猪、羊作为祭品，祀神的玉用一块吉玉。熊山山神，是诸山神的首领。祭祀这位山神需要向其进献美酒，用猪、牛、羊齐全的三牲作祭品，祀神的玉用一块玉璧。祭祀时手拿盾牌舞蹈，以求消除战争灾祸；祈祷时，手持美玉、头戴礼帽跳舞。

中次十经

【导读】

《中次十经》记载了首阳山山系九座山的地理位置和山川风貌，该山系大致分布于今河南、湖北一带。此山系矿产丰富，出产金、玉石、铁矿等资源。

鸜鹆

跂踵

【原文】

5.135 中次十山之首，曰首阳之山，其上多金、玉，无草木。

【译文】

中央第十列山系的第一座山叫作首阳山。山上有丰富的金属和玉石，没有花草树木。

【原文】

5.136 又西五十里，曰虎尾之山，其木多椒、椐[1]（jū），多封石，其阳多赤金，其阴多铁。

【注释】

①椐：树名，即灵寿木，树干上多肿节，古人用作手杖。

【译文】

再往西五十里有座虎尾山。山里的树木以花椒树、椐树最多，山里有很多封石。山的南面有丰富的赤金，山的北面有丰富的铁矿。

【原文】

5.137 又西南五十里，曰繁缋（huì）之山，其木多楢、杻，其草多枝勾[1]。

【注释】

①枝勾：即桃枝竹、钩端竹，矮小而丛生。

【译文】

再往西南五十里有座繁缋山。山里的树木大多是楢树和杻树，草类大多是桃枝、钩端之类的小竹丛。

【原文】

5.138 又西南二十里，曰勇石之山，无草木，多白金，多水。

【译文】

再往西南二十里有座勇石山。山中不生长花草树木，有丰富的白金，还有许多流水。

【原文】

5.139 又西二十里，曰复州之山，其木多檀，其阳多黄金。有鸟焉，其状如鸮，而一足彘尾，其名曰跂踵（qǐ zhǒng），见（xiàn）则其国大疫。

【译文】

再往西二十里有座复州山。山里的树木以檀树居多。山的南面有丰富的黄金。山中有一种禽鸟，外形像猫头鹰，长着一只脚和猪的尾巴，名叫跂踵，它出现在哪个国家，哪个国家就会发生大瘟疫。

[清] 吴任臣 图本

【原文】

5.140 又西三十里，曰楮（chǔ）山，多寓木，多椒、椐，多柘，多垩。

【译文】

再往西三十里有座楮山。山中生长着茂密的寄生树，也有很多花椒树、椐树和柘树，还有大量的白土。

【原文】

5.141 又西二十里，曰又原之山，其阳多青雘，其阴多铁，其鸟多鸜（qú）鹆（yù）[①]。

【注释】

①鸜鹆：即八哥。

【译文】

再往西二十里有座又原山。山的南面有丰富的可做颜料的青色矿物，山的北面有丰富的铁。山里的禽鸟以八哥最多。

【原文】

5.142 又西五十里，曰涿（zhuō）山，其木多榖、柞、杻，其阳多㻬琈之玉。

【译文】

再往西五十里有座涿山。山里的树木大多是构树、柞树、杻树。山的南面有丰富的㻬琈玉。

【原文】

5.143 又西七十里，曰丙山，其木多梓、檀，多弞（shěn）杻[①]。

【注释】

①弞杻：高大的杻树。

【译文】

再往西七十里有座丙山。山里的树木大多是梓树、檀树，还有很多高大的杻树。

【原文】

5.144 凡首阳山之首，自首山至于丙山，凡九山，二百六十七里。其神状皆龙身而人面，其祠之：毛用一雄鸡瘗，糈用五种之糈[①]。堵山[②]，冢也，其祠之：少牢具，羞酒祠，婴用一璧瘗。騩山，帝也，其祠：羞酒，太牢具，合巫祝二人儛[③]，婴一璧。

【注释】

①五种之糈：指黍、稷、稻、粱、麦五种粮米。②堵山：指楮山。③巫：古代以求神、占卜为职业的人。女曰巫，男曰觋（xī）。祝：祭祀时主持祭礼的人。儛：跳舞。

【译文】

总计首阳山山系的山，自首阳山起到丙山止，一共九座山，途经二百六十七里。这些山的山神形貌都是龙的身体人的脸。祭祀这些山神时毛物要用一只公鸡，献祭后将其埋入地下，用黍、稷、稻、粱、麦五种粮米作为祭祀用的精米。楮山，是大山神的居住之地，祭祀这位山神需要用猪、羊二牲作祭品，向其进献美酒来祭祀，玉器用一块璧，并在祭祀后埋入地下。騩山中的山神，是诸山山神的首领，祭祀騩山山神要向其进献美酒，用猪、牛、羊齐全的三牲作祭品，还要让巫师和主持祭礼的人一起跳舞，玉器用一块璧。

中次十一经

【导读】

《中次十一经》记载了荆山山系四十八座山的地理位置和山川风貌，该山系的山大致分布于今河南、湖北、安徽一带，是五部山经中记录的山最多的山系。该山系记载的植物和鸟兽多为常见的生物，还有几种长相怪异的野兽，如长着红眼睛红嘴巴黄身体的灾兽雍和，形似刺猬、全身通红如火，一出现就会引发大瘟疫的狭。这些山的山神皆为猪身人首，要用特定的仪式祭祀他们。

【原文】

5.145 中次一十一山荆山之首，曰翼望之山。湍（tuān）水出焉，东流注于济；贶（kuàng）水出焉，东南流注于汉，其中多蛟[1]。其上多松、柏，其下多漆[2]、梓，其阳多赤金，其阴多珉。

【注释】

①蛟：古代传说中能发水的一种龙。②漆：漆树。

【译文】

中央第十一列山系荆山山系的第一座山叫作翼望山。湍水从这座山流出，然后向东流入济水；贶水也从这座山流出，之后向东南流入汉水，水中有很多蛟龙。山上生长着茂密的松树和柏树，山下有很多漆树和梓树。山的南面多出产黄金，山的北面多出产像玉一样的石头。

【原文】

5.146 又东北一百五十里，曰朝歌之山。潕（wǔ）水出焉，东流注于荥（xíng），其中多人鱼[1]。其上多梓、楠，其兽多麢、麋。有草焉，名曰莽（máng）草[2]，可以毒鱼。

【注释】

①人鱼：即鲛人，传说其头部或上半身是人，下半身是鱼尾。②莽草：即芒草，可制作绳索和草鞋。

【译文】

再往东北一百五十里有座朝歌山。潕水从这座山流出，然后向东流入荥水，水中生长着很多鲛人。山上有茂密的梓树、楠树，山里的野兽多为羚羊、麋鹿。山中有一种草，名叫莽草，这种草能够毒死鱼类。

【原文】

5.147 又东南二百里，曰帝囷（qūn）之山，其阳多㻬琈之玉，其阴多铁。帝囷之水出于其上，潜于其下，多鸣蛇。

【译文】

再往东南二百里有座帝囷山。山的南面有丰富的㻬琈玉，山的北面有丰富的铁。帝囷水发源于这座山的山顶，然后潜流到山下，水中有很多鸣蛇。

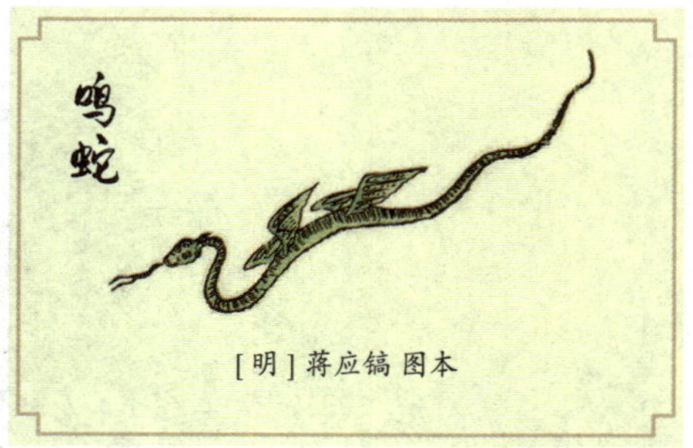

［明］蒋应镐 图本

【原文】

5.148 又东南五十里，曰视山，其上多韭。有井[1]焉，名曰天井，夏有水，冬竭。其上多桑，多美垩、金、玉。

【注释】

①井：这里指处在低洼地的水泉。

【译文】

再往东南五十里有座视山。山上生长着很多野韭菜。山中有一口井，叫作天井，夏天有水，冬天枯竭。山上有茂密的桑树，还有丰富的优良白土、金属和玉石。

【原文】

5.149 又东南二百里，曰前山，其木多槠①（zhū），多柏，其阳多金，其阴多赭。

【注释】

①槠：树名，木质坚硬，果实球形，可食。

【译文】

再往东南二百里有座前山。山里的树木以槠树居多，还有很多的柏树。山的南面盛产金属，山的北面盛产赭石。

【原文】

5.150 又东南三百里，曰丰山。有兽焉，其状如猿，赤目、赤喙、黄身，名曰雍和，见（xiàn）则国有大恐。神耕父处之，常游清泠（líng）之渊①，出入有光，见（xiàn）则其国为败。有九钟焉，是知霜鸣。其上多金，其下多穀、柞、杻、橿。

【注释】

①清泠之渊：清泠渊，在今河南南阳市。

【译文】

再往东南三百里有座丰山。山中有一种野兽，外形像猿猴，长着红眼睛、红嘴巴、黄色的身子，名叫雍和，它出现在哪个国家，哪个国家里就会发生大恐慌。神仙耕父住在这座山里，他常常在清泠渊畅游，出入时身上发出亮光，他出现在哪个国家，哪个国家就会走向衰败。这座山还有九口钟，它们都随着霜降而鸣响。山上有丰富的黄金，山下有茂密的构树、柞树、杻树、橿树。

［清］汪绂 图本

［清］汪绂 图本

【原文】

5.151 又东北八百里，曰兔床之山，其阳多铁，其木多槠芧（zhū yù）①，其草多鸡谷②，其本如鸡卵，其味酸甘，食者利于人。

【注释】

①槠芧：即槠树和芧树。②鸡谷：草名，一说指蒲公英。

【译文】

再往东北八百里有座兔床山。山的南面有丰富的铁，山里的树木以槠树和芧树最多。花草多为鸡谷草，它的根茎像鸡蛋似的，味道酸甜，人吃了它对身体有益。

【原文】

5.152 又东六十里，曰皮山，多垩，多赭，其木多松、柏。

【译文】

再往东六十里有座皮山，山中有大量的垩土，还有很多赭石。山里的树木大多是松树和柏树。

【原文】

5.153 又东六十里，曰瑶碧之山，其木多梓、楠，其阴多青雘，其阳多白金。有鸟焉，其状如雉，恒食蜚①（fěi），名曰鸩②。

【注释】

①蜚：一种吃稻花的害虫。②鸩：鸩鸟，与《中次八经》“女几山”中所载食蛇的鸩为同名异鸟。

【译文】

再往东六十里有座瑶碧山。山里的树木多为梓树和楠树。山的北面盛产可做颜料的青色矿物，山的南面盛产白金。山中有一种禽鸟，外形像野鸡，常吃蜚虫，它的名字叫鸩。

[明]蒋应镐 图本

[清]汪绂 图本

【原文】

5.154 又东四十里，曰支离之山。济水出焉，南流注于汉。有鸟焉，其名曰婴勺，其状如鹊，赤目、赤喙、白身，其尾若勺，其鸣自呼。多㸲牛，多羬羊。

【译文】

再往东四十里有座支离山。济水从这座山流出，然后向南流入汉水。山中有一种禽鸟，名叫婴勺，外形像喜鹊，长着红色的眼睛、红色的嘴巴、白色的身子，尾巴形状像勺子，它发出的叫声就像是在呼叫自己的名字。这座山中还有很多㸲牛、羬羊。

[明]蒋应镐 图本

[清]汪绂 图本

【原文】

5.155 又东北五十里，曰袟篙（zhì diāo）之山，其上多松柏、机桓[①]。

【注释】

①桓：树名，又称无患树，叶似柳，皮黄白色。

【译文】

再往东北五十里有座袟篙山，山上有茂密的松树、柏树、桤树和无患树。

【原文】

5.156 又西北一百里，曰堇（jǐn）理之山，其上多松、柏，多美梓，其阴多丹雘[①]，多金，其兽多豹、虎。有鸟焉，其状如鹊，青身白喙，白目白尾，名曰青耕，可以御疫，其鸣自叫。

【注释】

①丹雘：一种可做颜料的红色矿石。

【译文】

再往西北一百里有座堇理山。山上有茂密的松树、柏树，还有很多美丽的梓树。山的北面有丰富的可做颜料的红色矿石，还有丰富的金属，山里的野兽多为豹子和老虎。山中有一种禽鸟，它的形貌像喜鹊，有着青色的身子，白色的嘴、白色的眼睛和白色的尾巴，名叫青耕，饲养它并带在身边可以抵御瘟疫，它的叫声像是在喊自己的名字。

【原文】

5.157 又东南三十里，曰依轱（gū）之山，其上多杻、橿，多苴[①]（jū）。有兽焉，其状如犬，虎爪有甲，其名曰獜（lìn），善駚（yāng）坌（fèn）[②]，食者不风。

【注释】

①苴：通“柤”，即柤树。②駚坌：跳跃扑击。

【译文】

再往东南三十里有座依轱山。山上有茂密的杻树和橿树，柤树也不少。山中有一种野兽，外形像狗，长着老虎的爪子，身上长着鳞甲，它的名字叫獜，这兽擅长跳跃扑击，人吃了它的肉能不患风痹病。

［明］蒋应镐 图本

［清］汪绂 图本

【原文】

5.158 又东南三十五里，曰即谷之山，多美玉，多玄豹，多闾、麈，多麢、臭。其阳多珉，其阴多青雘。

【译文】

再往东南三十五里有座即谷山。山里有很多美玉，也有很多黑豹，还有很多的闾、麈、羚羊和臭。山的南面盛产像玉一般的美石，山的北面盛产可做颜料的青色矿石。

【原文】

5.159 又东南四十里，曰鸡山，其上多美梓，多桑，其草多韭。

【译文】

再往东南四十里有座鸡山。山上有很多美丽的梓树，还有茂密的桑树，花草以野韭菜为多。

【原文】

5.160 又东南五十里，曰高前之山。其上有水焉，甚寒而清，帝台之浆[①]也，饮之者不心痛。其上有金，其下有赭。

【注释】

①浆：这里指水。

【译文】

再往东南五十里有座高前山。这座山上有

一条溪水，水冰凉而清澈，是神仙帝台用过的水，人饮用了它就能不得心痛的病。山上有丰富的金属，山下有丰富的赭石。

【原文】

5.161 又东南三十五里，曰游戏之山，多杻、橿、穀，多玉，多封石。

【译文】

再往东南三十里有座游戏山。山里有茂密的杻树、橿树、构树，还有丰富的玉石，封石也有很多。

【原文】

5.162 又东南三十五里，曰从山，其上多松、柏，其下多竹。从水出于其上，潜于其下，其中多三足鳖，枝[①]尾，食之无蛊[②]疾。

【注释】

①枝：分支的，分叉的。②蛊：疑心病。

【译文】

再往东南三十五里有座从山。山上生长着很多松树和柏树，山下有茂密的竹丛。从水发源于这座山的山顶，然后潜流到山下，水中有很多三足鳖，长着分叉的尾巴，人吃了它的肉就不会得疑心病。

[清] 汪绂 图本

【原文】

5.163 又东南三十里，曰婴硜(zhēn)之山，其上多松、柏，其下多梓、櫄。

【译文】

再往东南三十里有座婴硜山。山上到处是松树、柏树，山下有茂密的梓树、椿树。

【原文】

5.164 又东南三十里，曰毕山。帝苑之水出焉，东北流注于瀙[①](qìn)，其中多水玉[②]，多蛟。其上多㻬琈之玉。

【注释】

①瀙：水名，在今河南省境内，为汝水支流之一。②水玉：水晶。

【译文】

再往东南三十里有座毕山。帝苑水从这座山流出，然后向东北流入瀙水，水中有丰富的水晶石，还有很多蛟龙。山上有丰富的㻬琈玉。

【原文】

5.165 又东南二十里，曰乐马之山。有兽焉，其状如彙[①](wèi)，赤如丹火，其名曰狼[②](lì)，见(xiàn)则其国大疫。

【注释】

①彙：指刺猬。②狭：传说中的兽名。

【译文】

再往东南二十里有座乐马山。山中有一种野兽，外形像刺猬，全身通红如火，这种兽名叫狭，它在哪个国家出现哪个国家就会发生大瘟疫。

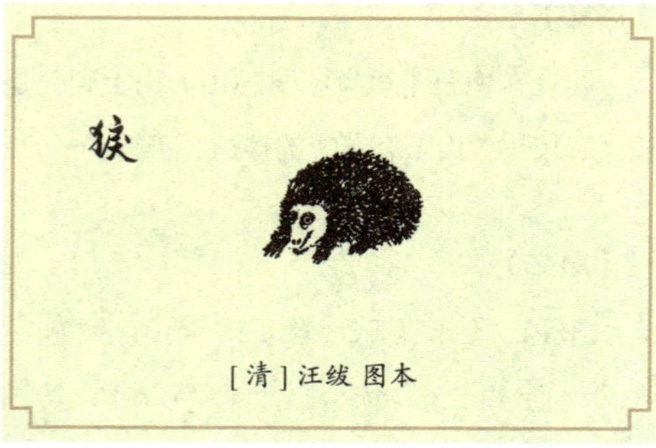

[清]汪绂 图本

【原文】

5.166 又东南二十五里，曰葴（zhēn）山。瀙水出焉，东南流注于汝水，其中多人鱼，多蛟，多颉[1]（xié）。

【注释】

①颉：传说中的兽名，形貌如青狗。

[清]汪绂 图本

【译文】

再往东南二十五里有座葴山。瀙水从这座山流出，然后向东南流入汝水，水中有很多人鱼，又有很多蛟龙，还有很多的颉。

【原文】

5.167 又东四十里，曰婴山，其下多青雘，其上多金、玉。

【译文】

再往东四十里有座婴山。山下有丰富的可做颜料的青色矿石，山上有丰富的金属和玉石。

【原文】

5.168 又东三十里，曰虎首之山，多苴、椆[1]（chóu）、椐。

【注释】

①椆：树名。据说是一种常绿树。

【译文】

再往东三十里有座虎首山，山里有茂密的柤树、椆树和椐树。

【原文】

5.169 又东二十里，曰婴侯之山，其上多封石，其下多赤锡。

【译文】

再往东二十里有座婴侯山。山上有丰富的封石，山下多出产红锡。

【原文】

5.170 又东五十里，曰大孰之山。杀水出焉，东北流注于瀙水，其中多白垩。

【译文】

再往东五十里有座大孰山。杀水从这座山流出，然后向东北流入瀙水，水中有很多白色垩土。

【原文】

5.171 又东四十里，曰卑山，其上多桃、李、苴、梓，多纍①（léi）。

【注释】

①纍：藤，指紫藤。

【译文】

再往东四十里有座卑山。山上有茂密的桃树、李树、柤树、梓树，还有很多紫藤树。

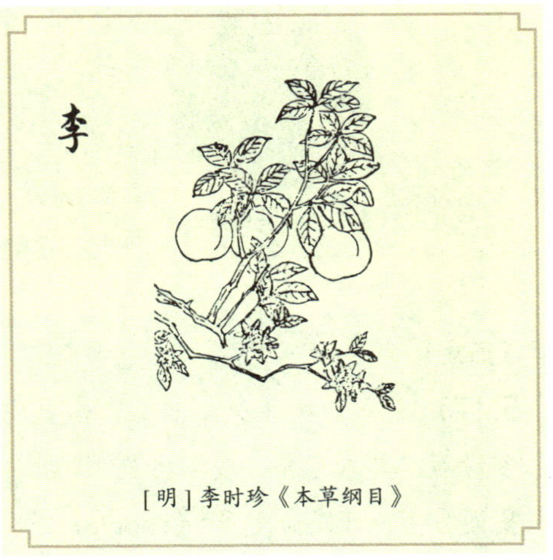

［明］李时珍《本草纲目》

【原文】

5.172 又东三十里，曰倚帝之山，其上多玉，其下多金。有兽焉，其状如鼣（fèi）鼠①，白耳白喙②，名曰狙（jū）如，见（xiàn）则其国大兵。

【注释】

①鼣鼠：一种鼠类动物。②喙：鸟兽的嘴。

【译文】

再往东三十里有座倚帝山。山上有丰富的玉石，山下有丰富的金属。山中有一种野兽，它的外形像鼣鼠，长着白色的耳朵和白色的嘴巴，名叫狙如，它在哪个国家出现，哪个国家就会有大的战争发生。

［明］蒋应镐 图本

［清］汪绂 图本

【原文】

5.173 又东三十里，曰鲵（ní）山。鲵水出于其上，潜于其下，其中多美垩。其上多金，其下多青雘。

【译文】

再往东三十里有座鲵山。鲵水发源于这座山的山顶，然后潜流到山下，山里有很多优良的白土。山上有丰富的金属，山下有丰富的可做颜料的青色矿物。

【原文】

5.174 又东三十里，曰雅山。澧水出焉，东流注于瀙水，其中多大鱼。其上多美桑，其下多苴，多赤金。

【译文】

再往东三十里有座雅山。澧水从这座山流出，然后向东流入瀙水，水中有很多大鱼。山上有许多美丽的桑树，山下有茂密的柤树，山里还有很多赤金。

【原文】

5.175 又东五十里，曰宣山。沦水出焉，东南流注于瀙水，其中多蛟。其上有桑焉，大五十尺①，其枝四衢，其叶大尺余，赤理黄华青柎（fū），名曰帝女之桑。

【注释】

①尺：长度单位，十寸为一尺。

【译文】

再往东五十里有座宣山。沦水从这座山流出，然后向东南流入瀙水，水中有很多蛟龙。山上有一种桑树，树干有五十尺宽，树枝向四方交错伸展，它的树叶有一尺多长，有红色的纹理、黄色的花朵、青色的花萼，名叫帝女桑。

【原文】

5.176 又东四十五里，曰衡山①，其上多青雘，多桑，其鸟多鸜鹆。

【注释】

①衡山：在今河南南阳北部，非今湖南衡阳的南岳衡山。

【译文】

再往东四十五里有座衡山。山上盛产可做颜料的青色矿石，还有茂密的桑树，山里的禽鸟以八哥居多。

［宋］佚名 秋树鸜鹆图

【原文】

5.177 又东四十里，曰丰山，其上多封石，其木多桑，多羊桃①，状如桃而方茎，可以为皮张②（zhàng）。

【注释】

①羊桃：同“阳桃”，属酢浆草科阳桃属植物，果可食。②张：通“胀”，浮肿。

【译文】

再往东四十里有座丰山。山上有丰富的封石，山里的树木大多是桑树，还有大量的阳桃，这种树的外形像桃树，茎干是方形的，可以用它治疗皮肤肿胀。

【原文】

5.178 又东七十里，曰妪（yù）山，其上多美玉，其下多金，其草多鸡谷。

【译文】

再往东七十里有座妪山。山上盛产美丽的玉石，山下盛产金属，山里的花草以鸡谷草最为繁盛。

【原文】

5.179 又东三十里，曰鲜山，其木多楢、杻、苴，其草多虋冬，其阳多金，其阴多铁。有兽焉，其状如膜犬[①]，赤喙、赤目、白尾，见（xiàn）则其邑有火，名曰狢（yí）即。

【注释】

①膜犬：兽名，一种体形高大，长发浓密，性情凶悍的犬类。

【译文】

再往东三十里有座鲜山。这里的树木以楢树、杻树、柤树居多，花草多为门冬，山的南面有丰富的金属，山的北面有丰富的铁。山中有一种野兽，外形像膜犬，长着红色的嘴巴、红色的眼睛、白色的尾巴，它在哪个地方出现，哪里就会发生火灾，这种兽名叫狢即。

[清]汪绂 图本

【原文】

5.180 又东三十里，曰皋山，其阳多金，其阴多美石。皋（gāo）水出焉，东流注于澧水，其中多脃（cuì）石[①]。

【注释】

①脃石：即脆石，一种松软而易碎的石头。

【译文】

再往东三十里有座皋山，山的南面有丰富的金属，山的北面有很多漂亮的石头。皋水从这座山流出，然后向东流入澧水，水中有许多松软易碎的石头。

【原文】

5.181 又东二十五里，曰大支之山，其阳多金，其木多榖、柞，无草。

【译文】

再往东二十五里有座大支山。山的南面有丰富的金属，山里的树木大多是构树和柞树，但不生长花草。

【原文】

5.182 又东五十里，曰区吴之山，其木多苴。

【译文】

再往东五十里有座区吴山，山里的树木以柤树最为繁盛。

【原文】

5.183 又东五十里，曰声匈之山，其木多榖，多玉，上多封石。

【译文】

再往东五十里有座声匈山。山里有茂密的构树，到处是玉石，山上还有丰富的封石。

【原文】

5.184 又东五十里，曰大騩之山，其阳多赤金，其阴多砥石。

【译文】

再往东五十里有座大騩山。山的南面有丰富的赤金，山的北面盛产细磨石。

【原文】

5.185 又东十里，曰踵臼（jiù）之山，无草木。

【译文】

再往东十里有座踵臼山，山里不生长花草树木。

【原文】

5.186 又东北七十里，曰历石之山，其木多荆、芑，其阳多黄金，其阴多砥石。有兽焉，其状如狸而白首虎爪，名曰梁渠，见（xiàn）则其国有大兵。

【译文】

再往东北七十里有座历石山。山里的树木以牡荆和枸杞最多。山的南面盛产黄金，山的北面盛产细磨石。山中有一种野兽，外形像野猫，长着白色的脑袋，老虎的爪子，它的名字叫梁渠，它在哪个国家出现，哪个国家就会发生大的战争。

［明］蒋应镐 图本

【原文】

5.187 又东南一百里，曰求山。求水出于其上，潜于其下，中有美赭。其木多苴，多䉋。其阳多金，其阴多铁。

【译文】

再往东南一百里有座求山。求水发源于这座山的山顶，然后潜流到山下，水中有很多优质的赭石。山里到处是柤树，还有许多丛生的䉋竹。山的南面有丰富的金属，山的北面有丰富的铁。

【原文】

5.188 又东二百里，曰丑阳之山，其上多椆、椐。有鸟焉，其状如乌[①]而赤足，名曰䳢鵌（zhǐ tú）[②]，可以御火。

【注释】

①乌：即乌鸦。②䳢鵌：传说中的一种鸟。

【译文】

再往东二百里有座丑阳山。山上有茂密的椆树和椐树。山中有一种禽鸟，外形像乌鸦却长着红色的爪子，它的名字叫䳢鵌，人们饲养它可以防御火灾。

［清］汪绂 图本

【原文】

5.189 又东三百里，曰奥山，其上多柏、杻、橿，其阳多㻬琈之玉。奥水出焉，东流注于瀙水。

【译文】

再往东三百里有座奥山。山上有茂密的柏树、杻树、橿树，山的南面盛产㻬琈玉。奥水从这座山流出，然后向东流入瀙水。

【原文】

5.190 又东三十五里，曰服山，其木多苴，其上多封石，其下多赤锡。

【译文】

再往东三十五里有座服山。山里的树木以柤树最多，山上有丰富的封石，山下有许多赤锡。

【原文】

5.191 又东三百里，曰杳（yǎo）山，其上多嘉荣草，多金、玉。

【译文】

再往东三百里有座杳山。山上有茂盛的嘉荣草，还有丰富的金属和玉石。

【原文】

5.192 又东三百五十里，曰几山，其木多楢、檀、杻，其草多香①。有兽焉，其状如彘，黄身、白头、白尾，名曰闻獜（lín）②，见（xiàn）则天下大风。

【注释】

①香：指香草。②闻獜：传说中的一种兽。

【译文】

再往东三百五十里有座几山。山里的树木以楢树、檀树、杻树最多，草类多是各种香草。山中有一种野兽，外形像猪，长着黄色的身子、白色的脑袋、白色的尾巴，这种兽名叫闻獜，它一出现天下就会刮起大风。

【原文】

5.193 凡荆山之首，自翼望之山至于几山，凡四十八山，三千七百三十二里。其神状皆彘身人首。其祠：毛用一雄鸡祈瘗，婴用一珪，糈用五种之精。禾山①，帝也。其祠：太牢之具，羞瘗倒毛②，婴用一璧，牛无常③。堵山、玉山④，冢也，皆倒祠⑤，羞用少牢⑥，婴用吉玉。

【注释】

①禾山：这一山系并无禾山，可能是“帝囷山”或“求山”的误写。②倒毛：“毛”指用于祭祀的带毛的动物。“倒毛”就是在祭礼举行完后，把毛物倒转着身子埋掉。③牛无常：这里指不一定用牛做祭品。无常，变化不定。④堵山、玉山：“堵山”见《中次七经》，“玉山”见《中次八经》和《中次九经》，《中次十一经》中并没有这两座山，不知为何山的误写。⑤倒祠：与“倒毛”的意思一样。⑥少牢：古代祭祀用羊和猪作为祭品，称为“少牢”。

【译文】

总计荆山山系中的山，自翼望山起到几山止，一共四十八座山，途经三千七百三十二里。这些山的山神都有着猪的身体和人的脑袋。祭祀这些山神需要：毛物用一只公鸡，祭祀后将其埋入地下，祭祀的玉器用一块玉珪，祀神用黍、稷、稻、粱、麦五种谷物。禾山山神，是诸山山神的首领。祭祀禾山山神需要用猪、牛、羊齐全的三牲作祭品，进献后将牲畜倒着身子埋入地下，用一块玉璧献祭，不一定非要用牛作祭品。堵山、玉山是诸山的宗主，祭祀后都要将牲畜的身子倒着埋入地下，进献的祭品要用猪、羊齐备的少牢之礼，祭祀的玉器要用一块上等的吉玉。

［清］汪绂 图本

中次十二经

【导读】

《中次十二经》记载了洞庭山山系十五座山的地理位置和山川风貌，该山系大致位于今湖南、湖北、江西境内。此山系植物众多，矿产种富。此经还记叙了手握两条蛇的于儿神的形貌及尧帝的两位女儿娥皇、女英的故事。本篇是五部山经的结束篇，在篇末对天下名山和《五臧山经》进行了总结。

于儿神

蛫

【原文】

5.194 中次十二山洞庭山之首，曰篇遇之山，无草木，多黄金。

【译文】

中央第十二列山系洞庭山山系的第一座山是篇遇山。山里不生长花草树木，有丰富的黄金。

【原文】

5.195 又东南五十里，曰云山，无草木，有桂竹[①]，甚毒，伤[②]人必死。其上多黄金，其下多琈琈之玉。

【注释】

①桂竹：竹子的一种。高四五丈，茎干合围有二尺粗，叶大节长，外形像甘竹，皮为红色。②伤："刺"的意思。这里作动词用。

【译文】

再往东南五十里有座云山。山里不生长花草树木，有一种桂竹毒性很强，人一旦被枝叶刺伤就必死无疑。山上盛产黄金，山下盛产琈琈玉。

【原文】

5.196 又东南一百三十里，曰龟山，其木多榖、柞、椆、椐，其上多黄金，其下多青雄黄，多扶竹[①]。

【注释】

①扶竹：即邛（qióng）竹，又叫扶老竹，可以做手杖。

【译文】

再往东南一百三十里有座龟山。山里的树木以构树、柞树、椆树、椐树最为繁盛。山上有丰富的黄金，山下有许多青雄黄，还有很多扶竹。

【原文】

5.197 又东七十里，曰丙山，多筀竹[①]，多黄金、铜、铁，无木。

【注释】

①筀竹：即桂竹。据古人讲，因它生长在桂阳，所以叫作桂竹。

【译文】

再往东七十里有座丙山，有茂密的桂竹，还有丰富的黄金、铜、铁，但没有树木。

【原文】

5.198 又东南五十里，曰风伯之山，其上多金、玉，其下多痠（suān）石、文石，多铁。其木多柳、杻、檀、楮。其东有林焉，名曰莽浮之林，多美木鸟兽。

【译文】

再往东南五十里有座风伯山。山上有丰富的金属和玉石，山下盛产痠石和带花纹的石头，还盛产铁。山里的树木以柳树、杻树、檀树、构树最多。山的东面有一片树林，叫作莽浮林，林中有许多美丽的树木和鸟兽。

【原文】

5.199 又东一百五十里，曰夫夫之山，其上多黄金，其下多青雄黄。其木多桑、楮，其草多竹、鸡鼓①。神于儿居之，其状人身②而身操两蛇，常游于江渊，出入有光。

【注释】

①鸡鼓：即前文所说的鸡谷草。②身：疑作“手”。

【译文】

再往东一百五十里有座夫夫山。山上多出产黄金，山下多出青雄黄。山里的树木以桑树、构树最多，草类多为竹子、鸡谷草。神仙于儿就住在这座山里，他长着人的身子，手里握着两条蛇，常常巡游于长江的深渊中，出没时身上发出亮光。

[明]蒋应镐 图本

[清]汪绂 图本

【原文】

5.200 又东南一百二十里，曰洞庭之山，其上多黄金，其下多银、铁，其木多柤、梨、橘、櫾，其草多葌、蘪（mí）芜①、芍药、芎䓖。帝之二女②居之，是常游于江渊。澧沅之风，交潇湘③之渊，是在九江之间，出入必以飘风④暴雨。是多怪神，状如人而载⑤蛇，左右手操蛇。多怪鸟。

【注释】

①蘪芜：即前文中的蘼芜，一种香草，可以入药。②帝之二女：指尧帝的两个女儿娥皇和女英。③潇湘：指今湘江。④飘风：旋风。⑤载：戴。

【译文】

再往东南一百二十里有座洞庭山。山上多出产黄金，山下多出产银和铁。山里的树木以柤树、梨树、橘子树、柚子树居多，而花草多为兰草、蘼芜、芍药、川芎。天帝的两个女儿住在这座山中，她们常在长江的深渊中游玩。从澧水和沅水吹来的清风，交汇在湘江的渊潭上，这里正位于九条江水汇合的中间，她们出入时一定伴有旋风急雨。洞庭山这一带还有很多怪神，他们形貌像人而身上缠绕着蛇，左右两只手也握着蛇。这座山里还有许多怪鸟。

[清] 汪绂 图本

[明] 蒋应镐 图本

【原文】

5.201 又东南一百八十里，曰暴山，其木多棕、楠、荆、芑、竹、箭、䉋、箘①（jùn），其上多黄金、玉，其下多文石、铁，其兽多麋、鹿、麐（jǐ），其鸟多就②。

【注释】

①箘：一种细长节稀的竹子，可以制作箭杆。②麐：即“麂”，一种小型鹿。就：通“鹫”，雕一类的大型猛禽。

【译文】

再往东南一百八十里有座暴山。山上有茂

密的草木，其中以棕树、楠树、牡荆、枸杞、箭竹、䉋竹、箘竹居多。山上有丰富的黄金、玉石，山下有很多带斑纹的石头、铁。山里的野兽以麋鹿、鹿、麂居多，禽鸟大多是鹫鹰。

【原文】

5.202 又东南二百里，曰即公之山，其上多黄金，其下多㻬琈之玉。其木多柳、杻、檀、桑。有兽焉，其状如龟而白身赤首，名曰蛫（guǐ），是可以御火。

【译文】

再往东南二百里有座即公山。山上多出产黄金，山下有丰富的㻬琈玉。山里的树木以柳树、杻树、檀树、桑树居多。山中生长着一种野兽，外形像乌龟，长着白色的身子、红色的脑袋，这种兽叫作蛫，人饲养它可以防火。

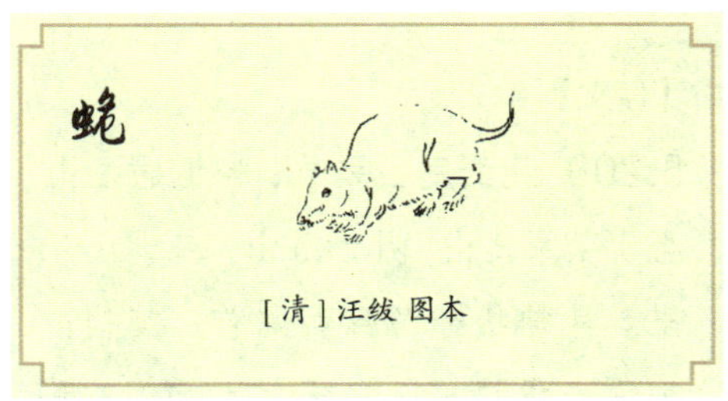

[清]汪绂 图本

[明]蒋应镐 图本

【原文】

5.203 又东南一百五十九里，曰尧山。其阴多黄垩，其阳多黄金，其木多荆、芑、柳、檀，其草多藷萸、苿。

【译文】

再往东南一百五十九里有座尧山。山的北面有很多黄色垩土，山的南面有很多黄金。山里的树木以牡荆、枸杞、柳树、檀树居多，草类多是山药、术草。

【原文】

5.204 又东南一百里，曰江浮之山，其上多银、砥砺，无草木，其兽多豕、鹿。

【译文】

再往东南一百里有座江浮山。山上盛产银和磨刀石。山里没有花草树木，野兽多是猪和鹿。

【原文】

5.205 又东二百里，曰真陵之山，其上多黄金，其下多玉，其木多榖、柞、柳、杻，其草多荣草。

【译文】

再往东二百里有座真陵山。山上盛产黄金，山下盛产玉石。山里的树木多为构树、柞树、柳树、杻树，花草多是荣草。

【原文】

5.206 又东南一百二十里，曰阳帝之山，多美铜，其木多橿、杻、檿[①]（yǎn）、楮。其兽多䴥、麝[②]（shè）。

【注释】

①檿：即山桑，是一种野生桑树，木质坚硬，可以制作弓和车辕。②麝：俗称香獐，其腹部能分泌麝香。

【译文】

再往东南一百二十里有座阳帝山。山中有许多优质的铜，山里的树木多为橿树、杻树、山桑树、楮树。野兽以羚羊和香獐最多。

【原文】

5.207 又南九十里，曰柴桑之山，其上多银，其下多碧，多泠石[①]、赭，其木多柳、芑、楮、桑。其兽多麋、鹿，多白蛇、飞蛇[②]。

【注释】

①泠石：即滑石。是一种质软且摸起来十分滑腻的矿物。②飞蛇：即螣（téng）蛇，也作“腾蛇”，传说是能够乘雾而飞的蛇。

【译文】

再往南九十里有座柴桑山。山上盛产银，山下盛产碧玉，到处是柔软如泥的滑石、赭石。山里的树木以柳树、枸杞树、楮树、桑树居多，野兽多为麋鹿、鹿，还有许多白色的蛇和飞蛇。

[清] 汪绂 图本

【原文】

5.208 又东二百三十里，曰荣余之山，其上多铜，其下多银，其木多柳、芑，其虫多怪蛇、怪虫。

【译文】

再往东二百三十里有座荣余山。山上盛产铜，山下盛产银。山里的树木多为柳树、枸杞树，动物多为怪蛇、怪虫。

【原文】

5.209 凡洞庭山之首，自篇遇之山至于荣余之山，凡十五山，二千八百里。其神状皆鸟身而龙首。其祠：毛用一雄鸡，一牝豚刏[①]（jī），糈用稌。凡夫夫之山、即公之山、尧山、阳帝之山，皆冢也，其祠：皆肆[②]瘗，祈用酒，毛用少牢，婴用一吉玉。洞庭、荣余山，神也，其祠：皆肆瘗，祈酒太牢祠，婴用圭璧十五，五采惠[③]之。

【注释】

①刉：切割，划破。②肆：陈设。③惠：通“绘”，描绘，装饰。

【译文】

洞庭山山系，自篇遇山起到荣余山止，一共有十五座山，途经二千八百里。这些山中的山神都长着鸟的身子龙的头。祭祀这些山神需要用一只公鸡、一头母猪作祭品，祭祀的米用稻米。夫夫山、即公山、尧山、阳帝山，都是大山神的居住地，祭祀这几座山的山神都要先陈列祭品，而后将祭品埋入地下，祈神时用美酒献祭，用猪、羊二牲作祭品，祭祀的玉器要用一块吉玉。洞庭山、荣余山，是神灵显应之山，祭祀这两座山的山神都要先陈列祭品，而后将祭品埋入地下，祈神时用美酒及猪、牛、羊齐全的三牲献祭，玉器要用十五块玉圭和玉璧，并用青、黄、赤、白、黑五种颜色绘饰它们。

[清] 汪绂 图本

[清] 汪绂 图本

【原文】

5.210 右中经之山志[1]，大凡[2]百九十七山，二万一千三百七十一里。大凡天下名山五千三百七十，居地，大凡六万四千五十六里。

【注释】

①右：古籍通常为竖排格式，且为从右至左排列，所以这里的“右”相当于“以上”。志：记载的文字。②大凡：副词，用在句子开头，表示总括一般的情形。

【译文】

以上是《中山经》中记载的所有的山，总共有一百九十七座山，途经二万一千三百七十一里。总计天下的名山共有五千三百七十座，分布的地域跨越六万四千零五十六里。

【原文】

5.211 禹曰[1]：天下名山，经五千三百七十山，六万四千五十六里，居地也。言其《五臧（zàng）》[2]，盖其余小山甚众，不足记云。天地之东西二万八千里，南北二万六千里，出水者八千里，受水者八千里，出铜之山四百六十七，出铁之山三千六百九十。此天地之所分壤树谷也[③]，戈矛之所发也，刀铩[④]（shā）之所起也，能者有余，拙者不足。封于太山、禅（shàn）于梁父[⑤]，七十二家，得失之数[⑥]，皆在此内，是谓国用。

【注释】

①禹曰：据学者研究，“禹曰”以下的话非大禹所说，但是否为《山海经》编著者假托大禹言论，著在《五臧山经》篇末，抑或是先秦人的相传之语及注释的话，后被校书者附于此，则很难确定。②五臧：又作“五藏”，即《五藏山经》，指南山经、西山经、北山经、东山经、中山经。③分壤：划分疆土。树谷：种植五谷。④铩：古代一种兵器，即大矛。⑤封：古人将帝王登泰山筑坛祭天的活动称为“封”。太山：即泰山。禅：上古帝王在泰山南面的梁父山上祭地的活动被称为“禅”。⑥数：天命，命运。

【译文】

大禹说：“天下的名山，我经历了五千三百七十座，共有六万四千零五十六里，这些山分布在大地的各个地方。把这些山记在《五臧山经》中，是因为除此之外的小山太多，不能够一一记述。天地从东方到西方的距离共二万八千里，从南方到北方的距离共二万六千里。河流发源之山有八千里，江河流经之地也有八千里。出产铜的山有四百六十七座，出产铁的山有三千六百九十座。这是天地用来划分疆土、种植庄稼的标准，是戈和矛产生的缘故，刀和铩兴起的根源，它使能干的人富裕有余，使笨拙的人贫穷不足。帝王在泰山上筑坛祭天，在梁父山上辟基祭地，有德行和能力封禅的帝王一共有七十二家，他们的兴衰成败都在这些山川间上演，国家的一切财用也都是从这些土地上获取的。”

【原文】

5.212 右《五臧山经》五篇[①]，大凡一万五千五百三字[②]。

【注释】

①《五臧山经》：即《五藏山经》。②大凡一万五千五百三字：据郝懿行《山海经笺疏》统计，为二万一千二百六十五字。

【译文】

以上是《五臧山经》五篇，共计一万五千五百零三个字。

海外南经

卷六

《海外南经》是“海外经”四卷的首卷，另外三卷分别为《海外西经》《海外北经》和《海外东经》。卷名“海外”主要指的是尚未被人充分了解的极远之地。《海外南经》记叙了海外从西南角到东南角这一区域的国家，以结匈国为起点，逐个描述了这些国家的神话传说和风俗民情。

【导读】

《海外南经》记载了结匈国、羽民国、讙头国等异域国家的地理位置，描绘了那里的人物风貌和珍禽异兽。如厌火国中的人口能喷火，贯匈国的人胸部都有一个洞，交胫国中的人小腿都相互交叉等。另外，还记叙了祝融和二八神人的形貌以及羿与凿齿交战的神话故事。

【原文】

6.1 地之所载[①]，六合[②]之间，四海[③]之内，照之以日月，经[④]之以星辰，纪之以四时[⑤]，要之以太岁[⑥]，神灵所生，其物异形，或夭[⑦]或寿，唯圣人能通其道。

【注释】

①载：承载，承受。②六合：指上、下和东、西、南、北四方，泛指天地。③四海：指四方之海。古人认为中国四境有东海、西海、南海、北海四海环绕。④经：经过，经历。⑤纪：记录年代的方式。四时：指春、夏、秋、冬四季。⑥太岁：又叫岁星，即木星。木星绕太阳一周约为十二年，所以古人用以纪年。⑦夭：夭折，短命。

【译文】

大地所承载的，在天地之间，四海以内，有太阳和月亮照耀，有星辰在天空中循行，以春夏秋冬记录四时更替，凭木星的运行来记年，一切都是神灵造化所生成，故万物的外形各不相同，寿命有长有短，只有圣贤之人才能通晓其中的道理。

【原文】

6.2 海外自西南陬[①]（zōu）至东南陬者。

【注释】

①陬：角落。

【译文】

海外从西南角到东南角的国家地区、山丘河川分别如下。

【原文】

6.3 结匈国在其[①]西南，其为人结匈[②]。南山在其东南。自此山来，虫为蛇，蛇号为鱼。一曰南山在结匈东南。比翼鸟[③]在其东。其为鸟青、赤，两鸟比翼[④]。一曰[⑤]在南山东。

【注释】

①其：代指邻近结匈国的灭蒙鸟的栖息地。灭蒙鸟在结匈国的北边，参看本书《海外西经》。②结匈：即结胸，因其国人胸部骨头向外突出而得名。匈：同“胸”。③比翼鸟：指代比翼鸟栖息之地。《西山经·西次三经》中所载的蛮蛮即为比翼鸟。④比翼：翅膀并在一起。⑤一曰：经内凡“一曰”带出的句子，都是后人注解，不是经文。

【译文】

结匈国在灭蒙鸟栖息地的西南边，那里的人胸部的骨头均向外突出。南山在灭蒙鸟栖息地的东南边。从这座山来的人，把虫叫作蛇，把蛇叫作鱼。也有一种说法认为南山在结匈国的东南边。比翼鸟栖息在灭蒙鸟栖息地的东边，这种鸟有青色、红色间杂的羽毛，两只鸟的翅膀并起来才能飞翔。也有一种说法认为比翼鸟栖息在南山的东边。

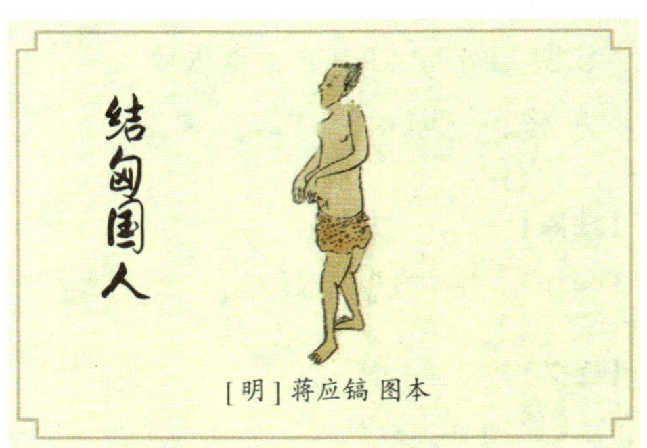

[明]蒋应镐 图本

【原文】

6.4 羽民国在其东南。其为人长头，身生羽。一曰在比翼鸟东南，其为人长颊[1]（jiá）。有神人二八[2]，连臂，为帝司夜于此野[3]。在羽民东。其为人小颊赤肩，尽[4]十六人。

【注释】

①颊：面颊，脸的两侧。②二八：指一位神人。③帝：天帝。司夜：守夜。司：视察，这里是守候的意思。④尽：全部，所有的。

【译文】

羽民国在灭蒙鸟栖息地的东南边，那里的人都长着长长的脑袋，全身长满羽毛。另一种说法认为羽民国在比翼鸟栖息地的东南边，那里的人都长着长长的脸颊。有个神人叫二八，他们的手臂连在一起，在这旷野中为天帝守夜。这神人居住在羽民国的东边，那里的人都是狭小的脸颊和赤红的肩膀，总共有十六个人。

【原文】

6.5 毕方鸟[1]在其东，青水西。其为鸟人面一脚。一曰在二八神东。

【注释】

①毕方鸟：指毕方鸟栖息之地。

【译文】

毕方鸟在灭蒙鸟栖息之地的东边，在青水的西边，这种鸟长着人的面孔却只有一只脚。另一种说法认为毕方鸟在二八神所在地的东边。

【原文】

6.6 讙头国在其南。其为人人面有翼，鸟喙，方[1]捕鱼。一曰在毕方东，或曰讙朱国。

【注释】

①方：正在，正当。

【译文】

讙头国在灭蒙鸟栖息地的南边，那里的人长着人的面孔，身上长着翅膀，还长着鸟嘴，正在捕鱼。另一种说法认为讙头国在毕方鸟栖息地的东边。还有人认为讙头国就是讙朱国。

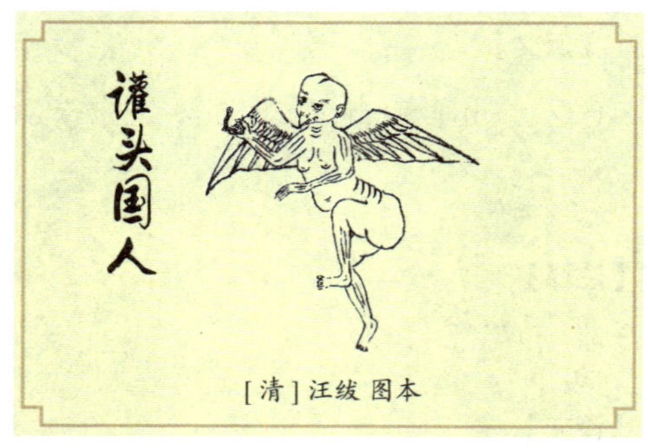

［清］汪绂 图本

【原文】

6.7 厌火国在其国南。其为人兽身黑色，火出其口中。一曰在讙朱东。

【译文】

厌火国在灭蒙鸟栖息地的南边，那里的人

都长着野兽一样的身子，全身黑色，能从口中吐出火来。另一种说法认为厌火国在讙朱国的东边。

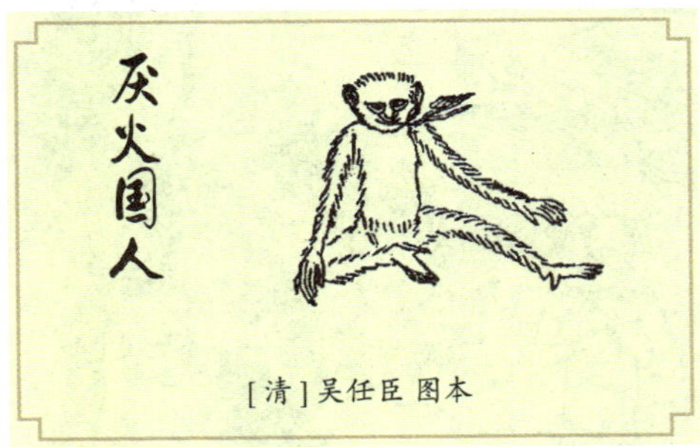

[清]吴任臣 图本

【原文】

6.8 三株树[1]在厌火北，生赤水上，其为树如柏，叶皆为珠。一曰其为树若彗[2]。

【注释】

①三株树：应作“三珠树”。②彗：即彗星，因为它拖着一条又长又散的尾巴像扫帚，所以通常也称为扫帚星。这里指树的形状像一把扫帚。

【译文】

三珠树在厌火国的北边，生长在赤水岸边，那里的树与普通的柏树相似，树叶都是珍珠。另一种说法认为三珠树的形状与彗星相似。

【原文】

6.9 三苗[1]国在赤水东，其为人相随。一曰三毛国。臷（zhì）国在其东，其为人黄，能操弓射蛇。一曰臷国，在三毛东。贯匈国在其东，其为人匈有窍[2]。一曰在臷国东。

【注释】

①三苗：古族名，也称有苗或苗民。②匈：同“胸”。窍：空洞。

【译文】

三苗国在赤水的东边，那里的人都是相互跟随着行走。另一种说法认为三苗国就是三毛国。臷国在灭蒙鸟栖息地的东边，那里的人都是黄色皮肤，能拉弓箭射杀蛇。另一种说法认为臷国在三毛国的东边。贯匈国在灭蒙鸟栖息地的东边，那里的人胸前都有一个洞。另一种说法认为贯匈国在臷国的东边。

[明]蒋应镐 图本

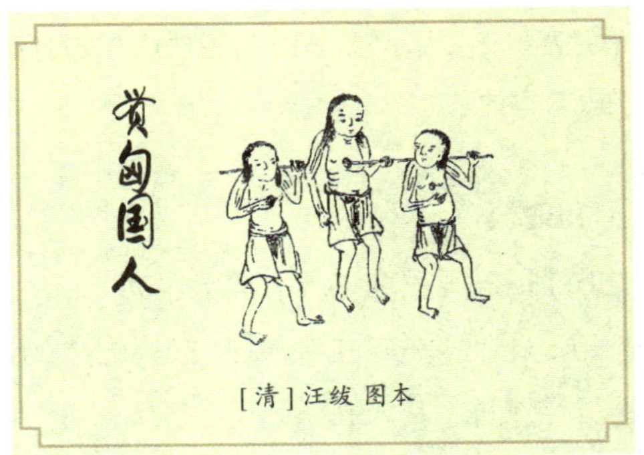

[清]汪绂 图本

【原文】

6.10 交胫（jìng）国在其东，其为人交胫[①]。一曰在穿匈[②]东。

【注释】

①胫：人的小腿。②穿匈：即贯匈国。

【译文】

交胫国在灭蒙鸟栖息地的东边，那里的人总是互相交叉着小腿。另一种说法认为交胫国在贯匈国的东边。

【原文】

6.11 不死民在其东，其为人黑色，寿，不死。一曰在穿匈国[①]东。岐舌[②]国在其东。一曰在不死民东。

【注释】

①穿匈国：即贯匈国。②岐舌：分叉的舌头。岐，通“歧”，分支，分叉。

【译文】

不死民在灭蒙鸟栖息地的东边，那里的人全身是黑色的，个个很长寿不会死。另一种说法认为不死民在穿匈国的东边。岐舌国在灭蒙鸟栖息地的东边。另一种说法认为岐舌国在不死民的东边。

【原文】

6.12 昆仑虚[①]在其东，虚[②]四方。一曰在岐舌东，为虚四方。羿与凿齿战于寿华之野[③]，羿射杀之。在昆仑虚东。羿持弓矢，凿齿持盾，一曰戈。

【注释】

①昆仑虚：山名，即昆仑山。②虚：指山底部的地基。③羿：神话传说中的天神，善于射箭。凿齿：传说是亦人亦兽的神人，有一个像凿子的牙齿露在嘴外，有五六尺长。

【译文】

昆仑山在灭蒙鸟栖息地的东边，山基呈四方形。另一种说法认为昆仑山在岐舌国的东边，山基向四方延伸。羿与凿齿在寿华的荒野上交战，羿射死了凿齿。交战的地方就在昆仑山的东边。当时羿手拿弓箭，凿齿手拿盾牌。另一种说法是凿齿当时拿着戈。

【原文】

6.13 三首国在其东，其为人一身三首。一曰在凿齿东。周饶国在其东，其为人短小，冠带①。一曰焦侥②国，在三首东。

【注释】

①冠带：这里都作动词用，即戴上冠帽、系上衣带。②焦侥：又作“周饶”，“焦侥”“周饶”都是“侏儒”的声转，指矮小的人。传说周饶国的人只有三尺高，周饶国就是现在所说的小人国。

【译文】

三首国在灭蒙鸟栖息地的东边，那里的人都是一个身子三个头。另一种说法是三首国在凿齿的东边。周饶国在灭蒙鸟栖息地的东边，那里的人身材都比较矮小，戴着帽子系着腰带。另一种说法认为周饶国在三首国的东边。

[清] 吴任臣 图本

[明] 蒋应镐 图本

【原文】

6.14 长臂国在其东，捕鱼水中，两手各操一鱼。一曰在焦侥东，捕鱼海中。

【译文】

长臂国在灭蒙鸟栖息地的东边，这个国家的人在水中捕鱼，左右两只手各抓着一条鱼。另一种说法认为长臂国在焦侥国的东边，那里的人是在大海中捕鱼的。

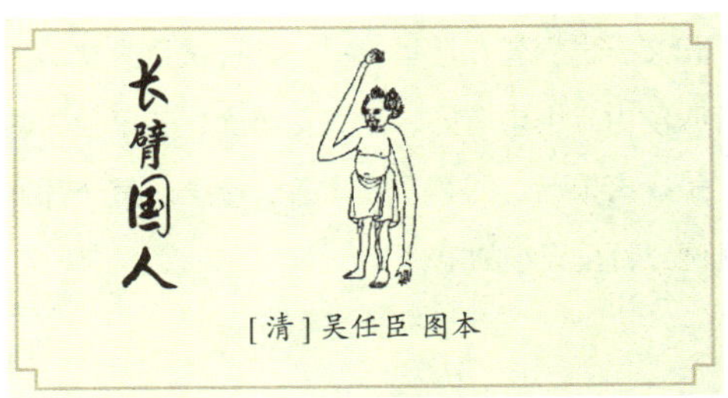

[清] 吴任臣 图本

【原文】

6.15 狄山，帝尧[①]葬于阳，帝喾[②]（kù）葬于阴。爰有熊、罴、文虎、蜼、豹、离朱、视肉[③]。吁咽、文王皆葬其所[④]。一曰汤山。一曰爰有熊、罴、文虎、蜼、豹、离朱、鸱久、视肉、虖交[⑤]。其范林[⑥]方三百里。

【注释】

①帝尧：传说中的五帝之一，号陶唐氏。②帝喾：相传为皇帝子玄嚣的后代，号高辛氏，为五帝之一。③爰：于此。指在狄山中。文虎：斑纹鲜明的一种虎。离朱：传说中的神鸟，羽毛红色。视肉：传说中的一种怪兽，这种兽在割肉之后不死，肉会重新生长出来。④吁咽：可能指传说中的上古帝王虞舜。文王：即周文王姬昌，是周朝开国君主。⑤鸱久：即鸺鹠，猫头鹰的一种。虖交：即上文所说的“吁咽”。⑥范林：当作“氾林”。

【译文】

狄山，帝尧死后葬在这座山的南边，帝喾死后葬在这座山的北边。山里有熊、罴、花斑虎、长尾猿、豹子、离朱鸟、视肉兽。吁咽和文王也埋葬在这里。另一种说法认为狄山也叫汤山。山中有熊、罴、花斑虎、长尾猿、豹子、离朱鸟、鸺鹠、视肉兽、虖交。有一片方圆三百里大小的范林。

【原文】

6.16 南方祝融[①]，兽身人面，乘两龙。

【注释】

①祝融：神话传说中的火神。

【译文】

南方的火神祝融，长着野兽的身子和人的面孔，乘着两条龙。

[明] 蒋应镐 图本

[清] 汪绂 图本

海外西经

卷七

《海外西经》记叙了海外从西南角至西北角这一区域的国家，从灭蒙鸟栖息之地开始，逐个描述了这些国家的风俗民情和广为流传的神话故事。

【导读】

《海外西经》记录了三身国、一臂国、奇肱国、丈夫国、巫咸国、女子国、轩辕国、白民国、肃慎国、长股国等海外国家的地理位置和人物风貌，从国名便可看出其国民的形貌特征或该国的风俗习惯。另外，此经中还记录了许多神话故事，如夏启在大乐之野观看歌舞，刑天与天帝的争神之战等，这些故事为今后数千年的神话故事提供了想象的蓝本。

【原文】

7.1 海外自西南陬至西北陬者。

【译文】

海外从西南角到西北角的国家地区、山丘河川分别如下。

【原文】

7.2 灭蒙鸟[1]在结匈国北，为鸟青，赤尾。大运山高三百仞，在灭蒙鸟北。

【注释】

①灭蒙鸟：鸟名，这里指灭蒙鸟栖息的地方。

【译文】

灭蒙鸟的栖息之地在结匈国的北边，这种鸟有青色的羽毛，红色的尾巴。大运山高达三百仞，屹立在灭蒙鸟栖息地的北边。

【原文】

7.3 大乐（yuè）之野，夏后启于此儛《九代》[1]，乘两龙，云盖[2]三层。左手操翳[3]（yì），右手操环[4]，佩玉璜[5]（huáng）。在大运山北。一曰大遗之野。

【注释】

①夏后启：即夏启，夏朝的建立者，大禹的儿子。后：君主，帝王。儛：同“舞”。《九代》：乐曲名。②云盖：呈盖状的云。③翳：用羽毛装饰的伞盖。④环：玉璧。⑤璜：半圆形的玉器。

【译文】

大乐野，夏后启曾在这个地方观看歌舞《九代》，他乘驾着两条龙，飞腾在三层云雾之上，他左手握着羽毛装饰的华盖，右手拿着玉环，身上佩戴着玉璜。大乐野在大运山的北边。另一种说法认为夏后启是在大遗野观看歌舞。

【原文】

7.4 三身国在夏后启北。一首而三身。

【译文】

三身国在夏后启所在地的北边。那里的人都长着一个脑袋三个身子。

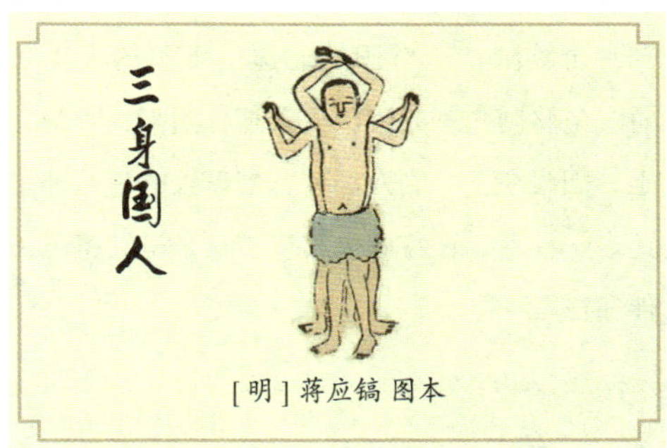

［明］蒋应镐 图本

【原文】

7.5 一臂国在其北，一臂、一目、一鼻孔。有黄马虎文，一目而一手[1]。

【注释】

①手：这里指马的蹄子。

【译文】

一臂国在三身国的北边，那里的人都只长着一条胳膊、一只眼睛、一个鼻孔。那里有一种黄色的马，身上长着老虎斑纹，只有一只眼睛和一只蹄子。

【原文】

7.6 奇（jī）肱[①]（gōng）之国在其北，其人一臂三目，有阴有阳，乘文马[②]。有鸟焉，两头，赤黄色，在其旁。

【注释】

①肱：胳膊从肘到肩的部分，泛指手臂。②文马：毛色有斑纹的马。

【译文】

奇肱国在一臂国的北边。那里的人都长着一条胳膊和三只眼睛，眼睛分阴阳，阴眼在上，阳眼在下，国人都骑着带斑纹的马。那里还有一种鸟，长着两个脑袋，身子呈红黄色，伴随在人身边。

[清]汪绂 图本

【原文】

7.7 形天[①]与帝至此争神，帝断其首，葬之常羊之山。乃以乳为目，以脐为口，操干戚[②]以舞。

【注释】

①形天：即刑天，是神话传说中一个没有头的神。形，通“刑”，割、杀之意；天，指人的头。刑天就是砍断头。此神原本无名，在被断首之后才有了刑天神的名称。②干戚：盾牌和大斧。

【译文】

刑天与天帝争夺神位，天帝砍断了刑天的头，把他的头埋在常羊山。没了头的刑天便以乳头为眼睛，以肚脐为嘴巴，一手持盾牌一手操大斧继续作战。

【原文】

7.8 女祭、女戚在其北，居两水间，戚操鱼䱇[①]（shàn），祭操俎[②]（zǔ）。

【注释】

①䱇：一种圆形盛酒器。②俎：古代祭祀时盛祭品的礼器。

【译文】

女祭、女戚在刑天的北边，住在两条水流的中间，女戚手里拿着圆形酒器，女祭手里捧着盛祭品的礼器。

【原文】

7.9 䳢（cì）鸟、鸇（zhān）鸟[①]，其色青黄，所经国亡。在女祭北。䳢鸟人面，居山上。一曰维鸟，青鸟、黄鸟所集。

【注释】

①䳢鸟、鸇鸟：猫头鹰一类的鸟。

【译文】

鸾鸟和鹈鸟，这两种鸟的羽毛颜色呈青黄色，它们所经过的国家都会灭亡。这两种鸟栖息在女祭的北边。鸾鸟长着人的面孔，居住在山上。另一种说法认为这两种鸟统称维鸟，是青鸟、黄鸟聚集在一起的混称。

【原文】

7.10 丈夫国[①]在维鸟北，其为人衣冠带剑。

【注释】

①丈夫国：据说国中全为男性。

【译文】

丈夫国在维鸟的北边，那里的人都穿衣戴帽腰佩宝剑。

[明] 蒋应镐 图本

【原文】

7.11 女丑[①]之尸，生而十日炙[②](zhì)杀之。在丈夫北。以右手鄣[③](zhàng)其面。十日居上，女丑居山之上。

【注释】

①女丑：人名。②炙：烤。③鄣：同“障”，挡住，遮掩。

【译文】

有一具女丑的尸体，她是被十个太阳的热气烤死的。她的尸体位于丈夫国的北边。女丑死时用右手遮住了自己的脸。十个太阳高高挂在尸体上方的天空，女丑的尸体位于山上。

【原文】

7.12 巫咸国在女丑北，右手操青蛇，左手操赤蛇。在登葆山，群巫所从上下也。

【译文】

巫咸国在女丑尸体的北边。那里的人右手握着青蛇，左手握着红蛇。那里有座登葆山，是一群巫师来往于天界与人间的地方。

【原文】

7.13 并封[①]在巫咸东，其状如彘，前后皆有首，黑。女子国在巫咸北，两女子居，水周[②]之。一曰居一门中。

【注释】

①并封：兽名。也叫屏蓬。②周：环绕。

【译文】

名叫并封的怪兽生活在巫咸国的东边，它的外形像猪，前面和后面都各有一个头，周身都是黑色的。女子国在巫咸国的北边。有两个女子住在这里，四周有水环绕着。另一种说法认为她们住在一道门里面。

[明]蒋应镐 图本

【原文】

7.14 轩辕之国在此[①]穷山之际，其不寿者八百岁。在女子国北。人面蛇身，尾交首上。

【注释】

①此：为衍文。可能是因誊写、刻版、排版等错误而多出来的字。

【译文】

轩辕国在穷山附近，那里的人即便是寿命短的也能活到八百岁。轩辕国在女子国的北边，他们长着人的面孔和蛇的身体，尾巴盘绕在头顶上。

[明]蒋应镐 图本

[清]汪绂 图本

【原文】

7.15 穷山在其北，不敢西射，畏轩辕之丘。在轩辕国北，其丘方，四蛇相绕。

【译文】

穷山在轩辕国的北边，那里的人不敢朝着西方射箭，是因为他们敬畏黄帝所在的轩辕丘。轩辕丘位于轩辕国北部，丘呈方形，被四条大蛇环绕着。

【原文】

7.16 诸沃之野，鸾鸟[①]自歌，凤鸟[②]自舞。凤皇[③]卵，民食之；甘露[④]，民饮之，所欲自从也。百兽相与群居。在四蛇北。其人两手操卵食之，两鸟居前导之。

【注释】

①鸾鸟：传说中凤凰一类的鸟。②凤鸟：雄凤凰。③凤皇：指凤凰。④甘露：甜美的露水，

古人以为天下太平，则天降甘露。

【译文】

有个名叫沃野的地方，鸾鸟在那里自由自在地歌唱，凤鸟在那里自由自在地舞蹈。百姓吃凤凰生下的蛋，喝天降下的甜美露水，凡是他们所想要的东西都能获得。各种野兽与人一起居住。沃野在四条蛇环绕的轩辕丘的北面，那里的人用双手捧着凤凰蛋吃，有两只鸟在前面引导着他们。

【原文】

7.17 龙鱼陵居在其北[①]，状如鲤。一曰鰕[②]（xiā）。即有神圣乘此以行九野[③]。一曰鳖鱼，在沃野北，其为鱼也如鲤。

【注释】

①龙鱼：一说为陵鱼。陵居：居住在高地。②鰕：大鲵（ní）。一种水陆两栖类动物，有四只脚，长尾巴，眼小口大，生活在山谷溪水中。因叫声如同小孩啼哭，所以俗称娃娃鱼。③九野：指九州之地。

【译文】

在高地上居住的龙鱼在沃野的北边，其外形与鲤鱼相似。另一种说法认为龙鱼像大鲵。有神人骑着它巡游在九州之地。还有一种说法认为鳖鱼在沃野的北边，它的形状与鲤鱼相似。

【原文】

7.18 白民之国在龙鱼北，白身被[①]（pī）发。有乘黄[②]，其状如狐，其背上有角，乘之寿二千岁。

【注释】

①被：通“披”，披散。②乘黄：兽名，又叫飞黄，传说黄帝乘着它升天。

【译文】

白民国在龙鱼栖息地的北边，那里的人都是白皮肤，披散着头发。那里有一种叫作乘黄的野兽，外形像狐狸，脊背上长着角，人要是骑上它就能活两千岁。

[清]吴任臣 图本

【原文】

7.19 肃慎之国在白民北。有树名曰雄常，先入伐帝，于此取之[①]。

【注释】

①先入伐帝，于此取之：意思是一旦有英明的帝王继位，人们就取雄常树的树皮来制衣服。

【译文】

肃慎国在白民国的北边。那儿有一种树叫作雄常树，每当有圣明的帝王继位，那里的人就取雄常树的树皮来做衣服。

【原文】

7.20 长股之国在雄常北，被（pī）发。一曰长脚。

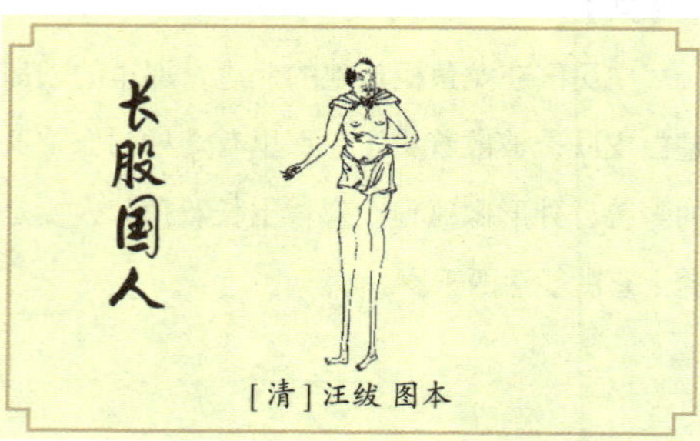

[清] 汪绂 图本

【译文】

长股国在雄常树生长地的北边。那里的人都披散着头发。另一种说法认为长股国叫长脚国。

【原文】

7.21 西方蓐（rù）收[①]，左耳有蛇，乘两龙。

【注释】

①蓐收：神话传说中的西方金神，形貌是人面、虎爪、白毛发，手执钺（yuè）斧。

【译文】

西方金神蓐收，左边耳朵上挂着蛇，乘驾两条龙飞行。

[明] 蒋应镐 图本

海外北经

卷八

《海外北经》记载了海外东北角至西北角这一区域的国家，这些国家充满了异域风情，其国民形貌也颇具特色。一些我们熟知的神话传说和动植物也收录在此卷中。

【导读】

《海外北经》记录了海外东北至西北这一区域的九个国家，包括无脊国、一目国、柔利国、深目国、无肠国、聂耳国、博父国、拘缨国、跂踵国等。还记叙了我们熟知的大禹杀相柳氏、夸父逐日的故事，以及钟山山神烛阴的传说。另外，经中还记载了寻木、桑树、熊、花斑虎、驹骖等动物和植物，内容十分丰富。

【原文】

8.1 海外自东北陬至西北陬者。

【译文】

海外从东北角到西北角的国家地区、山丘河川分别如下。

【原文】

8.2 无肾（qǐ）之国[①]在长股东，为人无肾。

【注释】

①无肾之国：传说无肾国的人住在洞穴中，平

常吃泥土，不分男女，一死即埋，但他们的心不腐朽，死后一百二十年就又重新化成人。

【译文】

无膂国在长股国的东边，那里的人不繁衍子孙后代。

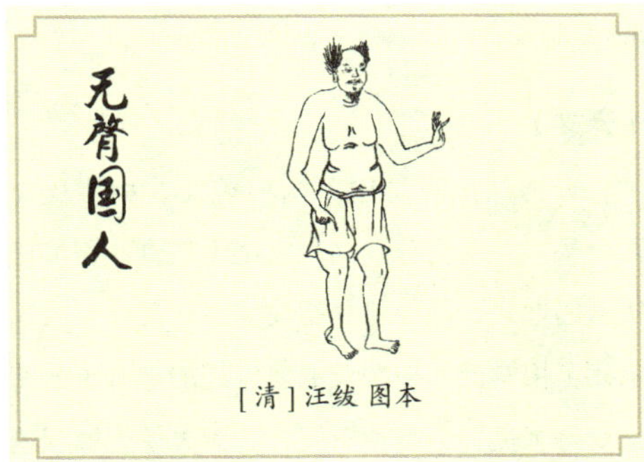

[清]汪绂 图本

【原文】

8.3 钟山之神，名曰烛阴，视[①]为昼，瞑[②]为夜，吹为冬，呼为夏，不饮，不食，不息[③]，息为风。身长千里。在无膂之东。其为物，人面，蛇身，赤色，居钟山下。

【注释】

①视：看。②瞑：闭眼。③息：呼吸。

[清]吴任臣 图本

【译文】

钟山的山神，名叫烛阴，他睁开眼睛便是白昼，闭上眼睛便是黑夜，吹一口气便是寒冬，呼一口气便是炎夏，他不喝水，不吃食物，不呼吸，他一呼吸就会刮风，他的身子有一千里长。这位烛阴神居住在无膂国的东边。他长着人的脸和蛇的身体，全身赤红色，住在钟山脚下。

【原文】

8.4 一目国在其东，一目中其面而居。一曰有手足。

【译文】

一目国在钟山的东边，那里的人在脸的中间只长着一只眼睛。另一种说法认为该国的人有手有脚。

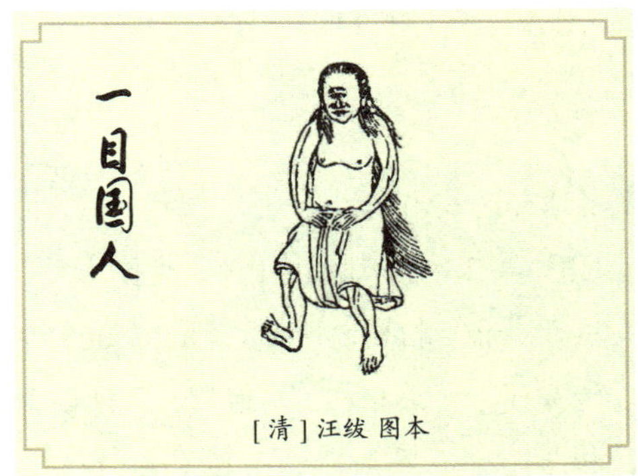

[清]汪绂 图本

【原文】

8.5 柔利国在一目东，为人一手一足，反膝，曲足居上[①]。一云留利之国，人足反折。

【注释】

①曲足居上：脚弯曲朝上。

【译文】

柔利国在一目国的东边，那里的人长着一只手一只脚，膝盖反长着，脚弯曲朝上。另一种说法认为柔利国也叫留利国，国中人的脚向反方向弯折着。

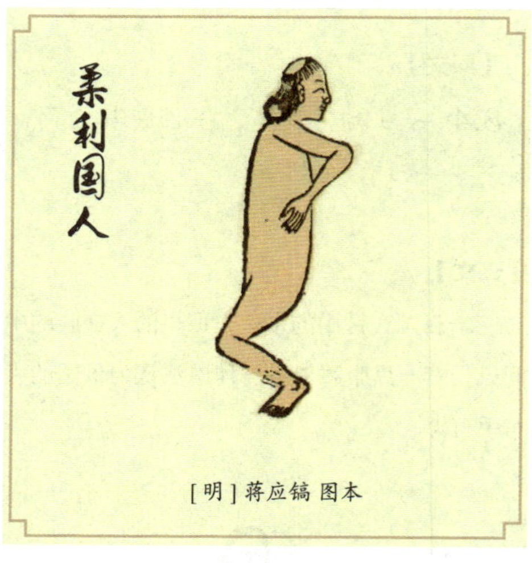

[明] 蒋应镐 图本

【原文】

8.6 共工之臣曰相柳氏[①]，九首，以食于九山。相柳之所抵[②]，厥[③]（jué）为泽溪。禹杀相柳，其血腥，不可以树五谷种。禹厥之，三仞（rèn）三沮（jǔ）[④]，乃以为众帝[⑤]之台。在昆仑之北，柔利之东。相柳者，九首人面，蛇身而青。不敢北射，畏共工之台。台在其东，台四方，隅（yú）有一蛇，虎色[⑥]，首冲南方。

【注释】

①相柳氏：又叫相繇（yáo），古代神话传说中的人物。②抵：达，触及。③厥：通“撅”，挖掘。④仞：通“牣”，填满。沮：败坏。⑤众帝：指帝尧、帝喾、帝丹朱、帝舜等传说中的上古帝王。⑥虎色：长着老虎一样的花纹。

【译文】

天神共工有位臣子叫相柳氏，相柳氏有九个头，九个头分别在九座山上取食。相柳氏所到的地方，都会将其掘成沼泽和溪流。大禹杀死了相柳氏，相柳氏的血流经的地方土地就会变得腥臭，不能种植五谷。大禹挖土填埋这些地方，三次填满而又三次塌陷下去，于是大禹在此为众帝修建了帝台。帝台在昆仑山的北边，柔利国的东边。这个相柳氏，长着九个脑袋和人的面孔，蛇一样的身子，身体呈青色。射箭的人不敢向北方射箭，因为敬畏共工所在的共工台。共工台在相柳氏的东边，台呈四方形，每个角上有一条蛇，蛇的身上长着老虎一样的斑纹，头向着南方。

[清] 吴任臣 图本

[清]汪绂 图本

【原文】

8.7 深目①国在其东，为人深目，举一手。一曰在共工台东。

【注释】

①深目：眼睛凹陷。

【译文】

深目国在相柳氏所在地的东边。那里的人眼眶很高，眼睛深深陷在眼窝里，总是举着一只手。另一种说法认为深目国在共工台的东边。

【原文】

8.8 无肠之国在深目东，其为人长而无肠。

【译文】

无肠国在深目国的东边，那里的人个子很高，肚子里却没有肠子。

【原文】

8.9 聂（shè）耳之国①在无肠国东，使两文虎，为人两手聂其耳。县②（xuán）居海水中，及水③所出入奇物。两虎在其东。

【注释】

①聂耳之国：聂耳国。国中的人常常双手抓着耳朵。聂，通“摄”，握持。②县：同“悬”，孤立。③及水：到水里捕捉。及，到。

【译文】

聂耳国在无肠国的东边，那里的人驱使着两只带斑纹的老虎，而且总是用手抓着自己的耳朵。聂耳国孤立在海水环绕的岛上，那里的人能看到海水中的各种奇怪的生物。有两只老虎在它的东边。

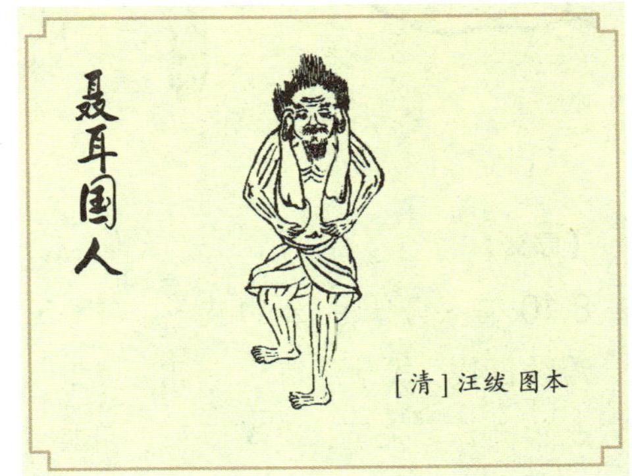

[清]汪绂 图本

[明]蒋应镐 图本

【原文】

8.10 夸父与日逐（zhú）走[①]，入日。渴欲得饮，饮于河渭[②]，河渭不足，北饮大泽。未至，道渴而死。弃其杖，化为邓林[③]。

【注释】

①逐走：追着跑。②河渭：黄河和渭河。③邓林：树林名。

【译文】

神人夸父追赶太阳，追赶到太阳落下的地方。这时夸父口渴难耐，想要喝水，于是去喝黄河和渭河中的水。喝干了这两条河的水还是不解渴，便向北去喝大泽中的水。还没走到，夸父就渴死在半路上了。他死时所抛掉的手杖，变成了邓林。

【原文】

8.11 博父国[①]在聂（shè）耳东，其为人大，右手操青蛇，左手操黄蛇。邓林在其东，二树木。一曰博父。禹所积石之山在其东[②]，河水所入。

【注释】

①博父：疑当作“夸父”。“博父国”或当作

“夸父国”。②禹所积石之山：是一座山，即禹所积石山。

【译文】

博父国在聂耳国的东边。那里的人身体高大，右手握着青蛇，左手握着黄蛇。邓林在它的东边，邓林是由两棵非常大的树木组成的树林。另一种说法认为博父国叫夸父国。禹所积石山就在博父国的东边，是黄河流过的地方。

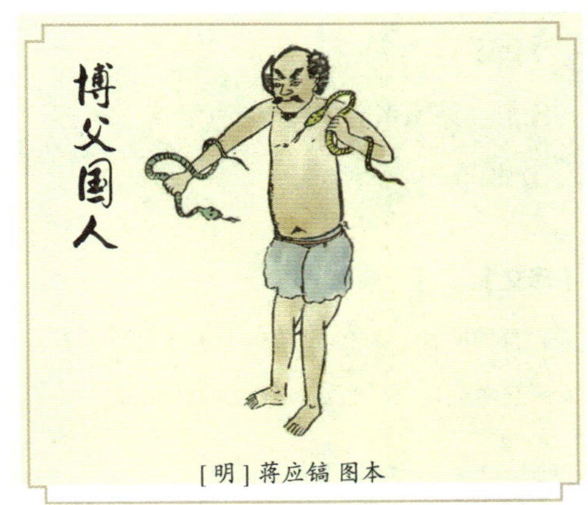

[明] 蒋应镐 图本

[明] 蒋应镐 图本

【原文】

8.12 拘缨之国在其东，一手把缨①。一曰利缨之国。

【注释】

①把：持，捧。缨：应作“瘿”，颈上的肉瘤。

【译文】

拘缨国在禹所积石山的东边，那里的人常用一只手托着脖颈上的大肉瘤。另一种说法认为拘缨国叫利缨国。

【原文】

8.13 寻木长千里，在拘缨南，生河上西北。

【译文】

有种叫作寻木的树高达千里，这种树在拘缨国的南边，生长在黄河岸上的西北方。

【原文】

8.14 跂踵国[①]在拘缨东，其为人大，两足亦大。一曰大踵[②]。

【注释】

①跂踵国：因脚跟不着地，以五个脚趾走路而得名。跂，踮起。踵，脚后跟。②大踵：疑作“反踵”，脚是反着长的，脚跟在前脚尖在后。

【译文】

跂踵国在拘缨国的东边，那里的人身材高大，两只脚也很大。另一种说法认为跂踵国叫反踵国。

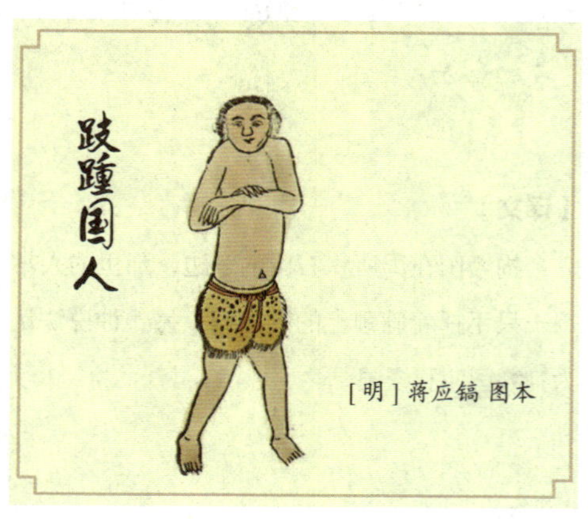

［明］蒋应镐 图本

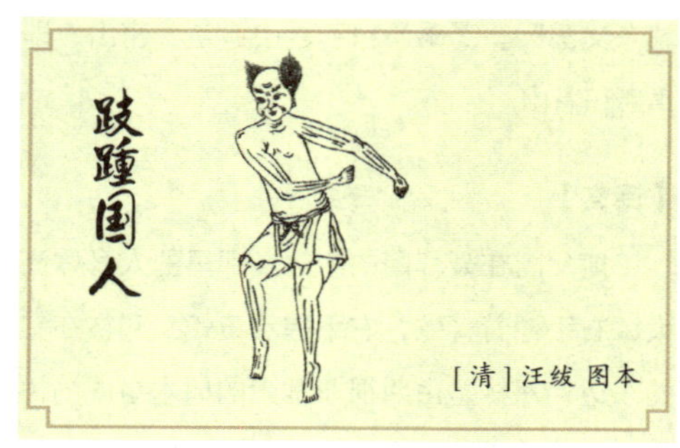

［清］汪绂 图本

【原文】

8.15 欧丝之野在大踵东，一女子跪据树欧丝[①]。

【注释】

①据树：是指倚靠着桑树一边吃桑叶一边吐出丝。欧丝：吐丝。欧，通“呕”，吐。

【译文】

欧丝野在反踵国的东边，有一女子跪倚着桑树在吐丝。

【原文】

8.16 三桑无枝，在欧丝东，其木长百仞，无枝。

【译文】

有三棵没有枝干的桑树生长在欧丝野的东边，它们虽高达百仞，却没有树枝。

【原文】

8.17 范林方三百里，在三桑东，洲[①]环其下。

【注释】

①洲：水中的小块陆地。

【译文】

范林方圆三百里，在三棵桑树的东边，它的下面被沙洲环绕着。

【原文】

8.18 务隅之山，帝颛顼[①]葬于阳，九嫔[②]葬于阴。一曰爰有熊、罴、文虎、离朱、鸱久、视肉。

【注释】

①颛顼：传说中的上古帝王，号高阳氏。②九嫔：指颛顼的九个妃嫔。

【译文】

务隅山，帝颛顼就埋葬在山的南边，他的九位嫔妃埋葬在山的北边。另一种说法认为这座山中有熊、罴、花斑虎、离朱鸟、鸺鹠、视肉等鸟兽。

【原文】

8.19 平丘在三桑东。爰有遗玉、青鸟、视肉、杨柳、甘柤、甘华[①]，百[②]果所生。有两山夹上谷，二大丘居中，名曰平丘。

【注释】

①遗玉：传说中的一种玉石。松枝在千年之后化为伏苓，再过千年之后化为琥珀，又过千年之后化为遗玉。青鸟：当作“青马”。甘柤：传说中的一种树木，枝和干都是红色的，花是黄色的，叶子是白色的，果实是黑色的。甘华：传说中的一种树木，枝和干都是红色的，花是黄色的。②百：这里表示很多的意思，并非实指。

【译文】

平丘在三棵桑树的东边。这里有遗玉、青马、视肉、杨柳树、甘柤树、甘华树，是各种果树生长的地方。在两座山相夹的一道山谷上有两个大土丘，名叫平丘。

【原文】

8.20 北海内有兽，其状如马，名曰騊駼（táo tú）。有兽焉，其名曰驳，状如白马，锯牙，食虎豹。有素[①]兽焉，状如马，名曰蛩蛩（qióng qióng）。有青兽焉，状如虎，名曰罗罗。

【注释】

①素：白色。

［明］蒋应镐 图本

[明]蒋应镐 图本

【译文】

北海内有一种野兽，外形像马，名叫騊駼。还有一种野兽，名叫狡，外形像白色的马，长着锯齿般的牙，能吃老虎和豹子。又有一种白色的野兽，形状与马相似，名叫蛩蛩。还有一种青色的野兽，形貌像老虎，名叫罗罗。

【原文】

8.21 北方禺彊（qiáng）①，人面鸟身，珥②（ěr）两青蛇，践两青蛇。

【注释】

①禺彊：也叫玄冥，神话传说中的水神。②珥：这里指穿在耳朵上。

【译文】

北方的水神禺彊，长着人的脸鸟的身体，他的耳朵上穿着两条青蛇，脚底下还踩着两条青蛇。

禺彊

[明]蒋应镐 图本

海外东经

卷九

《海外东经》记载了海外东南角至东北角这一区域的国家和山川河流，记叙了从大人国到劳民国等八个异国之邦的独特风貌和民俗传说，颇具奇幻色彩。

【导读】

《海外东经》收录了大人国、君子国、青丘国、黑齿国、雨师妾国、玄股国、毛民国、劳民国等海外东南到东北这一区域的八个国家，描述了这些异国之邦的地理位置、国民风貌和民俗传说。此经还记叙了竖亥用脚量地和十个太阳沐浴的故事。

【原文】

9.1 海外自东南陬至东北陬者。

【译文】

海外从东南角到东北角的国家地区、山丘河川分别如下。

【原文】

9.2 嗟（jiē）丘，爰有遗玉、青马、视肉、杨柳、甘柤、甘华，甘果所生。在东海[1]，两山夹丘，上有树木。一曰嗟丘。一曰百果所在，在尧葬东。

【译文】

　　嗟丘，这里有遗玉、青马、视肉、杨柳树、甘柤树、甘华树，是结出各种甜美果实的树所生长的地方。在东海边，有两座山夹着嗟丘，丘上有树木。另一种说法认为此丘叫嗟丘。还有一种说法认为各种果树生长的地方，在帝尧所葬之地的东边。

【原文】

9.3 大人国在其北，为人大，坐而削船①。一曰在嗟丘北。

【注释】

①削船：“削”通“梢”，梢是长竿。梢船：划船，行船。

【译文】

　　大人国在它的北边，那里的人身材高大，坐在船上撑船。一种说法认为大人国在嗟丘的北边。

[清] 汪绂 图本

【原文】

9.4 奢比之尸①在其北，兽身人面，大耳，珥两青蛇。一曰肝榆之尸②在大人北。

【注释】

①奢比之尸：奢比尸，传说中的神名。②肝榆之尸：肝榆尸，神名。

【译文】

　　奢比尸神在它的北边，那里的人都长着兽的身子、人的面孔，有大大的耳朵，耳朵上挂着两条青蛇。另一种说法认为肝榆尸神在大人国的北边。

[清] 吴任臣 图本

【原文】

9.5 君子国在其北，衣冠带剑，食兽，使二大虎①在旁，其人好（hào）让不争。有薰华草②，朝生夕死。一曰在肝榆之尸北。

【注释】

①大虎：应作“文虎”。②薰华草：一作“堇华草”。

【译文】

君子国在它的北边，那里的人穿衣戴帽，腰间佩带着剑，吃野兽，使唤的两只花斑老虎就在身旁，君子国人喜欢谦让而不喜争斗。那里生长着一种薰华草，每天早晨开花傍晚凋谢。另一种说法认为君子国在肝榆尸神的北边。

[清]汪绂 图本

【原文】

9.6 虹虹[1]在其北，各有两首。一曰在君子国北。

【注释】

①虹虹：指虹虹国。

【译文】

虹虹国在它的北边，国中的人长有两个脑袋。另一种说法认为虹虹国在君子国的北边。

【原文】

9.7 朝（zhāo）阳之谷，神曰天吴，是为水伯。在虹虹北两水间。其为兽也，八首人面，八足八尾，皆[1]青黄。

【注释】

①皆：一作“脊”。

【译文】

在朝阳谷，有一位神人名叫天吴，是一位水神。他住在虹虹国北边的两条水流中间。他与野兽形貌相似，长着八个脑袋、人的脸，有八只腿、八条尾巴，背部的颜色是青中带黄。

[清]吴任臣 图本

[清]汪绂 图本

【原文】

9.8 青丘国在其北，其狐四足九尾。一曰在朝阳北。

【译文】

青丘国在天吴的北边，那里生活着一种狐狸，它长着四条腿、九条尾巴。另一种说法认为青丘国在朝阳谷的北边。

【原文】

9.9 帝命竖亥（hài）[①]步，自东极至于西极，五亿十选[②]九千八百步。竖亥右手把算[③]，左手指青丘北。一曰禹令竖亥。一曰五亿十万九千八百步。

【注释】

①竖亥：神话传说中一个走得很快的神。②选：万。③算：通“筭”，古代人计数用的筹码。

【译文】

天帝命令竖亥用脚步测量大地的长度，竖亥从最东端走到最西端，共走了五亿十万九千八百步。竖亥右手拿着算筹，左手指着青丘国的北边。另一种说法认为是大禹命令竖亥测量大地的长度，测量的结果也是五亿十万九千八百步。

【原文】

9.10 黑齿国在其北，为人黑[①]，食稻啖[②]（dàn）蛇，一赤一青在其旁。一曰在竖亥北，为人黑首，食稻，使蛇，其一蛇赤。

【注释】

①黑：其后应有“齿”字。②啖：吃。

【译文】

黑齿国在它的北边，那里的人牙齿漆黑，吃稻米和蛇，还有一红一青两条蛇伴随在他们身旁。另一种说法认为黑齿国在竖亥所在地的北边，那里的人长着黑脑袋，吃着稻米，驱使着蛇，其中一条蛇是红色的。

【原文】

9.11 下有汤谷[①]。汤谷上有扶桑[②]，十日所浴，在黑齿北。居水中，有大木，九日居下枝，一日居上枝。

【注释】

①汤谷：又作“旸谷”。古代传说为日出之处，因谷中水热而得名。②扶桑：叶似桑的一种神木。

【译文】

黑齿国的下面有汤谷，汤谷边上生长着一棵扶桑树，那里是十个太阳洗澡的地方，就在黑齿国的北边。在水中，有一棵高大的树木，九个太阳居住在树的下枝，还有一个太阳居住在树的上枝。

【原文】

9.12 雨师妾在其北，其为人黑，两手各操一蛇，左耳有青蛇，右耳有赤蛇。一曰在十日北，为人黑身人面，各操一龟。

【译文】

雨师妾国在汤谷的北边。那里的人全身皮肤都是黑色的，两只手各握着一条蛇，左边耳朵上挂着一条青蛇，右边耳朵上挂着一条红蛇。另一种说法认为雨师妾国在十个太阳所在地的北边，那里的人是黑色的身子，人的面孔，两只手各握着一只龟。

[清] 汪绂 图本

【原文】

9.13 玄股之国在其北。其为人衣鱼[1]食鴎[2]（ōu），使两鸟夹之。一曰在雨师妾北。

【注释】

①衣鱼：穿着用鱼皮做的衣服。②鴎："鴎"也作"鸥"，即鸥鸟，在海边活动的叫海鸥，在江边活动的叫江鸥。

【译文】

玄股国在它的北边。那里的人穿着用鱼皮制成的衣服，吃鸥鸟，有两只鸟陪伴在左右听候使唤。另一种说法认为玄股国在雨师妾国的北边。

【原文】

9.14 毛民之国在其北，为人身生毛。一曰在玄股北。

【译文】

毛民国在它的北边。那里的人全身长满了毛。另一种说法认为毛民国在玄股国的北边。

【原文】

9.15 劳民国在其北，其为人黑。或曰教民。一曰在毛民北，为人面目手足尽黑。

【译文】

劳民国在它的北边，那里的人全身皆为黑色。有的人称劳民国为教民国。另一种说法认为劳民国在毛民国的北边，那里的人脸、眼睛、手、脚全是黑的。

【原文】

9.16 东方句（gōu）芒[1]，鸟身人面，乘两龙。

【注释】

①句芒：神话传说中的木神。

【译文】

东方的句芒神，长着鸟的身子人的面孔，乘着两条龙。

海内南经

卷十

《海内南经》为《山海经》的第十卷，记录了海内地区东南角以西这一区域的诸多事物，在今海南、广西、广东、福建、浙江、四川、湖南、湖北及长江以南一带。

【导读】

《海内南经》收录了枭阳国、氐人国、开题国等国家以及部分国家的国民，并描述了兕、窫窳、旄马等神奇的动物和苍梧山、氾林这些山川，还记载了孟涂断案、巴蛇食象等有趣的故事。

【原文】

10.1 海内东南陬以西者。

【译文】

《海内南经》记载了在海内东南角以西的国家地区和山川河流。

【原文】

10.2 瓯（ōu）居海中。闽（mǐn）在海中，其西北有山。一曰闽中山在海中。

【译文】

瓯在海中。闽也在海中，它的西北方有山峦。另有说法认为闽所在地的山也在海中。

【原文】

10.3 三天子鄣（zhāng）山在闽西海北。一曰在海中。

【译文】

三天子鄣山在闽的西方，海的北方。另一种说法认为三天子鄣山也在海中。

【原文】

10.4 桂林八树在番（pān）隅东。

【译文】

由八棵巨大的桂树组成的树林在番隅的东侧。

【原文】

10.5 伯虑国、离耳国、雕题国、北朐（qú）国皆在郁水南。郁水出湘陵南海。一曰相虑[1]。

【注释】

①相虑：后人补充，可能为“柏虑”。

【译文】

伯虑国、离耳国、雕题国、北朐国都在郁水的南侧。郁水从湘陵南山流出。另一种说法认为伯虑国叫作相虑国。

【原文】

10.6 枭阳[1]国在北朐之西，其为人人面长唇，黑身有毛，反踵，见人笑亦笑[2]，左手操管。

【注释】

①枭阳：即狒狒。②见人笑亦笑：当作“见人则笑”。

【译文】

枭阳国在北朐国的西侧。那里的人长着人脸和长嘴唇，还有着黑色的身子，浑身有长毛，脚跟在前而脚尖在后，看见人就笑，左手握着竹筒。

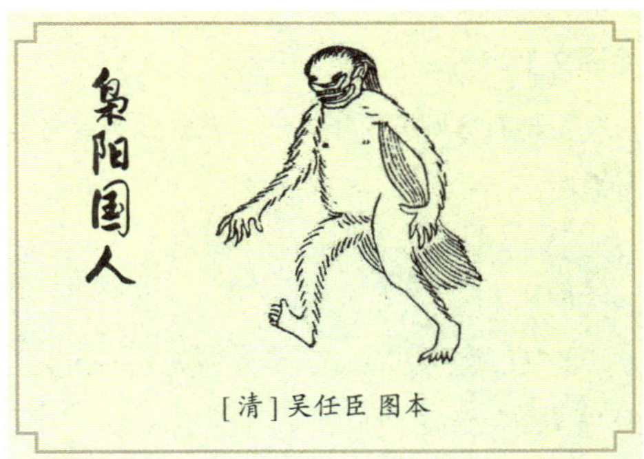

[清]吴任臣 图本

【原文】

10.7 兕在舜葬东，湘水南，其状如牛，苍黑，一角。

【译文】

兕居于帝舜葬身之地的东边，在湘水的南岸。它的外形像牛，通身呈青黑色，长着一只角。

【原文】

10.8 苍梧之山，帝舜葬于阳，帝丹朱葬于阴。

【译文】

苍梧山，帝舜葬身在这座山的南侧，帝尧的儿子帝丹朱葬在这座山的北侧。

【原文】

10.9 氾（fàn）①林方三百里，在狌狌东。

【注释】

①氾林：即前文所说的范林。

【译文】

氾林有方圆三百里之广，在狌狌栖息之地的东侧。

【原文】

10.10 狌狌知人名，其为兽如豕（shǐ）而人面，在舜葬西。

【译文】

狌狌能知道人的姓名，这种兽的外形像猪却长着人脸，栖息在帝舜葬身之地的西侧。

【原文】

10.11 狌狌西北有犀牛，其状如牛而黑。

【译文】

猩猩栖息地的西北侧有犀牛，它的外形像牛，但身体是黑色的。

【原文】

10.12 夏后启之臣曰孟涂，是司神①于巴。人请讼（sòng）于孟涂之所，其衣有血者乃执之，是请生。居山上，在丹山西。丹山在丹阳南，丹阳居属也。

【注释】

①司神：主管诉讼的神。

【译文】

夏王启有位臣子叫孟涂，是主管巴地诉讼的神。巴地的人到孟涂那里请孟涂审理案件，而告状者中有人的衣服沾上了血迹，孟涂就把他拘禁了起来。据说这样就不会冤枉人，算是有好生之德。孟涂住在一座山上，这座山在丹山的西侧。丹山在丹阳的南侧，而丹阳是巴的属地。

【原文】

10.13 窫窳①居弱水中，在狌狌知人名之西，其状如貙，龙首，食人。

【注释】

①窫窳：传说中的一种怪兽。本蛇身人面，为贰负臣所杀，复化而成此物。

【译文】

窫窳栖息在弱水中，在能知道人姓名的狌

狌的西侧。它的外形像貙，长着龙头，能吃人。

【原文】

10.14 有木，其状如牛，引之有皮，若缨、黄蛇。其叶如罗[1]，其实如栾[2]，其木若苉[3]（ōu），其名曰建木。在窫窳西弱水上。

【注释】

①罗：网。②栾：树名。③苉：即刺榆树，木材可制器具。

【译文】

有一种树，外观像牛，一拉就能剥下皮来，树皮像缨带，又像黄色的蛇皮。它的叶子像罗网，果实像栾树的果实，树干像刺榆树，它的名字叫建木。建木生长在窫窳栖息地以西的弱水边。

【原文】

10.15 氐（dí）人国在建木西，其为人人面而鱼身，无足。

【译文】

氐人国在建木生长地的西侧，那里的人都长着人脸、鱼身，没有脚。

[清] 汪绂 图本

[清] 吴任臣 图本

【原文】

10.16 巴蛇食象，三岁而出其骨，君子服之，无心腹之疾。其为蛇青、黄、赤、黑。一曰黑蛇青首，在犀牛西。

【译文】

巴蛇能吞下大象，三年后才会吐出大象的骨头。德才兼备的人吃了巴蛇就不会患上心痛或肚子痛的疾病。巴蛇的颜色是青色、黄色、红色、黑色交杂的。另有一种说法认为巴蛇的身子是黑色的，但是长着青色的脑袋，在犀牛栖息地的西侧。

【原文】

10.17 旄马，其状如马，四节有毛。在巴蛇西北，高山南。

【译文】

旄马，外形像马，四条腿的关节上都有长毛。旄马在巴蛇栖息地的西北侧，高山的南面。

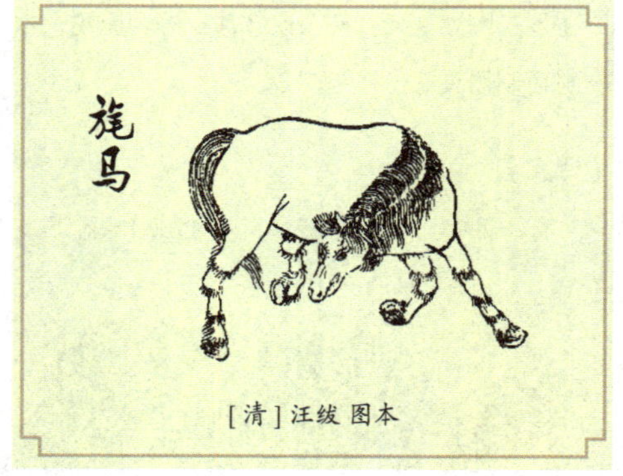

[清] 汪绂 图本

【原文】

10.18 匈奴、开题之国、列人之国并在西北。

【译文】

匈奴、开题国、列人国都在西北方。

海内西经

卷十一

《海内西经》为《山海经》的第十一卷，记录了昆仑山及其周围的山水、动物、植物等诸多事物。

【导读】

《海内西经》记载了海内西北角的昆仑山一带的山脉河流和各种动植物，记叙了一些奇异的神话传说，如贰负之臣被反绑双手、脚戴枷锁囚禁于山中几千年的故事，还有九头开明兽威严守护昆仑山、三头人守候琅玕树的故事。

【原文】

11.1 海内西南陬以北者。

【译文】

《海内西经》记载了在海内由西南角向北的国家山川和物产。

【原文】

11.2 贰负[①]之臣曰危，危与贰负杀窫窳[②]。帝乃梏[③]（gù）之疏属之山，桎[④]（zhì）其右足，反缚两手与发，系之山上木。在开题西北。

【注释】

①贰负：古天神名。②窫窳：也是传说中的天神。③梏：古代木制的手铐。这里是拘禁的意思。④桎：古代的脚镣。

【译文】

贰负有一位叫危的臣子，危与贰负合伙杀

死了窫窳。于是天帝便把危拘禁在疏属山，并给他的右脚戴上脚镣，还拿他的头发反绑了他的双手，拴在山上的大树下。这个地方在开题国的西北侧。

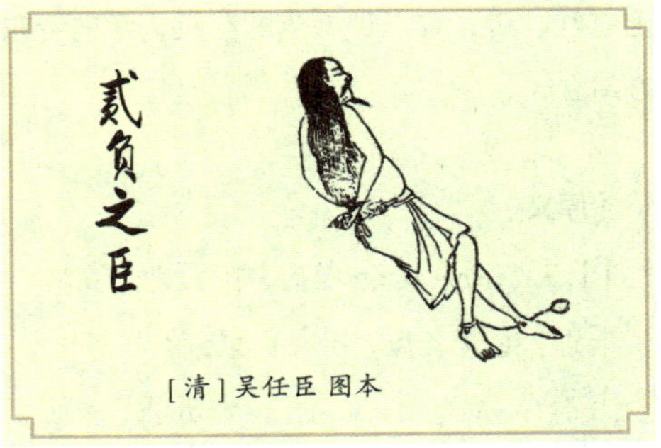

［清］吴任臣 图本

【原文】

11.3 大泽方百里，群鸟所生及所解。在雁门北。

【译文】

大泽方圆有一百里，很多鸟在这里孵化幼鸟和脱换羽毛。大泽在雁门的北侧。

【原文】

11.4 雁门山，雁出其间。在高柳北。

【译文】

雁门山，大雁秋去春来从这里出入。雁门山在高柳山以北。

【原文】

11.5 高柳在代北。

【译文】

高柳山在代地以北。

【原文】

11.6 后稷之葬[①]，山水环之。在氐国[②]西。

【注释】

①后稷之葬：后稷所葬之处。传闻后稷为古代周族的始祖。相传有邰氏之女姜嫄踏上巨人的脚印，心有所感，怀孕而生后稷。后稷长大后善于种植农作物，在舜帝时为农官，教民众耕种。②氐国：氐人国。

【译文】

后稷的埋葬之地，环绕着青山绿水。此地在氐人国的西侧。

【原文】

11.7 流黄酆（fēng）氏之国，中[①]方三百里；有涂[②]四方，中有山。在后稷葬西。

【注释】

①中：域中，即国内土地。②涂：通“途”。道路。

【译文】

流黄酆氏国，国土方圆有三百里，道路四通八达，中间有一座大山。流黄酆氏国在后稷葬地以西。

【原文】

11.8 流沙[①]出钟山，西行又南行昆仑之虚[②]，西南入海[③]，黑水之山。

【注释】

①流沙：古代指西北地区的沙漠。②虚：大丘。即指山。③海：这里指西北的水泽。

【译文】

流沙的发源地在钟山，先向西流动，又朝南流过昆仑山，继续往西南流入水泽，就到了黑水山。

【原文】

11.9 东胡在大泽东。夷人在东胡东。

【译文】

东胡国在大泽以东。夷人国在东胡国以东。

【原文】

11.10 貊（mò）国在汉水东北，地近于燕（yān），灭之。

【译文】

貊国在汉水的东北侧。貊国靠近燕国的边界，后来被燕国灭掉了。

【原文】

11.11 孟鸟在貊国东北，其鸟文赤、黄、青，东乡[①]（xiàng）。

【注释】

①乡：通“向”

【译文】

孟鸟在貊国的东北侧栖息，这种鸟的身上有红、黄、青三种颜色的花纹，常向着东方站立。

【原文】

11.12 海内昆仑之虚，在西北，帝之下都。昆仑之虚，方八百里，高万仞[①]。上有木禾[②]，长五寻[③]，大五围[④]。面有九井[⑤]，以玉为槛[⑥]（jiàn）。面有九门，门有开明兽[⑦]守之，百神之所在。在八隅之岩，赤水之际，非仁羿（yì）[⑧]莫能上冈之岩。

【注释】

①仞：古代的八尺或七尺为一仞。②木禾：传说中一种高大的谷类植物。③寻：古代的八尺为一寻。④围：两只手臂合拢的长度。⑤面：前面。一作“上”。九：一作“五”。⑥槛：栏杆。⑦开明兽：即天神陆吾。⑧仁羿：即后羿。

【译文】

海内的昆仑山屹立在西北方，这是天帝在下界的都城。昆仑山方圆八百里，有万仞高。山顶有高大的谷类植物，有五寻高，有五人合抱那么粗。昆仑山的每一面有九口井，井边有用玉石制成的栏杆。昆仑山的每一面有九道门，每道门都有开明兽守卫着，那里是众多天神聚集的地方。群神居于八方山岩之间，赤水的岸边，如果没有像后羿那样的本领，就不能攀上那些山冈，登上那些巉岩。

[明] 蒋应镐 图本

[清] 吴任臣 图本

[清] 汪绂 图本

【原文】

11.13 赤水出东南隅，以行其东北，西南流注南海厌火东。

【译文】

赤水从昆仑山的东南角流出，流到昆仑山的东北方，又转向西南流注入南海厌火国的东边。

【原文】

11.14 河水出东北隅，以行其北，西南又入渤海，又出海外，即西而北，入禹所导积石山。

【译文】

黄河从昆仑山的东北角流出，流到昆仑山的北面，再往西南流入渤海，又流向海外，就此向西后往北流入大禹所疏导过的积石山。

【原文】

11.15 洋（xiáng）水、黑水出西北隅，以东，东行，又东北，南入海，羽民南。

【译文】

洋水、黑水从昆仑山的西北角流出，然后折向东方，向东流后再折向东北方，又朝南流入大海，直到羽民国的南侧。

【原文】

11.16 弱水、青水出西南隅，以东，又北，又西南，过毕方鸟东。

【译文】

弱水、青水从昆仑山的西南角流出，然后折向东方，又朝北流去再折向西南方，又流经毕方鸟栖息地的东侧。

凤皇

三头人

三头人

【原文】

11.17 昆仑南渊深三百仞。开明兽身大类虎而九首，皆人面，东向立昆仑上。

【译文】

昆仑山南侧的渊潭深达三百仞。开明神兽的身体像老虎一样大，长着九个脑袋，且都长着人的面孔，朝向东方立在昆仑山顶上。

【原文】

11.18 开明西有凤皇、鸾鸟，皆戴蛇践蛇，膺有赤蛇。

【译文】

开明兽所在地的西边是凤皇和鸾鸟的栖息地，它们都头顶缠绕着蛇、脚底踩着蛇，胸前也挂有红色的蛇。

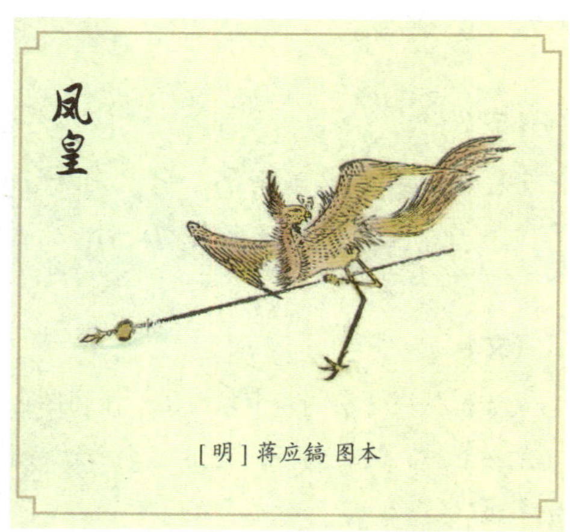

[明] 蒋应镐 图本

【原文】

11.19 开明北有视肉、珠树、文玉树、玗琪树、不死树①。凤皇、鸾鸟皆戴瞂②（fá）。又有离朱、木禾、柏树、甘水、圣木曼兑③，一曰挺木牙交④。

【注释】

①珠树：《海外南经》所说的三株树，传说长有珍珠的树。文玉树：传说中生长五彩美玉的树。玗琪树：传说中生长红色玉石的树。不死树：传说食其果实可以长寿。②瞂：盾牌。③离朱：即太阳里的三足乌。甘水：即醴泉，甜的泉水。圣木曼兑：一种叫作曼兑的圣树。④挺木牙交：一说为璇树。

【译文】

开明兽所在地的北面有视肉兽、珠树、文玉树、玗琪树、不死树，凤皇和鸾鸟都戴着盾牌。这里还有三足乌、木禾、柏树、醴泉、圣木曼兑。另一种说法认为圣木曼兑应该叫作挺木牙交。

【原文】

11.20 开明东有巫彭、巫抵、巫阳、巫履、巫凡、巫相，夹窫窳之尸，皆操不死之药以距①之。窫窳②者，蛇身人面，贰负臣所杀也。

【注释】

①距：通“拒”。抗拒。②窫窳：与前文所记载的“窫窳”不是同一种生物。

【译文】

开明兽所在地的东面有巫彭、巫抵、巫阳、巫履、巫凡、巫相几个巫师，他们围着窫窳的尸体，都手捧不死药想要使他复活。这位窫窳，有着蛇的身体、人的面孔，他是被贰负和他的臣子危合谋杀死的。

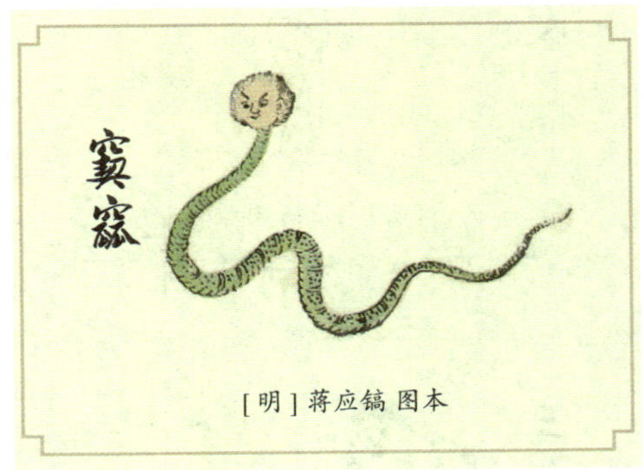

[明]蒋应镐 图本

[清]汪绂 图本

【原文】

11.21 服常树①，其上有三头人，伺琅玕树②。

【注释】

①服常树：疑即沙棠树。②琅玕树：即珠树。

【译文】

有一种服常树，上面有个长着三个头的人，在那里伺察着附近的琅玕树。

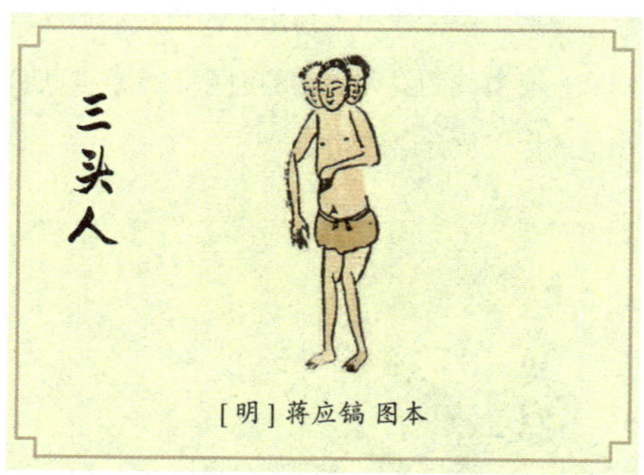

[明] 蒋应镐 图本

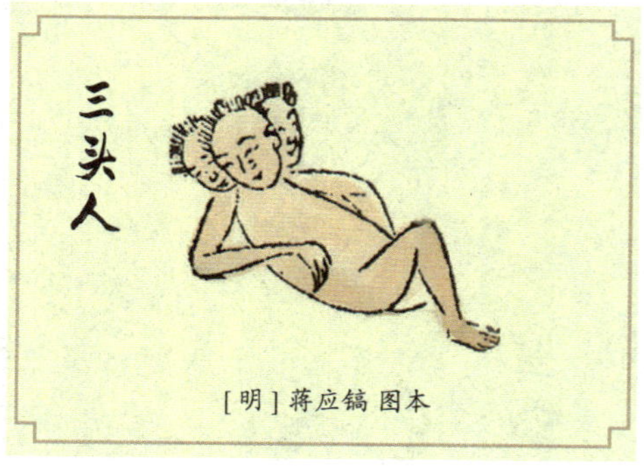

[明] 蒋应镐 图本

【原文】

11.22 开明南有树鸟[1]，六首；蛟、蝮、蛇、蜼、豹、鸟秩树[2]，于表池树木，诵鸟、鶽（sǔn）、视肉[3]。

【注释】

①树鸟：疑即《大荒西经》所说的“鸀鸟”。②鸟秩树：为何种树木不详。③诵鸟：为何鸟不详。鶽：雕。也有说法认为这段文字应该为“开明南有树鸟、六首蛟、蝮蛇、蜼、豹、鸟秩树，于表池树木，诵鸟、鶽、视肉。”明代蒋应镐所绘图本采用此种说法。

【译文】

开明兽所在地的南边有树鸟，它长着六个脑袋；那里还有蛟龙、蝮蛇、蛇、长尾猿、豹子，还有一些鸟秩树，生长在一座池子的四周，使池子显得更加华美，那里还有诵鸟、鶽鸟和视肉兽。

海内北经

卷十二

《海内北经》为《山海经》的第十二卷，记录了海内地区西北角以东这一区域的诸多事物。

【导读】

《海内北经》记载了犬戎国、鬼国、盖国、大人国等异国之邦，以及蜪犬、穷奇、阘非、吉量等神兽。经中记叙的犬戎国犬夫人妻、穷其食人、冰夷乘龙出行的故事都具有十分奇幻的色彩。

【原文】

12.1 海内西北陬以东者。

【译文】

《海内北经》记载了在海内西北角向东的国家地区和山丘河川。

【原文】

12.2 蛇巫之山，上有人操柸①(bàng)而东向立。一曰龟山。

【注释】

①柸：即“棓”，音义同而字形异。棓，同“棒”，棍棒。

【译文】

蛇巫山上面有人拿着棍棒向东站立。另有说法认为蛇巫山应该叫作龟山。

【原文】

12.3 西王母梯几而戴胜杖①。其南有三青鸟，为西王母取食。在昆仑虚北。

【注释】

①梯：靠。几：古人坐时凭靠身体或搁置物件的矮桌子。

【译文】

西王母倚靠着矮几，头上戴着玉胜。在西王母南边有三只青鸟，正在为西王母取食物。西王母和三青鸟的所在地位于昆仑山的北侧。

[明]蒋应镐 图本

【原文】

12.4 有人曰大行伯，把戈。其东有犬封国。贰负之尸在大行伯东。

【译文】

有一位神人叫大行伯，手里拿着一把长戈。在他的东边是犬封国。贰负之尸在大行伯的东边。

【原文】

12.5 犬封国曰犬戎国，状如犬。有一女子，方跪进柸①食。有文马，缟②（gǎo）身朱鬣，目若黄金，名曰吉量，乘之寿千岁。

【注释】

①柸：通“杯”。②缟：洁白如缟，此处意为白色。

【译文】

犬封国又被称为犬戎国，那里的人外形都是狗的样子。犬封国有一名女子，正跪在地上捧着酒食进献给别人。这里还有文马，皮毛是白色的，鬃毛是红色的，眼睛像黄金一样，它的名字叫吉量，骑着它就能使人长寿千岁。

[明]蒋应镐 图本

[明]蒋应镐 图本

【原文】

12.6 鬼国在贰负之尸北，为物人面而一目。一曰贰负神在其东，为物人面蛇身。

【译文】

鬼国在贰负之尸的北边，那里的人长着人脸却只有一只眼睛。另一种说法认为贰负神在鬼国的东边，贰负神长着人的脸和蛇的身子。

【原文】

12.7 蜪（táo）犬如犬，青，食人从首始。

[明]蒋应镐 图本

【译文】

蜪犬的外形像狗，但是全身是青色的，它吃人时从头开始吃起。

【原文】

12.8 穷奇状如虎，有翼，食人从首始，所食被（pī）发[①]，在蜪犬北。一曰从足。

【注释】

①被发：被通“披”，即披发。

【译文】

穷奇的外形像老虎，却长有翅膀，吃人时会从头开始吃，而被吃的人一般都是披散着头发的。穷奇位于蜪犬的北边。另一种说法认为穷奇吃人会从脚开始吃起。

［明］蒋应镐 图本

【原文】

12.9 帝尧台、帝喾（kù）台、帝丹朱台、帝舜台，各二台，台四方，在昆仑东北。

【译文】

帝尧台、帝喾台、帝丹朱台、帝舜台，各有两座台，每座台都是四方形的，位于昆仑山的东北侧。

【原文】

12.10 大蜂，其状如螽；朱蛾（yǐ），其状如蛾[①]。

【注释】

①蛾：通“蚁”，蚂蚁，古人称蚍蜉。

【译文】

有一种大蜂，长得像蝗虫；还有一种朱蛾，长得像蚍蜉。

【原文】

12.11 蟜（qiáo），其为人虎文，胫（jìng）有䏿（qǐ）[①]。在穷奇东。一曰状如人，昆仑虚北所有。

【注释】

①胫：腿。䏿：腿肚子。

【译文】

蟜长着人的身体、老虎的斑纹，腿上有强健的肌肉，居住在穷奇的东边。另有一种说法认为蟜的外形像人，是昆仑山北侧所独有的。

【原文】

12.12 阘（tà）非，人面而兽身，青色。

【译文】

阘非长着人的脸孔、野兽的身体，全身都是青色的。

【原文】

12.13 据比之尸，其为人折颈被（pī）发，无一手。

【译文】

天神据比的尸首像是被人折断了脖子且披散着头发，还没了一只手。

【原文】

12.14 环狗，其为人兽首人身。一曰蝟状如狗，黄色。

【译文】

环狗，长着野兽的脑袋和人的身体。另有一种说法认为是刺猬的样子，却又像狗，全身是黄色的。

【原文】

12.15 袜[①]（mèi），其为物人身、黑首、从[②]（zòng）目。

【注释】

①袜：通“魅”，即鬼魅，古人认为物老则成魅。②从：通“纵”。

【译文】

袜，这种怪物长着人的身体、黑色脑袋和竖着的眼睛。

【原文】

12.16 戎，其为人人首三角。

【译文】

戎，这种人长着人头，但是头上有三只角。

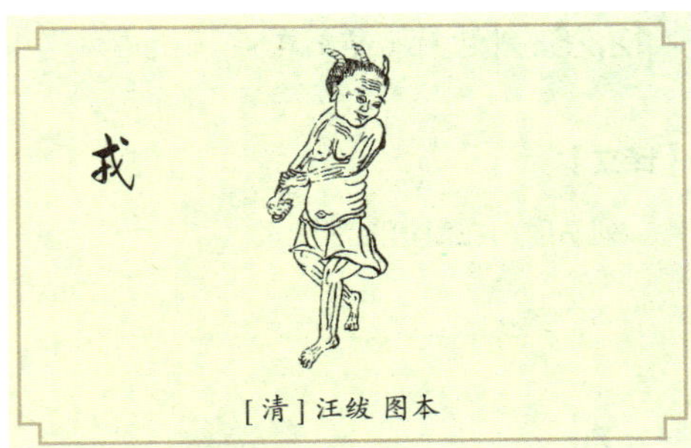

[清]汪绂 图本

【原文】

12.17 林氏国有珍兽，大若虎，五采毕具，尾长于身，名曰驺（zōu）吾，乘之日行千里。

【译文】

林氏国有一种珍稀的野兽，体型大小如同老虎，身上有五种颜色的斑纹，尾巴比身子还长，它的名字叫驺吾，骑上它可以日行千里。

【原文】

12.18 昆仑虚南所，有氾林①，方三百里。

【注释】

①氾林：即前文所说的范林，意思是茂密的树林。

【译文】

昆仑山南侧有一个地方，是一片茂密的森林，有方圆三百里之广。

【原文】

12.19 从极①之渊，深三百仞，维冰夷恒都焉②。冰夷人面，乘两龙。一曰忠极之渊。

【注释】

①从极：一作“纵极”或“中极”。②维：通“惟”，只有。冰夷：又名冯（píng）夷、无夷，即河伯，传说中的水神。

【译文】

从极渊有三百仞深，只有河神冰夷常住在这里。冰夷长着人的面孔，乘着两条龙出行。另有一种说法认为从极渊叫作忠极渊。

【原文】

12.20 阳汙（yū）之山，河出其中；凌门之山，河出其中。

【译文】

阳汙山，黄河的一条支流从这里流出。凌门山，黄河的另一条支流从这里流出。

【原文】

12.21 王子夜[1]之尸，两手、两股、胸、首、齿皆断异处。

【注释】

①王子夜：即王子亥，殷商时的王子。

【译文】

王子夜的尸体，两只手、两条腿、胸、头、牙齿都被斩断而分散在不同的地方。

【原文】

12.22 舜妻登比氏生宵明、烛光，处河大泽，二女之灵能照此所方百里。一曰登北氏。

【译文】

帝舜的妻子登比氏生了两个女儿，名为宵明、烛光，她们住在黄河边的大泽中。两位神女的灵光照亮了方圆百里的地方。另一种说法认为帝舜的妻子叫登北氏。

【原文】

12.23 盖国在钜燕南[1]，倭（wō）北。倭属燕。

【注释】

①钜：通“巨”，大。

【译文】

盖国在大燕国的南边，倭国的北面。倭国隶属于燕国。

【原文】

12.24 朝鲜在列阳东，海北山南。列阳属燕。

【译文】

朝鲜在列阳的东边，北面有大海，南面有高山。列阳隶属于燕国。

【原文】

12.25 列姑射（yè）在海河州中。

【译文】

列姑射山在海河的洲渚里。

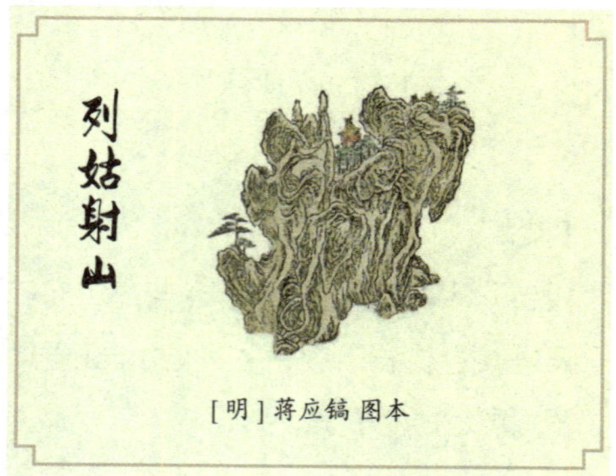

［明］蒋应镐 图本

【原文】

12.26 姑射（yè）国在海中，属列姑射。西南山环之。

【译文】

姑射国在海中，隶属于列姑射山。这个国家的西南部有高山环绕。

【原文】

12.27 大蟹在海中①。

【注释】

①大蟹：传说中的巨蟹，身体如山一般大小。

【译文】

大蟹生活在海里。

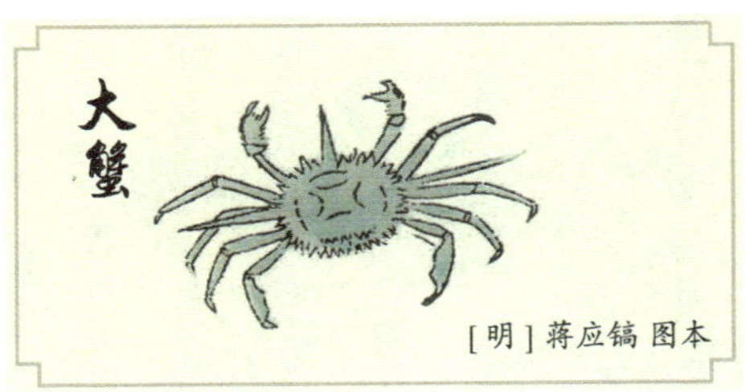

[明] 蒋应镐 图本

【原文】

12.28 陵鱼①人面，手足，鱼身，在海中。

[明] 蒋应镐 图本

【注释】

①陵鱼：即前文所说的人鱼。

【译文】

陵鱼长着人的脸，有手有脚，却是鱼的身子，生活在海里。

【原文】

12.29 大鯾[①]（biān）居海中。

【注释】

①鯾：同“鳊”，鳊鱼。

【译文】

大鯾鱼生活在海里。

【原文】

12.30 明组邑[①]居海中。

【注释】

①明组邑：可能是村落名，也可能是植物名。

【译文】

明组邑生活在海里。

【原文】

12.31 蓬莱山[①]在海中。

【注释】

①蓬莱山：传说在渤海中，是海上仙山之一。

【译文】

蓬莱山屹立在大海中。

[明]蒋应镐 图本

【原文】

12.32 大人之市在海中。

【译文】

大人国贸易的集市在海里。

卷十三 海内东经

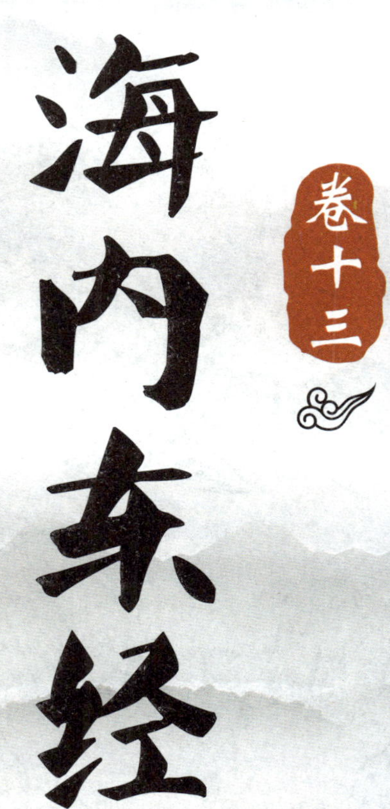

《海内东经》为《山海经》的第十三卷，记录了海内地区东北角以南这一区域的诸多事物。

【导读】

《山海经》成稿并非一个人完成，而是陆陆续续经过长达几百年的修订完成的。据学者研究，在《海内东经》中，从“岷三江”到“入章武南”这一段文字，可能不是出自《山海经》原文，而是后人所加。

【原文】

13.1 海内东北陬以南者。

【译文】

《海内东经》记载了在海内东北角向南的国家地区和山丘河川。

【原文】

13.2 钜燕在东北陬。

【译文】

钜燕国在海内的东北角。

【原文】

13.3 国在流沙中者埻（guó）端、玺（xǐ）㬇（huàn），在昆仑虚东南。一曰海内之郡，不为郡县，在流沙中。

【译文】

处于流沙中的国家有埻端国和玺㬇国，它们都在昆仑山的东南侧。另有一种说法认为这两个地方是海内的郡，不把它们称为郡县，是因为它们处于流沙中。

【原文】

13.4 国在流沙外者，大夏、竖沙、居繇、月支之国。

【译文】

处于流沙之外的国家有大夏国、竖沙国、居繇国、月支国。

【原文】

13.5 西胡白玉山在大夏东，苍梧在白玉山西南，皆在流沙西，昆仑虚东南。昆仑山在西胡西。皆在西北。

【译文】

西胡境内的白玉山在大夏国的东边，苍梧在白玉山的西南边，它们的位置都在流沙的西边，昆仑山的东南边。昆仑山位于西边胡人居住地的西边。它们总的位置都在西北地区。

【原文】

13.6 雷泽中有雷神，龙身而人头，鼓①其腹。在吴西。

【注释】

①鼓：敲击。

【译文】

雷泽中住着雷神，长着龙身和人头，他一敲打肚子就会响雷。雷泽在吴地的西边。

[清]吴任臣 图本

[清]汪绂 图本

【原文】

13.7 都州在海中。一曰郁州。

【译文】

都州位于海中。也有一种说法认为都州叫作郁州。

【原文】

13.8 琅邪（yá）台在渤海间，琅邪之东。其北有山。一曰在海间。

【译文】

琅邪台位于渤海中，在琅邪山的东边。琅邪台的北边有座山。有另一种说法认为琅邪台在海中。

【原文】

13.9 韩雁在海中，都州南。

【译文】

韩雁位于海中，在都州的南边。

【原文】

13.10 始鸠在海中，辕厉南。

【译文】

始鸠位于海中，在辕厉的南边。

【原文】

13.11 会稽山在大楚①南。

【注释】

①大楚：当为“大越”之误。

【译文】

会稽山在大越的南边。

【原文】

13.12 岷三江：首大江出汶山，北江出曼山，南江出高山。高山在城都西，入海在长州南。

【译文】

岷江由三条江汇聚而成：首先是从汶山流出的岷江主流，再是从曼山流出的北江，还有从高山流出的南江。高山位于成都的西边。岷江入海口在长州的南边。

【原文】

13.13 浙江出三天子都，在其东。在闽西北，入海，余暨南。

【译文】

浙江从三天子都山流出，这座山在蛮地的东边。浙江在闽地的西北边，最终注入大海，入海处在余暨的南边。

【原文】

13.14 庐江出三天子都，入江，彭泽西。一曰天子鄣（zhāng）。

【译文】

庐江也从三天子都山流出，注入长江的位置在彭泽的西边。还有一种说法认为三天子都是天子鄣。

【原文】

13.15 淮水出余山，余山在朝阳东，义乡西。入海，淮浦北。

【译文】

淮水从余山流出。余山在朝阳的东边，义乡的西边，入海口在淮浦的北边。

【原文】

13.16 湘水出舜葬东南陬，西环之。入洞庭下。一曰东南西泽。

【译文】

湘水从帝舜埋葬地的东南角流出，向西蜿蜒流去。湘水注入洞庭湖下游。有一种说法认为湘水注入东南方的西泽中。

【原文】

13.17 汉水出鲋鱼之山，帝颛顼[①]葬于阳，九嫔葬于阴，四蛇卫之。

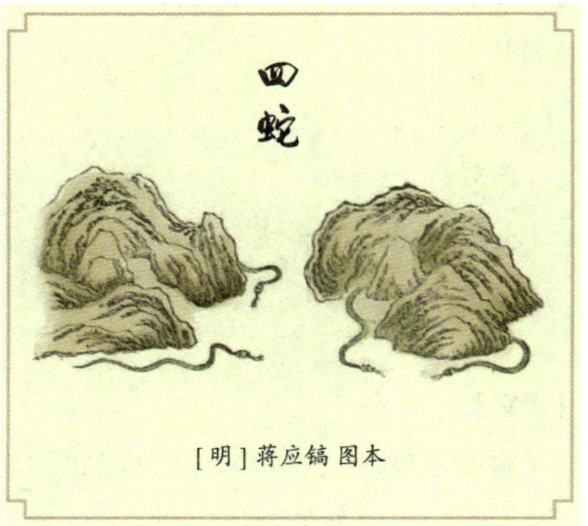

[明]蒋应镐 图本

【注释】

①颛顼：黄帝之孙。

【译文】

汉水从鲋鱼山流出，帝颛顼葬在这座山的南侧，帝颛顼的九个嫔妃葬在这座山的北侧，有四条巨蛇护卫着这里。

【原文】

13.18 濛水出汉阳西，入江，聂阳西。

【译文】

濛水从汉阳西侧流出，注入长江的位置在聂阳的西边。

【原文】

13.19 温水出崆（kōng）峒（tóng）山，在临汾南，入河，华阳北。

【译文】

温水从崆峒山流出，这座山在临汾南边，温水注入黄河的位置在华阳的北边。

【原文】

13.20 颍水出少室，少室山在雍氏南，入淮西鄢（yān）北。一曰缑（gōu）氏。

【译文】

颍水从少室山流出，少室山在雍氏的南边，颍水在西鄢的北边注入淮水。还有一种说法认为雍氏应为缑氏。

【原文】

13.21 汝水出天息山，在梁勉乡西南，入淮极西北。一曰淮在期思北。

【译文】

汝水从天息山流出，天息山在梁勉乡的西南边，汝水注入淮水的位置在淮极的西北边。有一种说法认为汝水注入淮水的位置在期思的北边。

【原文】

13.22 泾水出长城北山，山在郁郅（zhì）、长垣北，北入渭，戏北。

【译文】

泾水从长城的北山流出，这座山在郁郅、长垣的北边，泾水向北注入渭水，地点在戏的北边。

【原文】

13.23 渭水出鸟鼠同穴山，东注河，入华阴北。

［明］蒋应镐 图本

【译文】

渭水从鸟鼠同穴山流出，向东注入黄河，入河的位置在华阴的北面。

【原文】

13.24 白水出蜀，而东南注江，入江州城下。

【译文】

白水从蜀地流出，向东南注入长江，入江处在江州城下。

【原文】

13.25 沅（yuán）水山出象郡镡（xín）城西，入东注江，入下隽西，合洞庭中。

【译文】

沅水从象郡镡城的西边流出，向东流，后注入长江，入江处在下隽的西边，最终汇入洞庭湖中。

【原文】

13.26 赣水出聂都东山，东北注江，入彭泽西。

【译文】

赣水从聂都东边的山中流出，向东北流，后注入长江，入江处在彭泽的西边。

【原文】
13.27 泗水出鲁东北，而南，西南过湖陵西，而东南注东海，入淮阴北。

【译文】

泗水从鲁地的东北边流出，先向南流，再折往西南流经湖陵的西边，又转向东南注入东海，入海口在淮阴的北边。

【原文】
13.28 郁水出象郡，而西南注南海，入须陵东南。

【译文】

郁水从象郡流出，向西南流，后注入南海，入海口在须陵的东南方。

【原文】
13.29 肄水出临晋西南，而东南注海，入番禺西。

【译文】

肄水从临晋的西南方流出，向东南流，后注入大海，入海口在番禺的西边。

【原文】
13.30 潢水出桂阳西北山，东南注肄水，入敦浦西。

【译文】

潢水从桂阳西北的山中流出，向东南流，后注入肄水，入肄水的位置在敦浦的西边。

【原文】
13.31 洛水出洛西山，东北注河，入成皋之西。

【译文】

洛水从上洛西边的山中流出，向东北流，后注入黄河，入河处在成皋的西边。

【原文】
13.32 汾水出上窳北，而西南注河，入皮氏南。

【译文】

汾水从上窳的北边流出，向西南流，后注入黄河，入河处在皮氏的南边。

【原文】
13.33 沁水出井陉山东，东南注河，入怀东南。

【译文】

沁水从井陉山的东边流出，向东南流，后注入黄河，入河处在怀的东南方。

【原文】
13.34 济水出共山南东丘，绝钜鹿泽，注渤海，入齐琅槐东北。

【译文】

济水从共山南边的东丘流出，穿过钜鹿泽，注入渤海，入海处在齐地琅槐的东北方。

【原文】

13.35 潦水出卫皋东，东南注渤海，入潦阳。

【译文】

潦水从卫皋的东边流出，向东南流，后注入渤海，入海处在潦阳。

【原文】

13.36 虖沱水出晋阳城南，而西至阳曲北，而东注渤海，入越章武北。

【译文】

虖沱水从晋阳城的南边流出，向西流到阳曲的北边，再向东流，后注入渤海，入海处在章武的北边。

【原文】

13.37 漳水出山阳东，东注渤海，入章武南。

【译文】

漳水从山阳的东边流出，向东流，后注入渤海，入海处在章武的南边。

【原文】

13.38 建平元年四月丙戌，待诏太常属臣望校治，侍中光禄勋臣龚、侍中奉车都尉光禄大夫臣秀领主省。

【译文】

建平元年四月丙戌日，待诏太常属臣丁望校对整理，侍中光禄勋臣王龚、侍中奉车都尉光禄大夫刘秀主持整理。

大荒东经

卷十四

《大荒东经》为《山海经》的第十四卷，记录了东边极远地区的地理事物和风土人情。大荒指四海之外的极远地区。

【导读】

《大荒东经》中记载的一些国家在《海外东经》中也曾出现过，但是本经更详细介绍了人民的姓氏以及国家形成的过程。另外在介绍山川时，更着重叙述日月升起落下的自然规律，以及古代人民对下雨等自然现象的丰富联想，写到了应龙布雨等神话传说。

【原文】

14.1 东海之外大壑（hè）①，少昊②之国。少昊孺帝颛顼（zhuān xū）于此③，弃其琴瑟（sè）④。有甘山者，甘水出焉，生甘渊⑤。

【注释】

①大壑：传说中的大峡谷。②少昊：即少皞，名挚，号金天氏，传说他是远古时期东夷族的首领，相传为黄帝的儿子。③孺：通“乳”，养育。颛顼：为黄帝之孙。④琴瑟：古时的两种拨弦乐器。⑤甘渊：即《海外东经》所说的汤谷。

【译文】

东海以外有一条极深的大峡谷，那里是少昊建国的地方。少昊就是在那里抚养颛顼长大的，颛顼童年时玩过的琴瑟还留在这里。这里有一座甘山，甘水发源于此，水流汇成甘渊。

【原文】

14.2 大荒东南隅有山，名皮母地丘。

【译文】

大荒的东南角有一座山，名为皮母地丘。

【原文】

14.3 东海之外，大荒之中，有山名曰大言，日月所出。

【译文】

在东海以外的大荒中，有一座山，名为大言山，那里是太阳和月亮升起的地方。

【原文】

14.4 有波谷山者，有大人之国。有大人之市，名曰大人之堂①。有一大人踆②其上，张其两耳③。

【注释】

①大人之堂：疑为山名，因其形状似堂屋而得名。②踆："踆"是"蹲"的古字。③耳：当作"臂"。

【译文】

有一座波谷山，山里有个大人国。国中有大人们做买卖的集市，集市就在那座叫大人堂的山上。有一个大人正蹲在山上，张开着他的两只手臂。

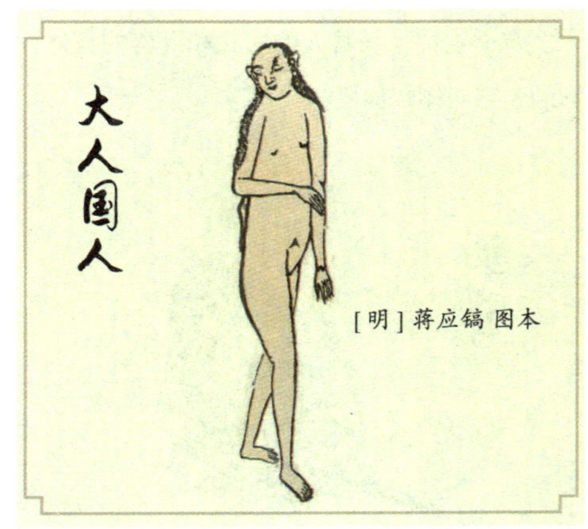

[明]蒋应镐 图本

【原文】

14.5 有小人国，名靖①人。

【注释】

①靖：细小的样子。

【译文】

有一个小人国，那里的人被称作靖人。

[明]蒋应镐 图本

【原文】

14.6 有神，人面兽身，名曰犁䰠（líng）之尸。

【译文】

有一位神，长着人的面孔和野兽的身体，它的名字叫作犁䰠尸。

［清］汪绂 图本

【原文】

14.7 有潏（jué）山，杨水出焉。

【译文】

有一座山名为潏山，杨水就是从这座山流出的。

【原文】

14.8 有蒍（wěi）国，黍食，使四鸟①：虎、豹、熊、罴。

【注释】

①使：役使。鸟：古时鸟兽通名，此为野兽。

【译文】

有一个蒍国，那里的人以黄米为食，能役使四种野兽：老虎、豹子、熊和罴。

【原文】

14.9 大荒之中，有山名曰合虚，日月所出。

【译文】

在大荒中，有一座名叫合虚的山，这里是太阳和月亮升起的地方。

【原文】

14.10 有中容之国。帝俊生中容①，中容人食兽、木实，使四鸟：豹、虎、熊、罴。

【注释】

①帝俊：本书屡次出现名为帝俊的上古帝王，具体所指各有不同。一般指帝舜或帝喾，此处为帝舜。生：多指某人所生或所遗存的后代子孙。

［清］汪绂 图本

【译文】

有一个国家叫作中容国。帝俊有个后代叫中容，中容国的人吃野兽的肉和树木的果实，能役使四种野兽：豹子、老虎、熊、罴。

【原文】

14.11 有东口之山。有君子之国，其人衣冠带剑。

【译文】

有一座东口山。在东口山有个君子国，那里的人穿衣戴帽且腰间佩带宝剑。

【原文】

14.12 有司幽之国。帝俊生晏龙，晏龙生司幽，司幽生思士，不妻；思女，不夫①。食黍，食兽，是使四鸟。

【注释】

①思女，不夫：神话传说思士、思女虽然不娶亲、不嫁人，但能因精气感应、魂魄相合而生育孩子，延续后代。

【译文】

有一个国家名为司幽国。帝俊生了晏龙，晏龙生了司幽，司幽生了思士，思士没有娶亲；司幽还生了思女，思女没有出嫁。这里的人吃黄米饭，也吃野兽的肉，能役使四种野兽。

【原文】

14.13 有大阿之山者。大荒中有山，名曰明星，日月所出。

【译文】

有一座山叫作大阿山。大荒中还有一座高山，叫作明星山，是太阳和月亮升起的地方。

【原文】

14.14 有白民之国。帝俊生帝鸿①，帝鸿生白民，白民销姓，黍食，使四鸟：虎、豹、熊、罴。

【注释】

①帝鸿：即黄帝。

【译文】

有一个国家名为白民国。帝俊生了帝鸿，帝鸿生了白民。白民国的人姓销，以黄米为食物，能役使四种野兽：老虎、豹子、熊和罴。

[清]汪绂 图本

[清] 汪绂 图本

【原文】

14.15 有青丘之国。有狐，九尾。

【译文】

有一个国家名为青丘国。青丘国有狐狸，这种狐狸长着九条尾巴。

【原文】

14.16 有柔仆民，是维嬴土[①]之国。

【注释】

①嬴土：肥沃的土地。

【译文】

有一个国家的人被称作柔仆民，他们所在的地方土地肥沃。

【原文】

14.17 有黑齿之国。帝俊生黑齿，姜姓，黍食，使四鸟。

【译文】

有一个国家叫黑齿国。帝俊生了黑齿国的祖先，那里的人都姓姜，吃黄米饭，能役使四种野兽。

【原文】

14.18 有夏州之国。有盖余之国。有神人，八首人面，虎身十尾，名曰天吴。

【译文】

有一个国家叫夏州国。夏州国附近有一个盖余国。有位神，长了八个头，每个头上都是人的面孔，他长着老虎的身子和十条尾巴，名字叫天吴。

【原文】

14.19 大荒之中，有山名曰鞠陵于天、东极、离瞀（mào），日月所出。有神名曰折丹，东方曰折，来风曰俊[①]，处东极以出入风。

【译文】

在大荒中有三座高山，分别叫作鞠陵于天山、东极山、离瞀山，都是太阳和月亮升起的地方。有位神名叫折丹，东方人称他为折，这里吹来的风称作俊，他身处大地的最东边掌管风起风停。

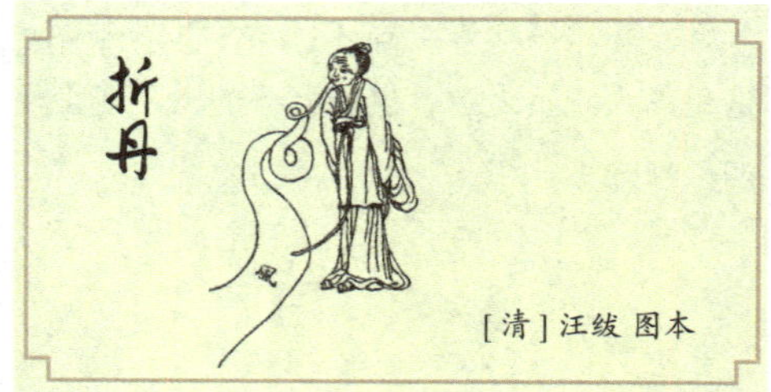

[清] 汪绂 图本

【原文】

14.20 东海之渚[①]（zhǔ）中，有神，人面鸟身，珥两黄蛇，践两黄蛇，名曰禺䝞（hào）。黄帝生禺䝞，禺䝞生禺京[②]。禺京处北海，禺䝞处东海，是惟海神。

【注释】

①渚：水中的小块陆地。②禺京：即禺彊。参见《海外北经》。

【译文】

在东海的小岛上有一位神，长着人的脸和鸟的身体，耳朵上挂着两条黄色的蛇，脚下踩着两条黄色的蛇，名字叫禺䝞。黄帝生了禺䝞，禺䝞生了禺京。禺京住在北海，禺䝞住在东海，都是海神。

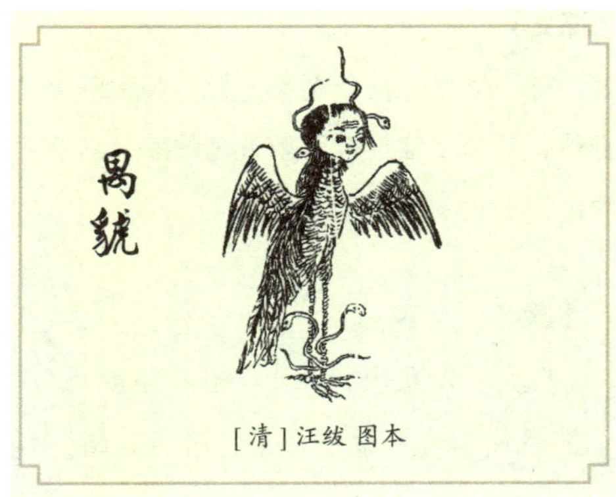

[清]汪绂 图本

【原文】

14.21 有招摇山，融水出焉。有国曰玄股，黍食，使四鸟。

【译文】

有一座招摇山，融水从这座山流出。有一个国家名为玄股国，那里的人们吃黄米饭，能役使四种野兽。

【原文】

14.22 有困民国[①]，勾姓而[②]食。有人曰王亥[③]，两手操鸟，方食其头。王亥托于有易、河伯仆牛[④]。有易杀王亥，取仆牛。河念有易，有易潜出，为国于兽，方食之，名曰摇民。帝舜生戏[⑤]，戏生摇民。

【注释】

①困民国：当作“因民国”。②而：此字当作“黍”。③王亥：即殷王子亥。④仆牛：即服牛，驯养之牛。⑤戏：即有易。“易”“戏”声近而转。

【译文】

有一个国家名为因民国，那里的人姓勾，以黄米为主食。有个人叫王亥，他用两手抓着鸟，正在吃鸟的头。王亥把驯养过的牛托付给有易族人和水神河伯，有易族人把王亥杀死，抢走了那群牛。后来王亥的后人来报仇，河伯顾念有易族人，便帮助有易族人潜逃，有易族人在野兽出没的地方建立新的国家，以吃野兽肉为生，这个国家就叫摇民国。另一种说法是：帝舜生了戏（有易），戏生了摇民。

【原文】

14.23 海内有两人①，名曰女丑②。女丑有大蟹。

【注释】

①两人：下面只说了一个，疑有脱文。②女丑：就是《海外西经》所说的女丑之尸，是一个女巫。

【译文】

海内有两位神，其中一个名叫女丑。女丑有一只大蟹。

【原文】

14.24 大荒之中，有山名曰孽（niè）摇頵（jūn）羝（dī）。上有扶木①，柱②三百里，其叶如芥。有谷曰温源谷③。汤（yáng）谷上有扶木，一日方至，一日方出，皆载于乌④。

【注释】

①扶木：就是扶桑树，传说太阳由此升起。②柱：像柱子般直立着。③温源谷：即汤谷，谷中的水很热，太阳在此洗澡。 ④乌：指三足乌，太阳中的神鸟。

【译文】

在大荒中有一座山，名为孽摇頵羝，上面有棵扶桑树，高三百里，叶子长得像芥菜的叶子。这里有一道山谷叫作温源谷（汤谷）。汤谷上面也长有扶桑树。一个太阳刚刚回到扶桑树，另一个太阳就从扶桑树上升起，两个太阳都驮在三足乌的背上。

[明] 蒋应镐 图本

【原文】

14.25 有神，人面、犬①耳、兽身，珥（ěr）两青蛇，名曰奢比尸。

【注释】

①犬：当作“大”。

【译文】

有一位神，长着人脸、大耳朵和野兽的身体，耳朵上穿挂着两条青色的蛇，名字叫奢比尸。

【原文】

14.26 有五采之鸟①，相乡弃沙②。惟帝俊下友。帝下两坛，采鸟是司。

【注释】

①五采之鸟：属鸾鸟、凤凰一类。采通“彩”。②乡：通“向”。弃沙：当为“婆娑”之讹，即盘旋而舞的样子。

【译文】

有一群长着五彩斑斓羽毛的鸟，相对盘旋而舞。这是帝俊在下界的好友。帝俊在下界的两座祭坛，由这群有彩色羽毛的鸟管理着。

[清]汪绂 图本

【原文】

14.27 大荒之中，有山名曰猗（yǐ）天苏门，日月所生①。

【注释】

①生：应为“出”。

【译文】

在大荒中有一座山，名为猗天苏门山，是太阳和月亮初升的地方。

【原文】

14.28 有壎（xūn）民之国。有綦（qí）山。又有摇山。有䰝（zèng）山。又有门户山。又有盛山。又有待山。有五采之鸟。

【译文】

有一个国家名为壎民国。有座山名为綦山。又有座山名为摇山。还有座山名为䰝山。又有座山叫门户山。还有座山叫盛山。再有座山叫待山。这些山上有长着五彩斑斓羽毛的鸟。

【原文】

14.29 东荒之中，有山名曰壑（hè）明俊疾，日月所出。有中容之国。

【译文】

在东荒中有一座山，名为壑明俊疾山，是太阳和月亮初升的地方。这里有个中容国。

【原文】

14.30 东北海外，又有三青马、三骓①（zhuī）、甘华。爰有遗玉、三青鸟、三骓、视肉、甘华、甘柤（zhā）。百谷②所在。

【注释】

①骓：毛色苍白相杂的马。②百谷：指各种农作物。百，表示很多。

【译文】

在海外的东北方，还有三青马、三骓马、甘华树。有种说法认为这里有遗玉、三青鸟、三骓马、视肉、甘华树、甘柤树，是各种庄稼生长的地方。

【原文】

14.31 有女和月母之国。有人名曰鳧（wǎn）。北方曰鳧，来之风曰狻（yǎn），是处东极隅以止①日月，使无相间出没，司其短长。

【注释】

①止：这里是控制的意思。

【译文】

有个国家叫女和月母国。有一位神名叫鳧。北方人称为鳧，从那里吹来的风称作狻，他就在大地的东北角以便控制太阳和月亮，使其不会交相错乱地升起，他还掌控着它们升起和落下的时间长短。

【原文】

14.32 大荒东北隅中，有山名曰凶犁土丘。应龙处南极，杀蚩（chī）尤与夸父，不得复上，故下数（shuò）旱。旱而为应龙之状，乃得大雨。

［明］蒋应镐 图本

【译文】

在大荒的东北角有一座山，名为凶犁土丘山。应龙住在这座山的最南端，因为杀了蚩尤和夸父，不能再回到天上。天上没有兴云布雨的应龙，所以下界常常闹旱灾，人们遇到天旱就装扮成应龙的样子祈祷，这时天就会下大雨。

【原文】

14.33 东海中有流波山，入海七千里。其上有兽，状如牛，苍身而无角，一足，出入水则必风雨，其光如日月，其声如雷，其名曰夔（kuí）。黄帝得之，以其皮为鼓，橛（jué）以雷兽之骨①，声闻②五百里，以威天下。

【注释】

①橛：通“撅”，击打。雷兽：就是雷神。

②闻：传。

【译文】

东海中有一座流波山，在距离东海岸七千里远的地方。山上有一种野兽，外形像牛，却有着苍色的身体，没有犄角，只有一条腿，它进出水时一定会伴随着大风大雨，它身上能发出如同太阳和月亮般的亮光，它吼叫的声音如同响雷，它的名字叫夔。黄帝得到它后，就用它的皮作为鼓面，再用雷神的骨头敲打它，发出的响声能传到五百里以外，黄帝以此来威慑天下。

大荒南经

卷十五

《大荒南经》为《山海经》的第十五卷，记录了南边极远地区的地理形势和风土人情。

【导读】

《大荒南经》记载了巫山、不庭山、荣水等众多大荒南边的山川和河流，还记录了季禺国、盈民国、不死国等国家，以及不廷胡余、因因乎、季厘等神人。经中还有许多奇异的故事，如羲和浴日、卵民国民生蛋等。

【原文】

15.1 南海之外，赤水之西，流沙之东，有兽，左右有首，名曰跊（chù）踢。有三青兽相并，名曰双双。

【译文】

在南海以外，赤水的西岸，流沙的东边，有一种野兽，左右两边各有一个头，它的名字叫跊踢。还有一种由三只青色的野兽合在一起组成的野兽，名字叫双双。

[清]吴任臣 图本

[清]吴任臣 图本

【原文】

15.2 有阿山者。南海之中，有氾天之山，赤水穷焉。赤水之东，有苍梧之野，舜与叔均[①]之所葬也。爰有文贝、离俞、鸱久、鹰、贾、委维、熊、罴、象、虎、豹、狼、视肉[②]。

【注释】

①叔均：又叫商均，传说中帝舜的儿子。②离俞：即离朱鸟。贾：鹰的一种。一说为乌鸦。委维：即委蛇，又称延维。

【译文】

有一座山叫阿山。在南海中，有一座氾天山，赤水最终流到这里。在赤水的东岸，有个地方叫苍梧野，帝舜和叔均都葬在这里。这里有长着花纹的贝壳、离朱鸟、鸺鹠、老鹰、乌鸦、委蛇、熊、罴、大象、老虎、豹子、狼、视肉。

【原文】

15.3 有荣山，荣水出焉。黑水之南，有玄蛇，食麈[①]（zhǔ）。

【注释】

①麈：一种像骆驼的鹿，也称驼鹿。

【译文】

有一座荣山，荣水从这里流出。在黑水的南岸有一条黑蛇，这条蛇能吞食驼鹿。

【原文】

15.4 有巫山者，西有黄鸟[①]。帝药[②]，八斋[③]。黄鸟于巫山，司此玄蛇。

【注释】

①黄鸟："黄"通"皇"。黄鸟即皇鸟，属于凤凰一类的鸟。②帝药：谓此处有天帝的仙药。③斋：屋舍。

【译文】

有一座巫山，巫山的西面有只皇鸟。天帝的仙药，有八个屋子那么多，就藏在巫山。皇鸟在巫山上，监视着黑水南边的那条黑蛇（防备它偷吃天帝的仙药）。

【原文】

15.5 大荒之中，有不庭之山，荣水穷焉。有人三身。帝俊[①]妻娥皇，生此三身之国，姚姓，黍食，使四鸟。有渊四方，四隅皆达，北属[②]（zhǔ）黑水，南属大荒。北旁名曰少和之渊，南旁名曰从（chōng）渊，舜之所浴也。

【注释】

①帝俊：这里指虞舜，即帝舜。②属：连接。

【译文】

在大荒中有一座不庭山，荣水最终流到这里。这里的人长着三个身子。帝俊的妻子叫娥皇，这些三身国的国民是他们的后代。三身国的人姓姚，主食为黄米，能役使四种野兽。这里有一个方形的渊潭，四个角都和其他水系相连通。北侧与黑水相连，南侧和大荒相通。北边的深渊称为少和渊，南边的深渊称为从渊，是帝舜沐浴的地方。

【原文】

15.6 又有成山，甘水穷焉。有季禺之国，颛顼之子，食黍。有羽民之国，其民皆生毛羽。有卵民之国，其民皆生卵。

【译文】

还有一座成山，甘水最终流到这里。有个国家叫季禺国，这里的人都是帝颛顼的子孙后代，主食为黄米。还有个国家叫羽民国，这里的人都长着羽毛。又有个国家叫卵民国，这里的人都产卵，人都从卵中孵化出来。

【原文】

15.7 大荒之中，有不姜之山，黑水穷焉。又有贾山，汔（qì）水出焉。又有言山。又有登备之山[①]。有恝（qì）恝之山。又有蒲山，澧水出焉。又有隗（wěi）山，其西有丹[②]，其东有玉。又南有山，漂水出焉。有尾山。有翠山。

【注释】

①登备之山：即登葆山。②丹：可能指丹雘，可做颜料。

【译文】

在大荒中有一座不姜山，黑水最终流到这里。又有座贾山，汔水从这座山流出。又有座言山。又有座登备山。又有座恝恝山。又有座蒲山，澧水从这座山流出。又有座隗山，它的西侧蕴藏着能做颜料的矿石，东侧蕴藏着玉石。再往南有座山，漂水就是从这座山流出的。还有座尾山。还有座翠山。

【原文】

15.8 有盈民之国，於姓，黍食。又有人方食木叶。

【译文】

有一个盈民国，这里的人都姓於，以黄米

为主食。也有人正在吃树叶。

【原文】

15.9 有不死之国，阿姓，甘木[1]是食。

【注释】

①甘木：即不死树，服食它能使人长生不老。

【译文】

有一个国家叫不死国，这里的人都姓阿，以不死树为食物。

【原文】

15.10 大荒之中，有山名曰去痓（chì）。南极果，北不成，去痓果[1]。

【注释】

①南极果，北不成，去痓果：三句的意义不详，疑文字有错漏。

【译文】

在大荒中有一座山，叫去痓山。南极果，北不成，去痓果。

【原文】

15.11 南海渚中，有神，人面，珥两青蛇，践两赤蛇，曰不廷胡余。

【译文】

在南海的岛屿上有一位神，长着人脸，耳朵上挂着两条青色的蛇，脚底下踩着两条红色的蛇，这位神的名字叫不廷胡余。

【原文】

15.12 有神名曰因因乎，南方曰因乎，来风曰乎民，处南极以出入风。

【译文】

有一位神名叫因因乎，南方人单称他为因乎，从他那边吹来的风称作乎民，因因乎处在大地的南极主管风起风停。

【原文】

15.13 有襄山。又有重阴之山。有人食兽，曰季厘。帝俊生季厘[①]，故曰季厘之国。有缗（mín）渊。少昊生倍伐，倍伐降[②]处缗渊。有水四方，名曰俊坛。

【注释】

①帝俊：这里指帝喾，号称高辛氏。季厘：也称“季狸”。②降：流放。

【译文】

有一座襄山。还有一座重阴山。有人在吞食野兽肉，他的名字叫季厘。帝喾生了季厘，所以他的后代所在的国家被称作季厘国。这里有一个地方叫缗渊。少昊生了倍伐，倍伐被流放在缗渊。这里有一个四方形的水池，名叫俊坛。

［清］汪绂 图本

【原文】

15.14 有臷（zhí）民之国。帝舜生无淫，降臷处，是谓巫臷民。巫臷民朌[①]（fén）姓，食谷，不绩不经[②]，服也；不稼不穑（sè）[③]，食也。爰有歌舞之鸟，鸾鸟自歌，凤鸟自舞。爰有百兽，相群爰处。百谷所聚。

【注释】

①朌：这里做姓氏。②绩：把麻线分成细缕捻接起来。经：纺织。③稼：种地。穑：收获庄稼。

【译文】

有一个国家叫载民国。帝舜生了无淫，无淫被流放到载地，他的子孙后代便叫巫载民。巫载民姓朌，以谷物为主食，不织布却有衣服穿，不从事农业生产却有东西吃。这里有能歌善舞的鸟，鸾鸟自由地歌唱，凤鸟自在地舞蹈。这里还有多种野兽，群居在一起。这里还是各种农作物汇聚的地方。

【原文】

15.15 大荒之中，有山名曰融天，海水南入焉。

【译文】

在大荒中有一座山，叫作融天山，海水从南边流过这座山。

【原文】

15.16 有人曰凿齿，羿杀之。

【译文】

有一位神人叫凿齿，后羿射死了他。

【原文】

15.17 有蜮[①]（yù）山者，有蜮民之国，桑姓，食黍，射蜮是食。有人方扜[②]（yū）弓射黄蛇，名曰蜮人[③]。

【注释】

①蜮：相传为一种能含沙射人的动物，被射中的人会生病而亡，又称为射工、水弩。②扜：拉，张。③蜮人：即蜮民。

【译文】

有一座蜮山，山中有蜮民国，这里的人民姓桑，以黄米为主食，也把射杀的蜮作为食物。有人正在拉开弓箭射杀黄蛇，他的名字叫蜮人。

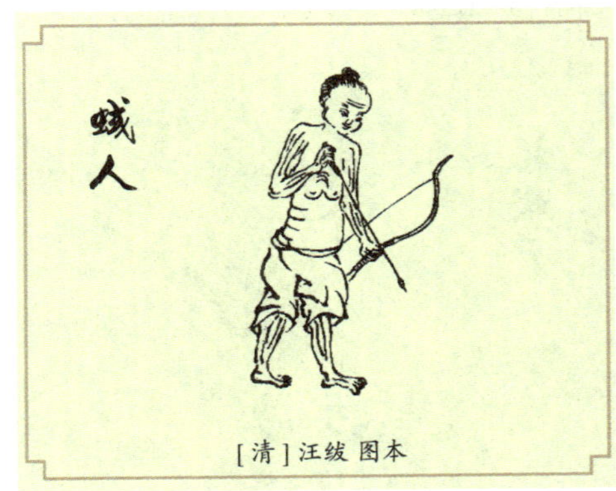

[清]汪绂 图本

【原文】

15.18 有宋山者，有赤蛇，名曰育蛇。有木生山上，名曰枫木[①]。枫木，蚩尤所弃其桎梏，是为枫木。

【注释】

①枫木：即枫香树，一种落叶乔木，叶子在秋季变成红色，树脂有香味，可入药。

【译文】

有一座山叫作宋山。宋山中有一种红色的蛇，名字叫育蛇。宋山上还有一种树，名字叫枫树。原来蚩尤被黄帝杀死后，身上的手铐与脚镣被扔在地上，化成了枫树。

【原文】

15.19 有人方齿虎尾，名曰祖（zhā）状之尸。

【译文】

有一位神长着方形的牙齿和老虎的尾巴，他的名字叫祖状尸。

［明］蒋应镐 图本

【原文】

15.20 有小人，名曰焦侥之国，幾（jǐ）姓，嘉谷是食。

【译文】

有一个由矮小的人组成的国家，名为焦侥国，那里的人姓幾，以优质的谷物为食物。

【原文】

15.21 大荒之中，有山名死（xiǔ）涂之山[1]，青水穷焉。有云雨之山[2]，有木名曰栾。禹攻[3]云雨，有赤石焉生栾，黄木，赤枝，青叶，群帝焉取药。

【注释】

①死涂之山：有说法为丑涂之山。②云雨之山：有说法为巫山。③攻：砍伐树木。

【译文】

在大荒中有一座山，名为死涂山，青水最终流到这里。还有座云雨山，山上有种树叫作栾树。大禹在云雨山砍伐树木，发现山上有红色的岩石，岩石上面长出了栾树，这种树有黄色的树干，红色的枝条，以及青色的叶子，诸位帝王就到这里来采药。

【原文】

15.22 有国曰伯服，颛顼生伯服，食黍。有鼬（yòu）姓之国。有苕山。又有宗山。又有姓山。又有壑（hè）山。又有陈州山。又有东州山。又有白水山，白水出焉，而生[1]白渊，昆吾之师所浴也[2]。

【注释】

①生：指形成。②昆吾：神名，也叫樊。师：军队。

【译文】

有一个国家叫伯服国，颛顼生了伯服，此国的国民为伯服的后代，以黄米为主食。在这附近有一个鼬姓国，还有苕山、宗山、姓山、壑山、陈州山、东州山。这里还有座白水山，白水发源于此，流下来汇聚成为白渊，白渊是昆吾的军队洗澡的地方。

【原文】

15.23 有人名曰张弘，在海上捕鱼。海中有张弘之国[①]，食鱼，使四鸟。

【注释】

①张弘之国：有说法即《海外南经》所载的长臂国。张弘，通“长肱”，即长臂。

【译文】

有一个人叫张弘，正在海上捕鱼。海中有个张弘国，居民以鱼为食物，还能役使四种野兽。

【原文】

15.24 有人焉，鸟喙，有翼，方捕鱼于海。大荒之中，有人名曰驩（huān）头[①]。鲧（gǔn）妻士敬，士敬子曰炎融，生驩头。驩头人面鸟喙，有翼，食海中鱼，杖翼而行。维宜芑苣，穋（qiú）杨是食[②]。有驩头之国。

【注释】

①驩头：又叫讙头。参见《海外南经》的讙头国。②芑：粟的一种，也叫白粱粟。苣：通“秬”，黑黍。穋：播种迟而成熟早的谷物。杨：即杨树。

【译文】

有一个人，长着鸟嘴和翅膀，正在海上捕鱼。在大荒中有个人，名叫驩头。鲧的妻子叫士敬，士敬生的儿子叫炎融，炎融生了驩头。驩头长着人脸、鸟嘴，还生有翅膀，以海中的鱼为食，只能凭借着翅膀行走。他也把白粱粟、黑黍、穋、杨树叶当成食物来吃。其后代繁衍生息，于是有了驩头国。

［明］蒋应镐 图本

【原文】

15.25 帝尧、帝喾、帝舜葬于岳山[①]。爰有文贝、离俞、鸱久、鹰、贾、延维[②]、视肉、熊、罴、虎、豹；朱木，赤枝、青华、玄实。有申山者。

【注释】

①岳山：即狄山。②延维：即委蛇。

【译文】

帝尧、帝喾、帝舜都埋葬在岳山。这里有带花纹的贝、离朱鸟、鸺鹠、老鹰、乌鸦、委蛇、视肉、熊、罴、老虎和豹子。山中还有朱木树，长着红色的枝干，开着青色的花朵，结着黑色的果实。还有座山，名为申山。

【原文】

15.26 大荒之中，有山名曰天台，海水南入焉。

【译文】

在大荒中有一座山，叫作天台山，海水从南边流进这座山。

【原文】

15.27 东南[①]海之外，甘水[②]之间，有羲（xī）和之国。有女子名曰羲和，方日浴[③]于甘渊。羲和者，帝俊之妻，生十日。

【注释】

①东南海之外："南"字疑由上文"海水南入焉"句误入于此。②甘水：一作"甘泉"。③日浴：当作"浴日"。

【译文】

在东海以外，甘水流经的地区，有个羲和国。这里有个名为羲和的女子，正在甘渊中给她的太阳儿子洗澡。羲和是帝俊的妻子，生了十个太阳。

【原文】

15.28 有盖犹之山者，其上有甘柤，枝干皆赤，黄叶，白华，黑实。东又有甘华，枝干皆赤，黄叶。有青马。有赤马，名曰三骓。有视肉。

【译文】

有一座盖犹山，山上生长着甘柤树，其枝条和茎干都是红色的，叶子是黄色的，花朵是白色的，果实是黑的。在这座山的东侧还生长有甘华树，枝条和茎干都是红色的，叶子是黄色的。山中有青色的马。山中还有红色的马，名叫三骓。此外还有视肉。

【原文】

15.29 有小人，名曰菌人。

【译文】

有一种身材十分矮小的人，名叫菌人。

[清] 汪绂 图本

【原文】

15.30 有南类之山，爰有遗玉、青马、三骓、视肉、甘华。百谷所在。

【译文】

有一座南类山，山上有黑色的玉石、青马、三骓马、视肉、甘华树，还有各种各样的农作物。

大荒西经

卷十六

《大荒西经》为《山海经》的第十六卷，记录了西边极远地区的国家和风土人情。

【导读】

《大荒西经》记录了大荒西边一些如丈夫国、一臂国、女子国等的国家，以及山川地貌和神、人、动物的诸多特色，更有精彩的神话传说穿插其中，如女娲之肠化神、共工怒触不周山等，还记载了农业和音乐的起源。

【原文】

16.1 西北海之外，大荒之隅，有山而不合，名曰不周负子①，有两黄兽守之。有水曰寒暑之水②。水西有湿山，水东有幕山。有禹攻共工国山③。

【注释】

①不周负子：不周山，“负子”二字当为衍字。共工曾和颛顼争夺帝位，结果惨败，怒而撞断不周山。②寒暑之水：因水半冷半热而得名。③禹攻共工国山：这座山因为大禹在此攻打共工国的事件而得名。

【译文】

在西北海以外，大荒的一个角落，有座山不能合拢，名字叫不周山，有两个黄色的野兽守卫在这里。有一条水流叫作寒暑水。寒暑水的西边有座湿山，寒暑水的东边有座幕山。还有一座禹攻共工国山。

[清]汪绂 图本

【原文】

16.2 有国名曰淑士，颛顼之子。有神十人，名曰女娲（wā）[①]之肠，化为神，处栗广之野，横道而处。

【注释】

①女娲：神话传说中的人物，人面蛇身。相传她和伏羲结成夫妻，繁衍了人类；又传说她用黄土造人，炼五色石补上了天的漏洞，斩断鳌足用来支撑大地。

【译文】

有一个国家，名为淑士国，是由颛顼的后代建立的。有十位神，名字叫女娲之肠。相传他们是由女娲的肠子所化成的，住在名为栗广的原野上，横在道路两旁生活。

[清]汪绂 图本

【原文】

16.3 有人名曰石夷，西方曰夷，来风曰韦，处西北隅以司日月之长短。

[清]汪绂 图本

【译文】

有一位神的名字叫石夷，西方人单称他为夷，从那里吹来的风被称作韦，石夷位于大地的西北角，掌管着太阳和月亮升起落下的时间长短。

【原文】

16.4 有五采之鸟，有冠，名曰狂鸟。有大泽之长山。有白氏之国①。

【注释】

①白氏之国：当作“白民之国”。

【译文】

有一种鸟，长着五彩的羽毛，头上有冠，它的名字叫狂鸟。有一座山名为大泽长山。那里还有一个白氏国。

[清]汪绂 图本

【原文】

16.5 西北海之外，赤水之东，有长胫之国①。

【注释】

①长胫之国：当作长股之国，见《海外西经》。

【译文】

在西北海以外，赤水的东岸，有一个国家名为长胫国。

【原文】

16.6 有西周之国，姬姓，食谷。有人方耕，名曰叔均。帝俊①生后稷，稷降以百谷。稷之弟曰台（tāi）玺，生叔均②。叔均是代其父及稷播百谷，始作耕。有赤国妻氏。有双山。

【注释】

①帝俊：这里指帝喾，传说他生了后稷。②叔均：上文曾说叔均是后稷的孙子，记载有所不同。

【译文】

有一个西周国，这里的人以姬为姓，以谷物为主食。有个人正在田间耕种，他的名字叫叔均。帝俊生了后稷，后稷把百谷的种子从天上带到人间。后稷的弟弟叫作台玺，台玺生了叔均。叔均代替他的父亲和后稷在人间播种各种谷物，开创新的耕田方法。有个人叫赤国妻氏。还有一座双山。

【原文】

16.7 西海之外，大荒之中，有方山者，上有青树，名曰柜（jǔ）格之松，日月所出入也。

【译文】

在西海外的大荒中，有一座山名为方山，山上长着青色的大树，名字叫柜格松，这里是太阳和月亮升起落下的地方。

【原文】

16.8 西北海[1]之外，赤水之西，有先民之国[2]，食谷，使四鸟。

【注释】

①西北海：一作“西海”。②先民之国：一作“天民之国”。

【译文】

在西海以外，赤水的西岸，有一个天民国，天民国中的人们以谷物为主食，能役使四种野兽。

【原文】

16.9 有北狄之国。黄帝之孙曰始均，始均生北狄。

【译文】

有个北狄国。黄帝有一个孙子名叫始均，始均的后代就是北狄国的国民。

【原文】

16.10 有芒山。有桂山。有榣山，其上有人，号曰太子长琴。颛顼生老童[1]，老童生祝融，祝融生太子长琴，是处榣山，始作乐风[2]。

【注释】

①老童：即前文所说的神人耆童。②乐风：歌曲。

【译文】

有一座芒山。还有一座桂山。有一座榣山，山上住着一个人，号称太子长琴。颛顼生了老童，老童生了祝融，祝融生了太子长琴，太子长琴住在榣山上，创制出各种风行世间的乐曲来。

[清]汪绂 图本

【原文】

16.11 有五采鸟三名：一曰皇鸟，一曰鸾鸟，一曰凤鸟。

【译文】

有三种长着五彩羽毛的鸟：一种叫皇鸟，一种叫鸾鸟，一种叫凤鸟。

【原文】

16.12 有虫[1]，状如菟[2]，胸以后者裸不见，青如猿状[3]。

【注释】

①虫：古人把人及动物通称为虫，这里指动物。②菟：通“兔”。③状：这里不是指具体形状，而是指颜色的深浅达到某种程度的样子。

【译文】

有一种野兽，外形像兔子，胸脯后面全裸露着，但是看不到裸露的地方，这是因为它的皮是青色的，与猿猴的皮色差不多，把裸露的部分遮住了。

【原文】

16.13 大荒之中，有山名曰丰沮玉门，日月所入。

【译文】

在大荒中有一座山，名叫丰沮玉门山，是太阳和月亮落下的地方。

【原文】

16.14 有灵山，巫咸、巫即、巫朌、巫彭、巫姑、巫真、巫礼、巫抵、巫谢、巫罗十巫，从此升降，百药爰在。

【译文】

有一座灵山，有巫咸、巫即、巫朌、巫彭、巫姑、巫真、巫礼、巫抵、巫谢、巫罗十个巫师从这里升到天界和下到人世，这里生长着各种各样的药物。

[清]汪绂 图本

【原文】

16.15 西有王母之山、壑山、海山。有沃之国，沃民是处。沃之野，凤鸟之卵是食，甘露是饮。凡其所欲，其味尽存。爰有甘华、甘柤、白柳、视肉、三骓、璇（xuán）瑰、瑶碧、白木②、琅玕、白丹、青丹③，多银、铁。鸾鸟自歌，凤鸟自舞。爰有百兽，相群是处，是谓沃之野。

【注释】

①璇瑰：玉石名。②白木：一种木质纯白的树。③丹：矿物。

【译文】

有西王母山、壑山、海山。有一个沃民国，沃民就在这里居住。他们生活在沃野上，吃凤鸟的蛋，喝天降的甘露。凡是他们想要的美味，都能在这里找到。这里还有甘华树、甘柤树、白柳树、视肉、三骓马、璇瑰、瑶碧、白木树、琅玕树、白丹、青丹，还盛产银矿和铁矿。鸾鸟自由地歌唱，凤鸟自在地舞蹈。这里还有各种野兽，群居相处，所以被称作沃野。

【原文】

16.16 有三青鸟①，赤首黑目，一名曰大鵹，一名少鵹，一名曰青鸟。

【注释】

①三青鸟：三只青鸟，均为西王母的使者。

【译文】

有三只青鸟，都长着红色的头和黑色的眼睛，一只叫作大鵹，一只叫作少鵹，一只叫作青鸟。

【原文】

16.17 有轩辕之台，射者不敢西向射，畏轩辕之台。

【译文】

有一座轩辕台，射箭的人都不敢向西射，因为他们都敬畏轩辕台上黄帝的威灵。

【原文】

16.18 大荒之中，有龙山，日月所入。有三泽水，名曰三淖（nào），昆吾①之所食也。

【注释】

①昆吾：相传是上古时的一个部落。

【译文】

大荒中有一座龙山，是太阳和月亮落下的地方。有三处聚水的洼地，名为三淖，是昆吾族人获取食物的地方。

【原文】

16.19 有人衣青，以袂（mèi）蔽面，名曰女丑之尸。

【译文】

有个人穿着青色的衣服，用衣袖遮住了脸，名叫女丑尸。

【原文】

16.20 有女子之国。有桃山。有宝（méng）山①。有桂山。有于土山。

【注释】

①宝山：即前文所说的芒山。

【译文】

有一个女子国。有一座桃山。还有一座宝山。又有一座桂山。另有一座于土山。

【原文】

16.21 有丈夫之国。有弇（yān）州之山。五采之鸟仰天，名曰鸣鸟。爰有百乐歌儛[1]（wǔ）之风。

【注释】

①儛：跳舞。

【译文】

有一个丈夫国。还有一座弇州山。山上有只长着五彩羽毛的鸟，这种鸟喜欢仰着头向天鸣叫，它的名字叫鸣鸟。于是这里便有了多种乐曲配合歌舞的风尚。

【原文】

16.22 有轩辕之国。江山之南栖为吉，不寿者乃八百岁。

【译文】

有一个轩辕国。这里的人认为居住在江河山岭的南侧更吉利，不长寿的人也能活到八百岁。

【原文】

16.23 西海陼[1]（zhǔ）中，有神，人面鸟身，珥两青蛇，践两赤蛇，名曰弇兹。

【注释】

①陼：陼通渚。

【译文】

在西海的岛屿上有一位神，长着人脸和鸟身，耳朵上挂着两条青蛇，脚底下踩着两条红蛇，他的名字叫弇兹。

【原文】

16.24 大荒之中，有山名曰日月山，天枢（shū）也。吴姖（jù）天门，日月所入。有神，人面无臂，两足反属[1]（zhǔ）于头上，名曰嘘。颛项生老童，老童生重及黎[2]，帝令重献上天，令黎邛（qióng）下地，下地是生噎，处于西极，以行日月星辰之行次。有人反臂，名曰天虞。

【注释】

①属：连接。②重及黎：一说重、黎是两个人，也有说为一个人。

【译文】

大荒中有一座山，名叫日月山，是天的枢纽。这座山的主峰叫吴姖天门山，是太阳和月亮落下的地方。有一位神，长着人的脸却没有臂膀，两只脚反转连接在头上，这位神的名字叫嘘。颛项生了老童，老童生了重和黎，颛项帝命令重托举起天，又命令黎压着地，黎来到地下并生了噎，噎就位于大地的最西端，主管着太阳、月亮和星辰运行的次序。还有一位神反长着臂膀，名字叫天虞。

【原文】

16.25 有女子方浴月。帝俊妻常羲①，生月十有二，此始浴之。

【注释】

①帝俊：即帝喾。常羲：即常仪。

【译文】

有一个女子正在给月亮洗澡。帝俊的妻子常羲，生了十二个月亮，从这时起她开始给月亮洗澡。

【原文】

16.26 有玄丹之山。有五色之鸟，人面有发。爰有青鸾（wén）、黄鷔（áo），青鸟、黄鸟，其所集者其国亡。

【译文】

有一座玄丹山。山上有一种五色鸟，长着人的脸和头发。这里还有青鸾、黄鷔，也就是青鸟、黄鸟，这些鸟在哪个国家聚集，哪个国家就会灭亡。

【原文】

16.27 有池，名孟翼之攻颛顼之池。

【译文】

有一个水池，名叫孟翼攻颛顼池。

【原文】

16.28 大荒之中，有山名曰鏖（áo）鏊（ào）钜，日月所入者。

【译文】

大荒中有一座山，名叫鏖鏊钜山，这是太阳和月亮落下的地方。

【原文】

16.29 有兽，左右有首，名曰屏（bìng）蓬①。

【注释】

①屏蓬：即《海外西经》中所记载的并封。

【译文】

有一种野兽，左边和右边各长着一个头，名字叫屏蓬。

【原文】

16.30 有巫山者。有壑山者。有金门之山，有人名曰黄姖之尸。有比翼之鸟。有白鸟，青翼、黄尾、玄喙。有赤犬，名曰天犬，其所下者有兵。

【译文】

有座山叫巫山。又有一座壑山。还有一座金门山，山上住着一个叫黄姖尸的人。有比翼鸟。还有白鸟，这鸟长着青色的翅膀、黄色的尾巴和黑色的嘴。有一种红色的狗，名字叫天犬，它降临的地方都会发生战争。

【原文】

16.31 西海之南，流沙之滨，赤水之后，黑水之前，有大山，名曰昆仑之丘。有神，人面虎身，有文有尾，皆白，处之。其下有弱水①之渊环之。其外有炎火之山，投物辄（zhé）然②。有人戴胜，虎齿，有豹尾，穴处，名曰西王母。此山万物尽有。

【注释】

①弱水：相传这种水轻得不能漂浮起鸿雁的羽毛。②辄：就。然：通“燃”，燃烧。

【译文】

在西海的南边，流沙的旁边，赤水的后面，黑水的前面，有一座大山，名为昆仑丘。山上有一位神，长着人的脸孔和虎的身子，尾巴长有花纹和白色的斑点，在这里居住。山下有弱水汇聚的深潭环绕着。深潭边还有座炎火山，向内投东西就会有大火熊熊燃烧。山上有个人戴着玉制首饰，长着老虎的牙齿和豹子的尾巴，在洞穴中居住，名字叫西王母。这座山拥有世间万物。

【原文】

16.32 大荒之中，有山名曰常阳之山，日月所入。有寒荒之国。有二人女祭、女薎（miè）。

【译文】

大荒中有一座山，名叫常阳山，是太阳和

月亮落下的地方。有个寒荒国。有两个人，叫作女祭和女薎。

【原文】

16.33 有寿麻之国。南岳娶州山女，名曰女虔（qián），女虔生季格。季格生寿麻，寿麻正立无景[①]（yǐng），疾呼无响。爰有大暑，不可以往。

【注释】

①景：通“影”，影子。

【译文】

有一个国家叫作寿麻国。南岳娶了州山的女儿为妻，她的名字叫作女虔，女虔生了季格。季格生了寿麻。寿麻端端正正站在太阳下没有影子，大声呼喊也没有回声。这里的天气异常炎热，人们无法前往。

【原文】

16.34 有人无首，操戈盾立，名曰夏耕之尸。故成汤伐夏桀（jié）于章山[①]，克之，斩耕厥[②]（jué）前。耕既立，无首，走厥咎（jiù）[③]，乃降于巫山。

【注释】

①成汤：又称武汤、天乙，商朝的建立者。夏桀：夏朝最后一位君主，残暴淫虐导致灭国。

②厥：他，这里指代夏桀。③走：这里是逃避的意思。厥：指代夏耕之尸。咎：罪责。

【译文】

有一个没有脑袋的人，一手拿戈、一手持盾站立着，他的名字叫夏耕尸。从前成汤在章山讨伐夏桀，打败了夏桀之后，在他的面前砍下了夏耕尸的头。夏耕尸站起来后，发现没有了头，为了逃避罪责，去巫山藏了起来。

【原文】

16.35 有人名曰吴回[①]，奇[②]（jī）左，是无右臂。

【注释】

①吴回：神话传说为祝融之弟，也是火神。还有一种说法为他就是祝融。②奇：单数。

【译文】

有一位神名叫吴回，只有左边的臂膀，而没有右边的臂膀。

【原文】

16.36 有盖山之国。有树，赤皮支[①]干，青叶，名曰朱木。有一臂民。

【注释】

①支：通“枝”。

【译文】

有一个盖山国。这里有一种树，树皮和枝干都是红色的，但是叶子是青色的，它的名字叫朱木。有个一臂国，国民只有一只手臂。

【原文】

16.37 大荒之中，有山名曰大荒之山，日月所入。

【译文】

大荒中有一座山，名叫大荒山，是太阳和月亮落下的地方。

【原文】

16.38 有人焉三面，是颛顼之子，三面一臂，三面之人不死，是谓大荒之野。

【译文】

有长着三张脸的人，是颛顼的后代，有三张脸和一只胳膊，这种有着三张脸的人永远不会死。这里就是所谓的大荒野。

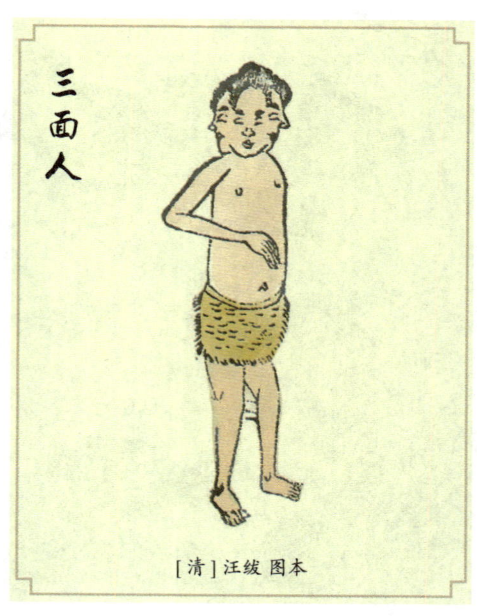

［清］汪绂 图本

[清]吴任臣 图本

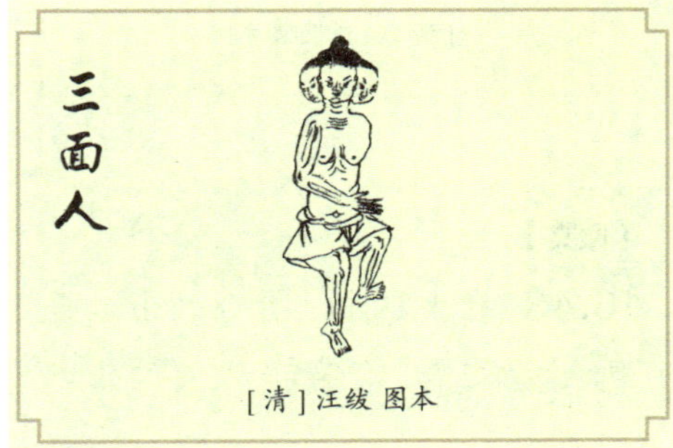

[清]汪绂 图本

【原文】

16.39 西南海之外，赤水之南，流沙之西，有人珥两青蛇，乘两龙，名曰夏后开①。开上三嫔②（bīn）于天，得《九辩》与《九歌》③以下。此天穆之野，高二千仞，开焉得始歌《九招》④。

【注释】

①夏后开：即夏启，夏朝的建立者。后，君主。开，汉代人避汉景帝刘启讳，改“启”为“开”。②嫔：通“宾”，做客。③《九辩》与《九歌》：传说本为天上仙乐，夏启登天听到后传入人间。④《九招》：即《九韶》，乐名，相传为舜时所制。

【译文】

在海外西南方，赤水的南岸，流沙的西边，有个人耳朵上挂着两条青蛇，驾着两条龙，他是夏朝的君主夏启。夏启曾三次去天庭做客，把天上的《九辩》和《九歌》带到人间。这里就是天穆野，有二千仞高，夏启在这里开始演奏乐曲《九韶》。

【原文】

16.40 有氐人之国①。炎帝②之孙名曰灵恝③（xiè），灵恝生氐人，是能上下于天。

【注释】

①氐人之国：即《海内南经》所记氐人国。②炎帝：传说为上古姜姓部族首领，与黄帝发生冲突后被打败。③恝：通“契”，帝喾之子。

【译文】

有一个氐人国。炎帝的孙子名叫灵恝，灵恝生了氐人，这里的人能自由地往返于天上和人间。

【原文】

16.41 有鱼偏枯，名曰鱼妇。颛顼死即复苏。风道①北来，天乃大水泉，蛇乃化为鱼，是为②鱼妇。颛顼死即复苏③。

【注释】

①道：从，经。②为：谓，以为。③此句可能是重复句。

【译文】

有一种鱼的身子半干枯，名字叫鱼妇。据说它是颛顼死后又苏醒过来变化而成的。风从北方吹来，泉水被风从地下吹了出来，于是有蛇变化成鱼，这就是所谓的鱼妇。颛顼死后借着它的身体复活。

【原文】

16.42 有青鸟，身黄，赤足，六首，名曰鸀（chù）鸟。

【译文】

有一种青鸟，有着黄色的身体、红色的爪子以及六个头，它的名字叫鸀鸟。

[明]蒋应镐 图本

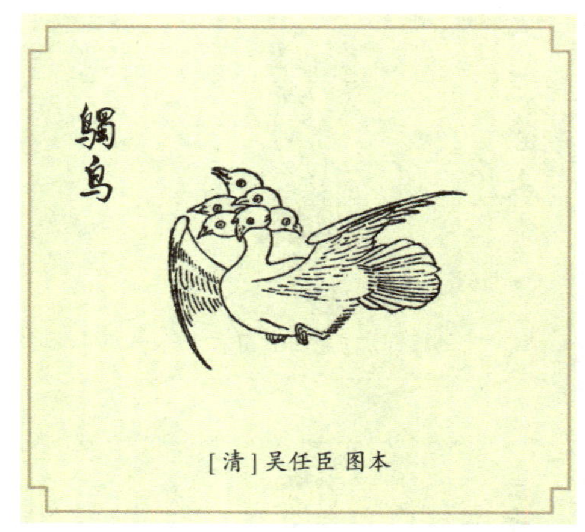

[清]吴任臣 图本

【原文】

16.43 有大巫山。有金之山。西南，大荒之隅，有偏句、常羊之山。

【译文】

有一座大巫山。还有一座金山。在大荒西南方的一个角落，有偏句山和常羊山。

大荒北经

卷十七

《大荒北经》为《山海经》的第十七卷，记录了北边极远地区的国家和风土人情。

【导读】

《大荒北经》为我们还原了一个神奇的世界，让耳熟能详的神话故事更立体。经中还记载了多个神奇的国度，让我们了解到那些神人、神兽，以及上古“名人”间的关系。当然，它更是一本地理志，让我们看到古代人如何探索当时的世界。

【原文】

17.1 东北海之外，大荒之中，河水之间，附禺之山①，帝颛项与九嫔葬焉。爰有鸱久、文贝、离俞、鸾鸟、凤鸟、大物、小物②。有青鸟、琅鸟、玄鸟、黄鸟、虎、豹、熊、罴、黄蛇、视肉、璿、瑰、瑶、碧，皆出于山。卫丘方员三百里，丘南帝俊竹林在焉，大可为舟。竹南有赤泽水，名曰封渊。有三桑无枝，皆高三百仞。丘西有沈渊，颛项所浴。

【注释】

①附禺之山：即《海外北经》所记载的务隅之山和《海内东经》所记载的鲋鱼之山。②大物、小物：都是殉葬品，具体物品不详。

【译文】

在东北海外的大荒中，黄河流经的地方，有一座附禺山，这是颛顼帝和他的九个妃嫔的埋葬之地。这里有鸺鹠、文贝、离朱鸟、鸾鸟、凤鸟以及颛顼帝的各种陪葬之物。青鸟、琅鸟、玄鸟、黄鸟、老虎、豹子、熊、罴、黄蛇、视肉、璿瑰玉、瑶碧玉都出于这座山。卫丘占地方圆三百里之广，卫丘的南侧有帝俊的竹林，那里的竹子大得可以造船。竹林的南端有红色的水泽，名叫封渊。有三棵没有枝条的桑树，都有一百仞高。卫丘的西侧有一个沈渊，这是颛顼洗澡的地方。

【原文】

17.2 有胡不与之国，烈姓，黍食。

【译文】

有一个胡不与国，这里的居民都姓烈，以黄米为主食。

【原文】

17.3 大荒之中，有山，名曰不咸。有肃慎氏之国[①]。有蜚蛭[②]，四翼。有虫[③]，兽首蛇身，名曰琴虫。

【注释】

①肃慎氏之国：即《海外西经》中的肃慎国。②蜚：通“飞”。蛭：一种节肢动物。③虫：这里指蛇。

【译文】

大荒中有一座山，名字叫不咸山。有一个肃慎国。有一种会飞的蛭，长着四只翅膀。有一种蛇，长着野兽的脑袋和蛇的身体，名字叫琴虫。

【原文】

17.4 有人名曰大人。有大人之国，釐（xī）姓，黍食。有大青蛇，黄头，食麈。

【译文】

有一种人，名为大人。有一个大人国，这里的居民都姓釐，以黄米为主食。有一种大青蛇，头是黄色的，能吞食驼鹿。

【原文】

17.5 有榆山。有鲧攻程州之山[①]。

【注释】

①鲧攻程州之山：这座山因为鲧在此攻打程州的事件而得名。

【译文】

有一座榆山。还有一座鲧攻程州山。

【原文】

17.6 大荒之中，有山名曰衡天。有先民之山。有槃（pán）木千里。

【译文】

大荒中有一座山，名字叫衡天。还有一座先民山。有一棵枝干盘旋弯曲占地上千里的大树。

【原文】

17.7 有叔歜（chù）国，颛顼之子，黍食，使四鸟：虎、豹、熊、罴。有黑虫如熊状，名曰猎（xī）猎。

【译文】

有一个叔歜国。这里的人都是颛顼的后代，以黄米为主食，能役使四种野兽：老虎、豹子、熊和罴。有一种黑色的野兽，外形与熊相似，名字叫猎猎。

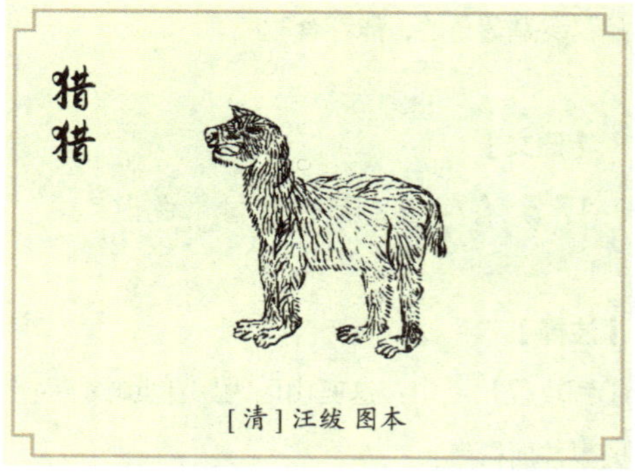

［清］汪绂 图本

【原文】

17.8 有北齐之国，姜姓，使虎、豹、熊、罴。

【译文】

有一个北齐国，这里的居民都姓姜，能役使老虎、豹子、熊和罴。

【原文】

17.9 大荒之中，有山名曰先槛大逢之山，河济所入，海北注焉。其西有山，名曰禹所积石。

【译文】

大荒中有一座山，名叫先槛大逢山，黄河和济水流过这里，海水也从北边灌注到这里。先槛大逢山的西边还有一座山，名叫禹所积石山。

【原文】

17.10 有阳山者。有顺山者，顺水出焉。有始州之国，有丹山。

【译文】

有一座阳山。有一座顺山，顺水发源于此。还有始州国，始州国附近有座丹山。

【原文】

17.11 有大泽方千里，群鸟所解①。

【注释】

①解：脱落羽毛。

【译文】

有一处大泽，方圆千里，有各种禽鸟在这里更换羽毛。

【原文】

17.12 有毛民之国，依姓，食黍，使四鸟。禹生均国，均国生役采，役采生修鞈（gé），修鞈杀绰人。帝念之，潜为之国，是此毛民。

【译文】

有一个毛民国，居民都姓依，以黄米为主食，能役使四种野兽。大禹生了均国，均国生了役采，役采生了修鞈，修鞈杀了绰人。大禹哀念绰人，暗地里帮助他的后代重新建成了一个国家，这就是毛民国。

［明］蒋应镐 图本

【原文】

17.13 有儋（dān）耳之国，任姓。禺号[①]子，食谷。北海之渚中，有神，人面鸟身，珥两青蛇，践两赤蛇，名曰禺彊。

【注释】

①禺号：即《大荒东经》中的禺虢。

【译文】

有一个儋耳国，这里的居民都姓任。这些人是禺虢的后代，以谷物为主食。在北海的岛屿上，有一位神，长着人脸和鸟身，耳朵上挂着两条青蛇，脚下踩着两条红蛇，他的名字叫禺彊。

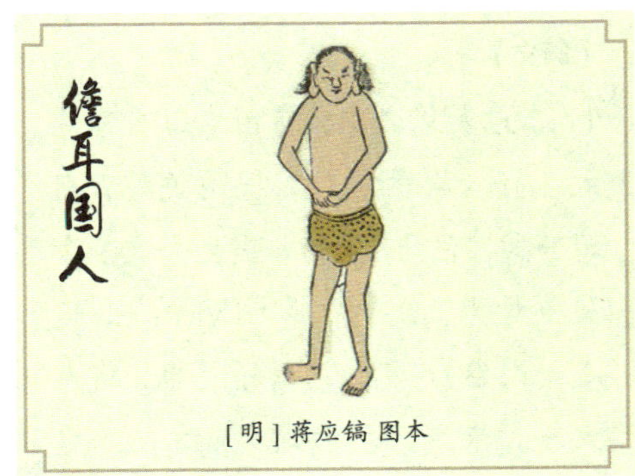

［明］蒋应镐 图本

［明］蒋应镐 图本

【原文】

17.14 大荒之中，有山名曰北极天柜，海水北注焉。有神，九首人面鸟身，名曰九凤。又有神，衔蛇操蛇，其状虎首人身，四蹄长肘，名曰强良。

【译文】

大荒中有一座山，名为北极天柜山，海水从北边灌注到这里。有一位神，有九个脑袋，长着人的脸和鸟的身体，他的名字叫九凤。还有一位神，嘴中衔着蛇，手中还握着蛇，他长着老虎的头和人的身体，有四只蹄子，胳膊很长，他的名字叫强良。

【原文】

17.15 大荒之中，有山名曰成都载天。有人珥两黄蛇，把两黄蛇，名曰夸父。后土[①]生信，信生夸父。夸父不量力，欲追日景[②]（yǐng），逮之于禺谷[③]。将饮河而不足也，将走大泽，未至，死于此。应龙已杀蚩尤，又杀夸父[④]，乃去南方处之，故南方多雨。

【注释】

①后土：据《左传》记载，后土是共工氏的儿子句龙。②景：通“影”。③逮：到，及。禺谷：即禺渊，日落的地方。④又杀夸父：这里先记载夸父逐日而死，又称夸父为应龙所杀，神话传说中有分歧。

【译文】

大荒中有一座山，名叫成都载天山。有一个人的耳朵上挂着两条黄蛇，手上握着两条黄蛇，名字叫夸父。后土生了信，信生了夸父。夸父不自量力，想要追赶太阳的光影，一直追到了禺谷，感到口渴后想喝黄河水解渴，结果黄河水不够喝，他又准备跑到北方去喝大泽里的水，但是还没有到那里，就渴死了。也有说法是应龙在杀了蚩尤以后，又杀了夸父，然后就去了南方居住，所以南方经常下雨。

【原文】

17.16 又有无肠之国，是任姓，无继[①]子，食鱼。

【注释】

①无继：即前文所说的无膂国。

【译文】

又有一个无肠国，这里的居民都姓任。他们是无膂国人的后裔，以鱼类为食。

【原文】

17.17 共工之臣名曰相繇[①]，九首蛇身，自环[②]，食于九土。其所歍（wū）所尼[③]，即为源泽，不辛乃苦，百兽莫能处。禹湮[④]（yān）洪水，杀相繇，其血腥臭，不可生谷，其地多水，不可居也。禹湮之，三仞三沮[⑤]，乃以为池，群帝因是以为台。在昆仑之北。

【注释】

①相繇：即前文所说的相柳氏，被禹所杀。②自环：身体盘成一团。③歍：呕吐。尼：止。④湮：填，阻塞。⑤三：表示多数。仞：通“轫”，充满。沮：这里指塌陷。

【译文】

共工有一位臣子名字叫相繇，他有九个头，还长着蛇的身体，身体盘成一团，在九座山上觅食。他呕吐或者停留过的地方，就会变成沼泽，那里的气味不是辛辣就是苦涩，百兽都不能在这种地方栖息。大禹治理洪水时，杀死了相柳，但是相繇的血又腥又臭，所流的地方谷物都不能生长，而且还会水涝成灾，人也不能居住。大禹填塞了那些土地，屡次填塞又屡次塌陷，于是他就把这里挖成水池，诸位帝王利用挖出的土建造了几座高台。这些高台位于昆仑山的北边。

【原文】

17.18 有岳之山，寻竹生焉。

【译文】

有一座岳山，山中长有一种高大的竹子。

【原文】

17.19 大荒之中，有山名曰不句，海水入焉①。

【注释】

①海水入焉：一说“海水北入焉”。

【译文】

大荒中有一座山，名为不句山，海水从北边灌入这里。

【原文】

17.20 有系昆之山者，有共工之台，射者不敢北乡[①](xiàng)。有人衣[②]青衣，名曰黄帝女魃(bá)[③]。蚩尤作兵[④]伐黄帝，黄帝乃令应龙攻之冀州之野。应龙畜水，蚩尤请风伯雨师，纵大风雨。黄帝乃下天女曰魃，雨止，遂杀蚩尤。魃不得复上，所居不雨。叔均言之帝，后置之赤水之北。叔均乃为田祖[⑤]。魃时亡[⑥]之。所欲逐之者，令曰："神北行！"先除水道，决通沟渎[⑦](dú)。

【注释】

①乡：通"向"，方向。②衣：穿。③黄帝女魃：即旱魃，传说中的旱神。④作兵：兴兵，发动战争。⑤田祖：主管田地之神。⑥亡：逃跑。⑦渎：沟渠。

【译文】

有一座山叫系昆山，山上有共工台，射箭的人都不敢射向北方，因为他们敬畏共工的威灵。有一位神穿着青衫，名字叫黄帝女魃。蚩尤兴兵讨伐黄帝，黄帝就派应龙去冀州的原野攻打蚩尤。应龙积聚了很多水，蚩尤也请来了风伯和雨师，施下狂风暴雨，导致生灵涂炭。于是黄帝请来一名叫魃的天女将雨止住，杀死了蚩尤。魃耗尽神力不能再回到天上，她在人间居留的地方滴雨不下。叔均将此事报告给黄帝，黄帝听后就把魃安置在赤水的北边。叔均就成为了田地之神。魃常常逃亡到其他地方，导致该地出现旱情。人们想要驱逐她，便祷告说："请神向北去吧！"还需要事先清理水道，疏通沟渠。

【原文】

17.21 有人方食鱼，名曰深目民之国[①]，肦(fēn)姓，食鱼。

【注释】

①深目民之国：即前文的深目国。

【译文】

有人正在吃鱼，那是深目国的国民，国里的居民都姓肦，以鱼类为食。

【原文】

17.22 有钟山者。有女子衣青衣，名曰赤水女子魃。

【译文】

有一座钟山。有一位身穿青色衣服的女子，名叫赤水女子魃。

【原文】

17.23 大荒之中，有山名曰融父山，顺水入焉。有人名曰犬戎。黄帝生苗龙，苗龙生融吾，融吾生弄明[①]，弄明生白犬，白犬有牝牡，是为犬戎，肉食。有赤兽，马状无首，名曰戎宣王尸[②]。

【注释】

①弄明：又作“卞明”“并明”。②戎宣王尸：传说是犬戎族人祭祀的神。

【译文】

大荒中有一座山，名为融父山，顺水流入这座山。有人名叫犬戎。黄帝生了苗龙，苗龙生了融吾，融吾生了弄明，弄明生了白犬。白犬一公一母，生了犬戎族人，这族人以肉类为主食。有一种红色的野兽，外形像马却没有头，名字叫戎宣王尸。

【原文】

17.24 有山名曰齐州之山、君山、鬵（qián）山、鲜野山、鱼山。

【译文】

有几座山，分别叫作齐州山、君山、鬵山、鲜野山和鱼山。

【原文】

17.25 有人一目，当面中生。一曰是威姓，少昊之子，食黍。

【译文】

有人只长了一只眼睛，而且长在脸的正中间。有一种说法认为他们姓威，是少昊的后代，以黄米为主食。

【原文】

17.26 有继无民[①]，继无民任姓，无骨子，食气、鱼。

【注释】

①继无民：应作“无继民”。

【译文】

有一群人被称作无继民，无继民都姓任，是无骨民的后代，以鱼类为食，并擅长吐纳。

【原文】

17.27 西北海外，流沙之东，有国曰中𫛩（biàn），颛顼之子，食黍。

【译文】

在海外西北方，流沙的东边，有一个国家名叫中𫛩国，这里的居民是颛顼的后代，以黄米为主食。

【原文】

17.28 有国名曰赖丘。有犬戎国。有神，人面兽身，名曰犬戎。

【译文】

有一个国家名为赖丘。还有一个犬戎国。有一位神，长着人的脸、野兽的身子，它的名字叫犬戎。

【原文】

17.29 西北海外，黑水之北，有人有翼，名曰苗民[①]。颛顼生驩头，驩头生苗民，苗民釐姓，食肉。有山名曰章山。

【注释】

①苗民：即前文所说的三苗国之民，见《海外南经》。

【译文】

在西北方的海外，黑水的北岸，有一种长着翅膀的人，名字叫苗民。颛顼生了驩头，驩头生了苗民，苗民以釐为姓，以肉类为食。还有一座山，名叫章山。

【原文】

17.30 大荒之中，有衡石山、九阴山、泂（jiǒng）野之山[①]，上有赤树，青叶赤华，名曰若木。

【注释】

①泂野之山：一作“灰野之山”。

【译文】

大荒中有衡石山、九阴山和泂野山，山上有一种红色的树，长着青色的叶子和红色的花朵，名字叫若木。

【原文】

17.31 有牛黎之国[①]。有人无骨，儋耳之子。

【注释】

①牛黎之国：即《海外北经》所记载的柔利国。

【译文】

有一个牛黎国。这里的居民身上没有骨头，他们是儋耳的后代。

【原文】

17.32 西北海之外，赤水之北，有章尾山[①]。有神，人面蛇身而赤[②]，直目正乘[③]，其瞑[④]乃晦，其视乃明，不食不寝不息，风雨是谒[⑤]（yē）。是烛九阴[⑥]，是谓烛龙[⑦]。

【注释】

①章尾山：即《海外北经》所记载的钟山。②人面蛇身而赤：郭璞注文“身长千里”。有学者认为这四个字是误入注文的《山海经》原文。③乘：通“朕（zhèn）”，眼珠。④瞑：一作“眠”。⑤谒：通“噎”，这里是吞咽的意思。⑥九阴：阴暗的地方。⑦烛龙：即《海外北经》所记载的烛阴。

【译文】

在西北方的海外，赤水的北岸，有一座章尾山。有一位神，长着人的脸和蛇的身子，全身红色，长达一千里，立着生长的眼睛正中有一颗眼珠，闭上眼睛天下就是夜晚，睁开眼睛天下就是白昼。他不吃饭、不睡觉、不呼吸，以风雨为食。他能照亮阴暗的地方，所以也被称为烛龙。

海内经

卷十八

《海内经》为《山海经》的最后一卷，记载的内容比较丰富。海内各个方位的地理、物产、部族都有所涉及。此外，《海内经》最值得重视的是记载了一些关于中华文明起源的神话。

海内经

【导读】

《海内经》是《山海经》地理状况的总结，记述了四海之内的地理形势和风土人情。此外，《海内经》中记叙了许多奇幻的神话传说。

黑人

韩流

赣巨人

鸟氏

【原文】

18.1 东海之内，北海之隅（yú），有国名曰朝鲜①、天毒②，其人水居，偎③人爱人。

【注释】

①朝鲜：已见《海内北经》。②天毒：据古人解说，即天竺国，佛教即从这里起源。印度和朝鲜并不相邻，可能是记载有误。③偎：怜悯。

【译文】

在东海以内，北海的一个角落，有两个国家，一个叫朝鲜，还有一个叫天毒。天毒国的人靠水而居，怜悯而慈爱，对人爱护有加。

【原文】

18.2 西海之内，流沙之中，有国名曰壑（hè）市。西海之内，流沙之西，有国名曰氾[①]（fán）叶。

【注释】

①氾：有两个读音，（fán）和（fàn）。读（fàn）时多用作动词，同“泛”。读fán时是地名，也用作姓氏。

【译文】

在西海以内，流沙的中央，有个国家名叫壑市国。在西海之内，流沙的西边，还有个国家名叫氾叶国。

【原文】

18.3 流沙之西，有鸟山者，三水出焉。爰有黄金、璿(xuán)瑰、丹货、银铁[①]，皆流[②]于此中。又有淮山，好水出焉。

【注释】

①璿（xuán）瑰：美玉的名称。丹货：指丹砂一类的矿物。②流：淌出。这里是出产、产生的意思。

【译文】

流沙的西面有座山，名叫鸟山，有三条河流发源于这座山。这座山里所有的黄金、璿玉瑰石、丹货、银铁，全都产于这三条河流中。这个地方还有一座大山，名叫淮山，好水发源于这座山。

【原文】

18.4 流沙之东，黑水之西，有朝（zhāo）云之国、司彘（zhì）之国。黄帝妻雷祖[①]，生昌意。昌意降处若水，生韩流。韩流擢（zhuó）首、谨耳、人面、豕（shǐ）喙、麟身、渠股、豚止[②]，取[③]淖子曰阿女，生帝颛（zhuān）顼（xū）。

【注释】

①雷祖：即嫘祖，教人们养蚕的始祖。②擢首：指头颈很长。谨：慎重小心，谨慎细心。这里是细小的意思。渠股：即今天所说的罗圈腿。豚止：指长着像猪蹄一样的脚。止，足、脚。③取：通“娶”。

【译文】

在流沙的东面，黑水的西岸，有两个国家，一个名叫朝云国，另一个名叫司彘国。传说黄帝的妻子名叫雷祖，雷祖为黄帝生下一个孩子名叫昌意。后来昌意做错了事情，被贬到若水之畔居住，他所生的孩子取名为韩流。韩流长着长长的脑袋、小小的耳朵、人的面孔、猪的嘴巴、麒麟的身子，还长着一双罗圈腿和像猪蹄一样的脚。

后来，韩流娶淖子族人中名叫阿女的女子为妻，生下帝颛顼。

［明］蒋应镐 图本

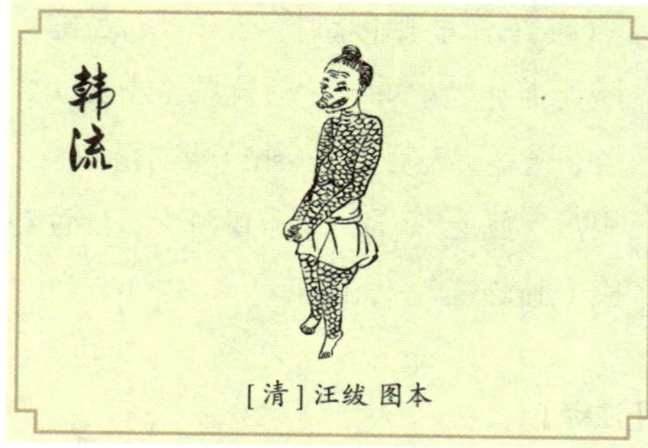

［清］汪绂 图本

【原文】

18.5 流沙之东，黑水之间，有山名不死之山。

【译文】

在流沙的东面，黑水流经的地方，有一座山，名叫不死山。

【原文】

18.6 华山青水之东，有山名曰肇（zhào）山。有人名曰柏高①，柏高上下于此，至于天。

【注释】

①柏高：应作“柏子高”，传说中的仙人。

【译文】

在一座名为华山的大山和一条名叫青水的河流的东面，有座山名叫肇山。山里住着一位仙人，名叫柏子高，柏子高就是由肇山之巅往返于天地间。

【原文】

18.7 西南黑水之间，有都广之野，后稷（jì）①葬焉。爰有膏菽（shū）、膏稻、膏黍、膏稷②。百谷自生，冬夏播琴③。鸾鸟自歌，凤鸟自儛，灵寿实华，草木所聚。爰有百兽，相群爰处。此草也，冬夏不死。

【注释】

①后稷：周朝王族的始祖，名弃。②膏：形容味美如油脂。菽：豆类植物的总称。稷：谷子。③播琴：即播种。这是古时楚地人的方言。

【译文】

在西南方黑水流经的地方，有一个叫都广野的地方，后稷就埋葬在这里。这里出产美味的菽、稻、黍、稷，各种谷物在这里自然生长，无论冬天还是夏天都可以播种。鸾鸟在这里自由地歌唱，凤鸟在这里自由自在地舞蹈，灵寿树也在这里开花结果，草丛茂盛，树木葱郁。这里还有各种飞禽走兽，它们在这里成群聚居。在这个地方生长的草，无论寒冬炎夏都不会枯死。

【原文】

18.8 南海之外①，黑水青水之间，有木名曰若木②，若水出焉。

【注释】

①外：作“内”。②若木：一种树的名字。

【译文】

在南海以内，黑水和青水流经的地方，生长着一种树，名叫若木。一条名叫若水的河流就是从若木生长的地方流出来的。

【原文】

18.9 有禺中之国。有列襄之国。有灵山，有赤蛇在木上，名曰蝡（ruǎn）蛇，木食。

【译文】

有两个国家，一个名叫禺中国，另一个名叫列襄国。还有一座高山，名叫灵山，山中的树上栖息着一种红色的蛇，这种蛇名叫蝡蛇，平时以树木为食。

【原文】

18.10 有盐长之国。有人焉鸟首，名曰鸟氏。

【译文】

有一个名叫盐长国的国家。这个国家住着一群人，他们都长着像鸟一样的脑袋，人们称他们为鸟民。

[明]蒋应镐 图本

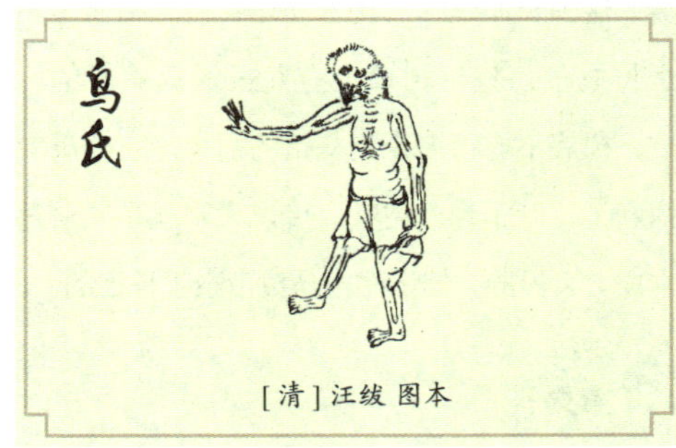

[清]汪绂 图本

【原文】

18.11 有九丘，以水络①之，名曰陶唐之丘、有叔得之丘、孟盈之丘、昆吾之丘、黑白之丘、赤望之丘、参卫之丘、武夫之丘②、神民之丘。有木，青叶紫茎，玄华黄实，名曰建木，百仞③无枝，有九欘④（zhú），下有九枸⑤（gōu），其实如麻，其叶如芒。大皞（hào）爰过⑥，黄帝所为。

【注释】

①络：缠绕。②武夫之丘：因山多武夫石而得名。武夫石：一种似玉的美石。③仞：古时以八尺或七尺为一仞。④欘：树枝弯曲。⑤枸：树根盘错。⑥大皞：又叫太昊、太皓，一说为

伏羲氏。

【译文】

有九座山丘，都被水环绕着，这九座山丘分别叫陶唐丘、叔得丘、孟盈丘、昆吾丘、黑白丘、赤望丘、参卫丘、武夫丘、神民丘。这些山丘上生长着一种树木，长着青色的叶子、紫色的茎干，开出黑色的花朵，结出黄色的果实，这种树叫建木。建木高达百仞，树干上不生长枝条，只有树顶上有九根蜿蜒曲折的树枝，树底下有很多盘旋交错的树根。它的果实像麻子，叶子像芒树叶。传说大皞就是凭借建木登上天界的，据说建木是黄帝亲手种下的。

【原文】

18.12 有窫（yà）窳（yǔ），龙首，是食人。有青兽，人面，名曰猩猩。

【译文】

有一种奇异的怪兽，叫窫窳兽，它长着龙的脑袋，能吃人。还有一种野兽，长着人的面孔，名叫猩猩。

【原文】

18.13 西南有巴国。大皞（hào）生咸鸟，咸鸟生乘厘，乘厘生后照，后照是始为巴人。有国名曰流黄辛氏，其域中方三百里，其出是尘土[①]。有巴遂山，渑（shéng）水出焉。又有朱卷之国，有黑蛇，青首，食象。

【注释】

①尘土：当为“麈”之讹，一字误为两字。

【译文】

西南方有一个国家，名叫巴国。大皞生下了咸鸟，咸鸟生下了乘厘，乘厘生下了后照，而后照就是巴国人的始祖。这里还有一个国家，名叫流黄辛氏国，其疆域方圆三百里，境内出产麈。流黄辛氏国附近有一座巴遂山，渑水从这座山发源。还有一个朱卷国，这里栖息着一种黑色的大蛇，长着青色的脑袋，能够吞食大象。

【原文】

18.14 南方有赣巨人[①]，人面长臂[②]，黑身有毛，反踵，见人笑亦笑，唇蔽其面，因即逃也。又有黑人，虎首鸟足，两手持蛇，方啖[③]（dàn）之。

【注释】

①赣巨人：即枭阳。②臂：当作“唇”。③啖：吃。

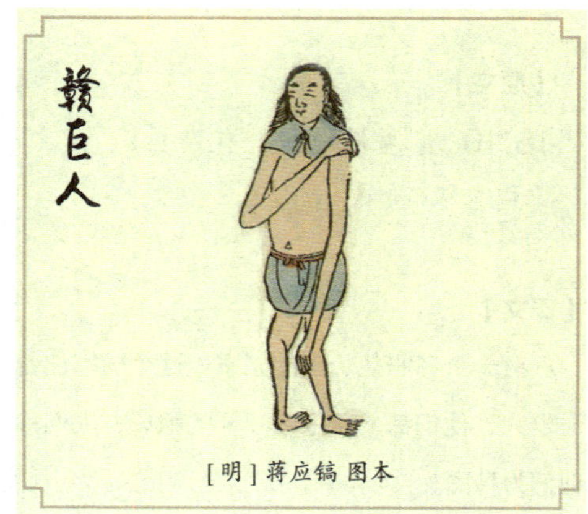

［明］蒋应镐 图本

【译文】

南方生活着一种赣巨人，长着人的面孔，而嘴唇长长的，漆黑的身上长满了毛发，双脚是反着长的，脚尖朝后而脚跟朝前。他看见人笑，他也笑，一发笑时长而大的嘴唇便会遮住他的脸，这时被他抓住的人就可以趁机逃走。还有一种黑人，长着老虎一样的脑袋，禽鸟一样的爪子，两只手握着蛇，以吞食蛇为生。

【原文】

18.15 有嬴民，鸟足。有封豕（shǐ）。

【译文】

还有一群人，称作嬴民，他们长着禽鸟一样的爪子。他们生活的地方有一种大野猪。

[清] 汪绂 图本

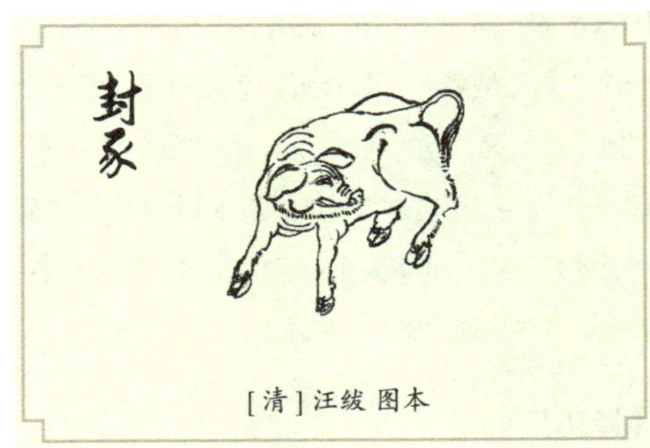

[清] 汪绂 图本

【原文】

18.16 有人曰苗民。有神焉，人首蛇身，长如辕，左右有首，衣紫衣①，冠旃（zhān）冠②，名曰延维③。人主得而飨（xiǎng）食之④，伯⑤（bà）天下。

【注释】

①衣紫衣：前一个“衣”是动词，穿的意思；后一个“衣”是名词，即衣服。②冠旃冠：前一个“冠”是动词，戴的意思；后一个“冠”是名词，即帽子。旃：通“毡”。③延维：即上文所说的委蛇，就是双头蛇。④人主：君主，一国之主。飨：祭献。⑤伯：通“霸”，称霸。

【译文】

有一群人，被称为苗民。他们居住的地方有一位神，长着人的脑袋，蛇的身子，身体有车辕那么高，身体的左右两边各长着一个脑袋。他穿着紫色的衣服，戴着红色的帽子，名叫延维。一国之主如果能得到它并向它进献供品，便可以称霸天下。

［清］汪绂 图本

【原文】

18.17 有鸾鸟自歌，凤鸟自舞。凤鸟首文曰德，翼文曰顺，膺文曰仁，背文曰义，见则天下和。又有青兽如菟①，名曰菌（jùn）狗②。有翠鸟③。有孔鸟④。

【注释】

①菟：通“兔”。②菌狗：一种体形短小的狗。③翠鸟：一种形状像燕子的鸟。④孔鸟：即孔雀。

【译文】

有鸾鸟在歌唱，有凤鸟在舞蹈。凤鸟头上的花纹是“德”字，翅膀上的花纹是“顺”字，胸脯上的花纹是“仁”字，脊背上的花纹是“义”字。如果这种凤鸟出现，天下就会太平。还有一种身形长得像兔子的青色野兽，名叫菌狗。那里还有两种鸟，其中一种名叫翡翠鸟，另外一种叫孔雀。

【原文】

18.18 南海之内，有衡山，有菌山，有桂山。有山名三天子之都。

【译文】

在南海以内，有三座大山，它们分别是衡山、菌山、桂山。还有一座山叫作三天子都山。

【原文】

18.19 南方苍梧之丘，苍梧之渊，其中有九嶷（yí）山，舜之所葬，在长沙零陵界中。

【译文】

南方有一片山丘叫苍梧丘，还有一个深渊叫苍梧渊，在苍梧丘和苍梧渊之间有座九嶷山，帝舜就埋葬在这里。九嶷山位于长沙零陵境内。

【原文】

18.20 北海之内，有蛇山者，蛇水出焉，东入于海。有五采之鸟，飞蔽一乡，名曰翳鸟①。又有不距之山，巧倕（chuí）葬其西②。

【注释】

①翳鸟：传说是凤凰之类的鸟。②巧倕：相传是上古帝尧时代一位灵巧的工匠。

【译文】

在北海以内，有座山叫蛇山，蛇水从蛇山发源，向东流去，最终流入大海。蛇山上生活着一种长着五彩羽毛的神鸟，成群飞起时可以遮蔽一个乡村的上空，这种鸟名叫翳鸟。还有一座不距山，巧倕便葬在不距山的西面。

【原文】

18.21 北海之内，有反缚盗械①、带戈常倍之佐②，名曰相顾之尸。

【注释】

①盗械：古时凡因犯罪而被戴上刑具就称作盗械。②戈：古代一种兵器。倍：通“背”，背弃。

【译文】

在北海以内，有一个臣子因图谋叛乱而双手被反绑着，并戴着刑具。他身上带着兵器，名叫相顾尸。

【原文】

18.22 伯夷父①生西岳，西岳生先龙，先龙是始生氐羌，氐羌乞姓。

【注释】

①伯夷父：相传是帝颛顼的师傅。

【译文】

伯夷父生下了西岳，西岳生下了先龙，先龙是氐羌族的始祖，氐羌族的人姓乞。

【原文】

18.23 北海之内，有山，名曰幽都之山，黑水出焉。其上有玄鸟、玄蛇、玄豹、玄虎、玄狐蓬尾①。有大玄之山。有玄丘之民。有大幽之国。有赤胫（jìng）之民。

【注释】

①蓬尾：指玄狐的尾部蓬松分开。

【译文】

北海以内，有一座山名叫幽都山，黑水从这座山发源。山上栖息着黑色的鸟、黑色的蛇、黑色的豹子、黑色的老虎，还有尾巴蓬松的黑色狐狸。又有一座大玄山，山里的人被称为玄丘民。附近还有一个大幽国和一个被称为赤胫的地方，赤胫子民自膝盖以下都是红色的。

【原文】

18.24 有钉灵之国①，其民从膝已下有毛，马蹄，善走②。

【注释】

①钉灵之国：古国名。钉灵又称丁令、丁零，秦汉时为匈奴属国。②走：跑。

【译文】

有一个名叫钉灵的国家，这个国家里的人从膝盖以下的腿部都长着毛，长着一双像马蹄一样的脚，非常擅长奔跑。

［清］吴任臣 图本

【原文】

18.25 炎帝①之孙伯陵，伯陵同②吴权之妻阿女缘妇，缘妇孕三年，是生鼓、延、殳（shū）。始为侯③。鼓、延是始为钟④，为乐风。

【注释】

①炎帝：传说中的上古帝王。②同：通“通”，通奸。③侯：练习或比赛射箭时用的箭靶。④钟：古代的一种打击乐器。

【译文】

炎帝的孙子叫伯陵，伯陵与吴权的妻子阿女缘妇私通，后来阿女缘妇怀孕三年才生下三个儿子，名字分别为鼓、延、殳。殳发明了箭靶，鼓和延二人发明了乐器钟，并创作了乐曲和音律。

【原文】

18.26 黄帝生骆明，骆明生白马，白马是为鲧①（gǔn）。

【注释】

①鲧：相传是大禹的父亲。

【译文】

黄帝生下了骆明，骆明生下了一个名为白马的孩子，这个孩子就是鲧。

【原文】

18.27 帝俊①生禺号，禺号生淫梁②，淫梁生番禺，是始为舟。番禺生奚仲，奚仲生吉光，吉光是始以木为车。

【注释】

①帝俊：这里指黄帝。②淫梁：即前文所说的禺京。

【译文】

帝俊生了禺号，禺号生了淫梁，淫梁生了番禺，番禺是第一个制造出船的人。番禺生了奚仲，奚仲生了吉光，吉光最早用木头制造出车子。

【原文】

18.28 少皞（hào）①生般，般是始为弓矢。

【注释】

①少皞：即前文所说的少昊，号称金天氏，传说中的上古帝王。

【译文】

少皞生了般，般是最早发明弓和箭的人。

【原文】

18.29 帝俊赐羿彤弓素矰（zēng）①，以扶下国，羿是始去恤下地之百艰②。

【注释】

①彤：朱红色。素矰：一种用白色羽毛装饰的箭。矰：矢，箭。②恤：体恤，解救。艰：苦难。

【译文】

帝俊赏赐给后羿一张红色的大弓和用白色羽毛装饰的箭，希望他用自己的射箭技艺去扶助下界各国。后羿从此便开始去救济世间苦难的人们。

【原文】

18.30 帝俊生晏龙①，晏龙是为琴瑟。帝俊有子八人，是始为歌舞。

【注释】

①帝俊：一说指帝舜。

【译文】

帝俊生了一个名叫晏龙的孩子，晏龙发明了琴和瑟这两种乐器。帝俊有八个儿子，他们创作出了人世间最早的歌曲和舞蹈。

【原文】

18.31 帝俊生三身，三身生义均，义均是始为巧倕（chuí），是始作下民百巧①。后稷是播百谷。稷之孙曰叔均②，是始作牛耕。大比赤阴，是始为国。禹、鲧（gǔn）是始布土③，均定九州④。

【注释】

①百巧：指耒、耜等农具。②叔均：与上文的义均不是同一人。义均也称叔均，与此稷之孙叔均为同名，这也可能是神话传说的变异。③布：施予，施行。土：治河时填土、挖土工程。④均：平均，均匀。引申为度量、衡量。九州：相传大禹治理了洪水以后，把中原划分为九个行政区域，就是九州。

【译文】

帝俊生了三身，三身生了义均，这位义均便是世间第一位能工巧匠，他发明了世间的各种工艺技巧。后稷是第一个开始播种各种农作物的人。后稷的孙子叫叔均，他是第一个使用牛耕田的人。后稷的生母姜嫄最初建立了国家。大禹和鲧是最早开始整治国土、治理洪水的人，并度量划定九州，划分天下疆界。

【原文】

18.32 炎帝之妻，赤水之子听訞（yāo）生炎居，炎居生节并，节并生戏器，戏器生祝融。祝融降处于江水，生共工。共工生术器，术器首方颠[①]，是复土穰[②]（ráng），以处江水。共工生后土，后土生噎鸣，噎鸣生岁十有二。

【注释】

①颠：头顶。②穰：通“壤”。

【译文】

炎帝的妻子，即赤水氏的女儿听訞生下了炎居，炎居生了节并，节并生了戏器，戏器生了祝融。祝融被贬到江水岸边居住，生下了共工。共工生下了术器。术器的头顶是方形的，他后来承袭了祖父祝融的土地，也居住在江水岸边。共工还生了另一个孩子叫后土，后土又生了噎鸣，噎鸣有十二个孩子，于是他用岁来为他们命名，就是一年中的十二个月。

【原文】

18.33 洪水滔[①]天。鲧（gǔn）窃帝之息壤[②]以堙（yīn）洪水，不待帝命。帝令祝融杀鲧于羽郊。鲧复生禹，帝乃命禹卒布土以定九州。

【注释】

①滔：漫。②息壤：神话传说中的一种能够自生自长、永不耗损的土壤。

【译文】

洪荒大地上发生了一场大洪灾。鲧同情人间遭受的灾难，未经天帝同意便偷了天帝的息壤用来堵塞洪水。天帝对此震怒，于是命令祝融在羽山的郊野将鲧杀死。鲧死后，他的尸体三年不腐烂，用刀剖开他的腹部，生出了禹。天帝于是命令禹治理洪水。禹掘土疏通水道来泄洪，成功扼制住了洪水，从此划定九州区域，天下得以太平。